# 하루 한 잔의 인문학

동양철학과 과학으로 재구성한 MZ세대의 인문학

# 하루한 잔의 인문학

A cup of Humanities a day

여상운 지음

회서나무

## 프롤로그

  2022년 가을이었습니다.
  「인문학의 이해」라는 주제로 대학에서 1학년을 대상으로 막 강의를 시작할 즈음이었습니다. 정신없이 바쁘게 지내고 있었는데, 어느 날 제 강의를 듣는 학생으로부터 메일이 왔습니다. 그 학생은 학교 다니는 것이 고통스럽고 힘들어 그만 퇴학하고 싶다고 했습니다. 자기 주위에는 이런 고민을 나눌 만한 어른이 없다면서, 앞으로 어떻게 하면 좋을지 저에게 진지하게 물었습니다. 그때는 제가 인문학은 정답이 없으며, 따라서 인생도 정답이 없다고 강의한 후였습니다.
  학생의 메일을 읽으며 스티브 잡스가 스탠포드 대학교에서 했던 연설문을 떠올렸습니다. 아마도 이런 내용일 겁니다.

  내면의 소리에 집중하라.
  억지로 다니지 마라.
  지금이라도 가슴에 뛰는 일을 찾아라.

  이 학생도 저에게 이런 대답을 원하고 있다는 것을 본능적으로 느꼈습니다. 그때가 9월이니까 어쩌면 이 학생은 봄, 여름 내내 학교에 잘못 들어왔다는 생각을 했을지 모릅니다. 그러다가 한 학기만 더 다녀보자고 겨우 마음을 다잡고 왔는데, 개강 첫날부터 이건 아니라는 생각이 다시 들었던 것 같습니다.

하루 정도 갈등했습니다. 스티브 잡스처럼 말해주고 싶었으나, 남의 인생에 너무 무책임하게 답변하는 것이 아닌지 고민스러웠습니다. 그 이유는 여기 인문학 강의에서도 이야기하겠지만, 도전과 도피의 차이점 때문입니다. 현재 생활이 힘들어서 도피를 선택하면, 어디 간들 쉽지 않을 것이라 걱정되었습니다. 또 1학년 때의 갈등이 시간이 지나면서 저절로 해결되는 경우도 많이 있어 이 고비만 넘기면 무난하게 졸업할 수 있지 않겠나 하는 기대도 있었습니다. 그래서 고민하다가 '한 학기만 더 다녀보고 결정하라'는 아주 일반적인 답변을 보냈습니다. 여러 대안 중 이것이 최선이라고 저는 생각했습니다.

다음 수업 시간, 그 학생과 눈빛이 마주쳤는데 저를 피하는 눈치였습니다. 제 대답이 마음이 안 들었나 봅니다. 몇 주 지나서 그 학생은 결국 휴학했습니다. 한 학기 내내 그 학생이 떠올랐습니다. 무언가 잘못한 것 같기는 한데, 그게 무엇인지 정확히 잡히지 않았습니다. 그래서 계속 스스로 해답을 찾았습니다. 제가 찾은 답은 에필로그에서 다시 말씀드리겠습니다.

-○-    -○-

이 책은 한 학기 동안 강의한 인문학 강좌를 책으로 엮은 것입니다. 인간의 존엄성, 자존적인 생활, 미래의 성공적인 삶, 편견으로부터의 해방, 소통과 행복, 부정적 감정의 치유, 부모에 대한 이해, 인공지능의 발전 등 우리 사회와 인생에서 꼭 필요한 키워드를 담았습니다. 인문학 책이 넘치는 세상입니다. 저는 이 땅에 살고 있는 사람들의 인문학은 이 땅의 역사와 문화·사상에 근거하여야 한다고 생각합니다. 우리의 전래 사상, 불교, 유교는 오늘날에도 우리 삶에 꾸준히 영향을 주고 있습니다. 그래서 이 책에서는 우리의 전래 사상과 동양 철학을 인식의 기본 토대로 삼고, 오늘날의 현대 과학 기술과 합리성을 줄기 삼아 제가 생각하는 인문적 삶의 방식과 가치에 대해 말씀드립니다. 책을 펴면 한국인이라면 누구나 알고 있는 동화, 인물들이 여러분에게 말을 걸 것입니다.

   저는 이 책을 도덕 교과서로 만들고 싶지 않습니다. 그래서 '욕심을 버려라', '마음을 내려놓아라', '착하게 살아라' 등의 당위적인 논법은 철저하게 배제하였습니다. 누군들 그런 주옥같은 격언을 몰라서 실천을 안 하겠습니까? 그렇게 할 수 없는 근본적인 원인을 좀 더 통찰력 있게 살피고, 현실적으로 실현 가능한 치유와 실천 방법을 제시하려 합니다.

   우리는 누구나 오늘보다 더 나은 미래, 현재보다 더 자유로운 삶을 살 수 있습니다. 부족하면 부족한 대로, 넘치면 넘치는 대로 모두 행복하고 풍요롭게 살아갈 수 있습니다. 그 힘이 저는 인문학에 있다고 봅니다. 인문학을 접하는 것은 자신의 인생에 강력한 치트키를 가지는 것과 같습니다. 여러분이 지고 있는 삶의 무게, 여러분을 힘들게 하는 많은 고민과 갈등을 제대로 볼 수 있는 혜안을 가지는 것과 같습니다. 인문학을 통해 어제와 같은 오늘이 어제와는 전혀 다른 오늘로 바뀝니다. 행복을 만드는 자신만의 치트키, 자신만의 인문학을 만나고 싶은 분에게 이 책은 많은 도움이 될 것입니다. 인문학이 무엇이며 왜 필요한지, 인문학을 통하여 어떻게 삶을 변화시킬 수 있는지, 삶의 무게를 어떻게 이겨낼 수 있는지 궁금하신 분에게 이 책을 바칩니다. 한꺼번에 다 읽지 않아도 됩니다. 필요한 부분만 꺼내서 읽으셔도 됩니다. 차례대로 읽지 않아도 됩니다. 목차에서 마음에 끌리는 주제를 먼저 읽으셔도 됩니다. 바로 읽지 않아도 됩니다. 두고두고 읽으셔도 됩니다. 누구라도 편하게 읽을 수 있도록 쉽게 썼습니다. 가까운 친구나 이웃, 자랑스러운 아들과 딸에게, 존경하는 부모님에게 선물하시면 받는 사람도 틀림없이 좋아할 것입니다.

다시 봄입니다.
새 계절이 오듯 우리 인생을 새롭게 '다시 보는' 기쁜 날들이 이어지길 빌어봅니다.

2023년의 봄

남은재에서

차례는 이러합니다만
하루 한 잔의 커피처럼
어디서부터 읽으셔도 상관없습니다.

## 책의 구성

프롤로그

Ⅰ 인문학 첫 만남 : 나의 등대 찾기
Ⅱ 인간의 존엄성 : 이건 사회적 약속이야!
Ⅲ 자존감 : 좀 없으면 어때?
Ⅳ 미래 : 현재보다 나은 미래, 혹시 이런 거 원하니?
Ⅴ 성공 : 성공의 주문을 알려줄게
Ⅵ 미디어와 편견 : 우리는 왜 진실을 못 볼까?
Ⅶ 소통 : 너에게 다가가 기울여 듣기
Ⅷ 행복 : 자원과 욕망 관리하기
Ⅸ 명상 : 부정적 감정 다스리기
Ⅹ 부모 이해하기 : 미안해, 나도 처음이야!
Ⅺ 인공지능 : 인공지능으로 배우는 인문학

에필로그

**차례**

**프롤로그**

## I. 인문학 첫 만남 : 나의 등대 찾기

  01 인간에 대한 이해
    남을 이해하는 것이 바로 내가 사는 길이다 3
    인문학의 유래 : 후마니타스 (Humanitas) 5
    인문학의 영역 8
    대한민국의 힐링 인문학 10
  02 인문학의 힘
    부처님 겨자씨 이야기 13
  03 인문학의 바다
    나와 남의 인문학 17
    나에게 맞는 등대 찾기 18

  Summary of Chapter I 20

## Ⅱ. 인간의 존엄성 : 이건 사회적 약속이야!

01 왜 인간은 존엄한가?
    왜 인간은 존엄한가? 23
    전제용 선장 이야기 25
    헌법에서 보장하는 권리 27

02 인간의 존엄성은 어떻게 보장받는가?
    인간의 존엄성이 인정되는 사회 30
    투쟁과 희생으로 쟁취한 가치 32

03 생명은 존엄한가?
    생명도 등급이 있는가? 36
    생명을 해치지 말라는 부처님의 가르침 37
    모든 생명은 평등한가? 41

04 인간성은 존엄한가?
    인간이 이렇게 추악한데 46
    스탠리 밀그램의 실험 48
    작지만 부당한 지시를 거부하라 53

Summary of Chapter Ⅱ 56

## Ⅲ. 자존감 : 좀 없으면 어때?

01 나는 참 괜찮은 사람이야!
    자존감과 자존심 59
    비켜라, 햇빛 가린다 : 디오게네스 60
    멕시코 어부 이야기 64

02 우리들의 자존감 수준은?
    우리나라 국민의 자존감은 과연 낮을까? 67
    나이가 들면 자존감은 어떻게 될까? 69
    자존감도 소득이 있어야 한다 72

03 낮은 자존감은 왜 생길까?
    비교의 함정 : 나의 단점과 남의 장점을 비교 74
    보안드로피 증후군 75
    낮은 자존감이 불편하다면 77

04 자존감을 높이려면
    멘탈 관리 : 보편적 인문학적 처방 78
    세 명의 벽돌공 : 자기의 일에 의미 부여하기 80
    달과 6펜스 ① : 달처럼 살기 83
    달과 6펜스 ② : 6펜스를 달처럼 생각하기 84
    자존감 높이는 환경 만들기 86

Summary of Chapter Ⅲ 88

## IV. 미래 : 현재보다 나은 미래, 혹시 이런 거 원하니?

01 미래를 알 수 있을까?
　　3개월 후는 더 추워질까? 더 더워질까? 92
　　로제 떡볶이 : 생각이 미래를 결정한다 94

02 미래 예측 : 음양오행론, 명리학, 점
　　음양오행론의 이해 96
　　명리학 : 미래 예측의 학문 102
　　삼라만상은 내 마음의 그림자 108
　　명리학을 대하는 우리의 자세 109
　　생각에 근거한 미래의 예측 : 점(占) 110

03 무엇이 길흉인가?
　　동물원의 비버 이야기 114
　　오직 사육사의 뜻대로 116
　　희기동소 : 좋은 일과 나쁜 일은 한 곳에서 일어난다 118

04 미래 준비하기
　　노년의 행복조건 122
　　어떻게 미래를 준비할까? 125
　　도전해도 되는 나이 128
　　좁은 문이냐? 넓은 문이냐? 131

Summary of Chapter IV 134

## V. 성공 : 성공의 주문을 알려줄게

01 성공의 기준은?
  베이비붐 세대의 성공이란? 138
  청년이 생각하는 성공이란? 141
  국가별 중산층 기준 143
  성공적 삶이란? 145
 02 성공학 제1 법칙 : 생각대로 세상이 이루어진다
  선원은 왜 얼어 죽었을까? 146
  의심 없는 믿음 148
  원효가 깨달은 것은 무엇일까? 150
 03 성공학 제2 법칙 : 콩 심은 데 콩 나고 팥 심은 데 팥 난다
  제임스 앨런 : 원인 결과의 법칙 155
  맥스웰 몰츠 : 사이코-사이버네틱스 156
  네빌 고다드 : 하나님이 주신 선물 158
 04 성공학 제3 법칙 : 생각으로만 안 된다. 최선을 다해라
  기운 공책 161
  성공한 사람은 남들이 도와준다 164
 05 성공을 부르는 주문
  생생하게 상상하기 165
  나의 꿈 기록하기 167
  셀프 토킹(Self-Talking) 168
  아제 아제 바라아제 169

Summary of Chapter V 172

## VI. 미디어와 편견 : 우리는 왜 진실을 못 볼까?

01 세상에 관심 가지기
    개인과 사회의 관계 176
    유발 하라리의 경고 177
    침묵의 대가 179
    독일인의 시민의식 182

02 세상을 바르게 이해하기 : 미디어 리터러시
    바른 이해를 막는 방해 요인 185
    미디어의 정치성 188
    프레이밍 효과 189
    통찰 : 본질을 바라보는 힘 191
    미디어 리터러시 193

03 진실을 왜곡시키는 편견
    확증편향 196
    생존본능에서 오는 편견들 198
      • 친구냐? 적이냐? 1초 만에 파악하려는 경향
      • 나쁜 전개를 먼저 생각하려는 경향
      • 과거의 경험으로 미래를 예단하려는 경향
      • 공포감은 올바른 판단을 어렵게 한다
      • 다급함은 일을 망친다

Summary of Chapter VI 208

## Ⅶ 소통 : 너에게 다가가 기울여 듣기

01 소통의 출발점 : 나에게서 찾는다
  대한민국은 갈등 공화국 211
  반구제기(反求諸己) : 나로부터 시작한다 213
02 타인에 대한 이해 : 공감
  공감(Sympathy) 217
  충조평판하지 않기 221
03 소통의 3가지 방법 : 경청, 설득, 협상
  경청(傾聽) : 내 몸을 상대에게 기울이다 226
  설득 : 내 의견에 동의하게 만들기 228
  협상 : 조금씩 양보하기 232
04 좋은 인간관계
  초연결관계의 사회 235
  인간관계가 좋아지는 방법 237
  • 거리 유지하기
  • 착한 사람 증후군 벗어나기
  • 조주 스님의 산호 방망이
  • 자기의 감정 표현하기
  재앙을 부르는 두 가지 주문 246

Summary of Chapter Ⅶ 248

## VIII 행복 : 자원과 욕망 관리하기

01 행복이란?
   아리스토텔레스의 행복이란? 251
   안나 카레니나 법칙 252
   세계 행복보고서 254

02 돈과 행복의 관계
   돈이 있어야 행복하다? 256
   이스털린의 역설(Easterlin's Paradox) 257

03 욕망과 행복의 관계
   사람에게는 얼마만큼의 땅이 필요한가? 260
   욕망의 경제학 : 자본주의 261
   우리는 충족되기 어려운 것을 욕망한다 263

04 행복의 공식 : H=R/D
   자신의 욕망을 잘 관찰하라 265
   R과 D의 균형적인 삶 268

Summary of Chapter VIII 270

## IX. 명상 : 부정적 감정 다스리기

01 스트레스는 왜 생기지?
    세계감정보고서(Global Emotional Report) 274
    스트레스 상황을 만나면 278
    스트레스의 원인 280
    빈 배의 비유 282
02 부정적 감정
    개는 왜 순한가? 284
    아미그달라의 이해 285
03 명상 : 부정적 감정과의 분리
    유위법 : 생각으로 만든 세계 290
    창세기(Genesis) : 말씀으로 세상을 만들다 292
    양자역학의 이중 슬릿 실험 295
    슈뢰딩거의 고양이 297
04 참선과 위파사나
    화두 참선 302
    위파사나(Vipassanā) 303
    근원적 생각과 파생적 생각 305
05 부정적 감정 다스리기
    트럭이 무서운 어린아이 307
    치유 : 감정의 의인화 309

Summary of Chapter IX 312

# X. 부모 이해하기 : 미안해, 나도 처음이야!

01 미풍양속으로서의 효도
    효(孝)란 무엇인가? 315
    왜 효도를 해야 하는가? 318
    문헌과 설화 속의 효도 양상 320

02 오늘날의 효도
    이방인 : 알베르 카뮈 325
    어머니보다 고양이가 더 소중해 327
    자식이 부모를 돌보는 것은 선택 330

03 고령화 사회의 효도
    노인이 노인을 모시는 현실 333
    부모 부양은 누가 해야 하는가? 335
    효가 오늘날 살아남기 위해서는 336

04 부모 이해하기
    부모와 나는 나이가 같다 338
    부모도 처음의 삶을 살고 있다 341

05 부모 되기
    자식은 부모를 따라 배운다 345
    나의 욕심으로 아이를 키우면 안 된다 346
    세상에 나쁜 자식은 없다 351
    정신적·경제적 독립 353

Summary of Chapter X 356

## XI. 인공지능 : 인공지능으로 배우는 인문학

01 인간과 인공지능의 구분
    인공지능시대 교육정책 방향 : 감성적 창조 359
    기술적 특이점 : 초월적 존재로서의 인공지능 360

02 인공지능의 인문학 수행
    인공지능 그림 : 스페이스 오페라 극장 363
    인공지능 음악 : 미니스큘 프로우즈 365
    인공지능 소설 : 『지금부터의 세계』 366
    논문 쓰는 인공지능 368

03 시뮬라크르의 세상
    진짜와 가짜 371
    영화 「그녀(Her)」 : 대화하는 인공지능 372
    포스트 리얼리티 시대 374
    시뮬라크르(Simulacre) 376

04 인공지능과 인문학의 만남
    인공지능으로 배우는 인문학 세계 379

Summary of Chapter XI 381

**에필로그** 383

주석 386

# I 인문학 첫 만남

## 나의 등대 찾기

01 인간에 대한 이해
02 인문학의 힘
03 인문학의 바다

## 01 인간에 대한 이해

인문학 강의 첫 시간입니다. 첫 시간이니만큼 인문학이 무엇인지, 언제부터 쓰였는지 인문학의 영역은 어디까지인지, 우리에게 인문학이 왜 필요한지 간략히 살펴보도록 하겠습니다. 우리의 인문학 강의는 매 시간마다 하나의 주제를 선정하여 그에 대한 인문학적 성찰을 경험하는 것으로 진행됩니다. 그럼 시작해 볼까요?

### 남을 이해하는 것이 바로 내가 사는 길이다

인문학이란 무엇이고, 우리 삶에 어떤 변화를 줄 수 있을까요?

『세상을 바꾸는 시간』이라는 프로그램에서 서울의 한 병원에서 근무하는 간호사 이야기가 나옵니다.[1] 암 환자 한 명이 불합리한(?) 뭔가를 요구하고 온갖 불평불만을 다 털어놓습니다. 하루에 한두 명도 아니고, 수십 명을 상대하는 간호사에게 그 환자는 그야말로 골치덩어리이자 스트레스 유발자였습니다. 안 그래도 힘든데 그 환자 때문에 직장 스트레스가 더 심해졌습니다. 그런데, 변화가 생겼습니다.

어느 날 그 환자의 처지를 알게 되었던 겁니다. 그 환자는 암 환자이기도 하지만, 또 한편 가족의 생계를 책임져야 할 가장이었습니다. 다음날 바로 출근해야 하는데 치료가 늦어지면 다음날 일을 못 하게 되고, 일을 못 하면 생계가 위협받는다는 사실을 알게 되었습니다.

환자가 왜 그런 억지를 부리는지 이해하니 더는 스트레스로 느껴지지 않았다고 합니다. 환자의 불평이나 불만이 아무렇지 않게 느껴집니다. 오히려 연민과 측은지심을 가지고, 원칙을 어길 수는 없지만 자기가 할 수 있는 최대한의 호의를 베풀 수 있게 되었다 합니다.

자, 한번 생각해 봅시다. 처음에 스트레스를 받던 상황과 두 번째 스트레스가 없는 상황, 무엇이 달라졌을까요? 외부 환경은 조금도 달라지지 않았습니다. 대신 간호사가 바뀐 것입니다. 어떻게요? 바로 환자를 이해하지 못하던 상태에서 환자를 이해하는 상태로 말입니다.

내가 바뀌니 스트레스가 줄고 행복해집니다. 내가 바뀐 이유는 '상대에 대한 이해' 덕분이었습니다. 좀 더 구체적으로 말하면 '상대방 처지에 대한 이해'이며, 이것을 좀 더 확장해보면 '인간에 대한 이해'라고 말할 수 있겠습니다.

인문학이란 무엇이고 우리 삶에 어떤 변화를 줄 수 있을까요? 그에 대한 답은 바로 이것입니다.

인문학은 인간에 대한 이해를 넓히는 학문입니다.

**인간에 대한 이해의 폭이 넓어지면 세상을 편하게 살아갈 수 있습니다.**

인간에 대한 이해의 폭을 넓히면 내가 세상을 편하게 살아갈 수 있습니다. 그런 의미에서 인문학은 내가 보다 더 행복하게 살 수 있도록 도와줍니다. 인문학적 소양은 우리가 살아가는 데 큰 힘이 됩니다. 산에 들어가든지 무인도에 가서 평생을 혼자 살겠노라 하면 인문학이 없어도 큰 문제가 없습니다. 그게 아니라 이 사회에서 직장을 가지고 인간관계를 맺으면서 사회활동을 한다면 인간에 대한 이해, 즉 인문학적 소양은 꼭 필요합니다.

### 인문학의 유래 : 후마니타스 (Humanitas)

인문학을 지칭하는 용어는 서양에서 먼저 만들어졌습니다. 그렇다고 동양에 인문학이 없었을까요? 아니겠지요. 당연히 존재하였습니다. 동양의 학문과 철학은 대부분 인문학이라 할 수 있습니다.

사람은 하늘과 땅 사이에 삽니다. 제아무리 뛰어난 인물이든 우월한 종족이든 사람은 하늘과 땅의 제약 속에서 살아갑니다. 그래서 일찌감치 동양에서는 하늘의 이치, 땅의 이치를 연구하여 인간이 살아갈 수 있게 도왔습니다. 실제로 우리 조상들의 공부법을 살펴보면 그들은 하늘(天)과 땅(地)을 토대로 인간의 삶(人)을 성찰하는 종합적인 학문 태도를 가지고 있습니다. 우주의 생성과 인간의 존재, 수양과 경세치민, 과학 기술과 예술까지 거의 모든 학문이 한 사람에게서 융합되었습니다. 따로 인문학이라는 이름이 없었을 뿐입니다. 그래서 저도 동양에서 바라본 하늘과 땅의 이치를 근간으로 하되, 서양의 현대 과학 기술이 보여주는 새로운 관점을 보태 우리의 삶을 풀어보는 인문학을 하고자 합니다.

그럼 이제 인문학이라는 용어를 살펴볼까요? 인문학을 영어로는 humanities라고 합니다. 이 단어는 라틴어 후마니타스(humanitas)에서 나왔습니다. 후마니타스의 뜻은 '인간다움'입니다. 이 말의 유래에 얽힌 이야기를 들려드리겠습니다.

로마에 키케로(Cicero)라는 변호사가 있었습니다. 아주 유명한 사람입니다. 변호사가 하는 일은 재판에서 다른 사람을 변호하는 일입니다. 그 당시에 시인 아르키아스라는 사람이 무슨 죄를 지었는가 봅니다. 법정에서 키케로는 시인 아르키아스를 이렇게 변론합니다.

이런 사람들은 탁월함을 습득하고 훈련하기 위해서 인문학(humanitas)의 도움을 받았습니다. 인문학 공부는 젊은 사람들에게는 마음을 바르게 지켜주고 나이 든 사람들의 마음을 행복하게 해줍니다. 이런 공부는 풍요로운 삶을 가져다줄 뿐만 아니라 마음의 안식과 평화를 줍니다.

키케로의 논지는 '인문학 공부는 마음을 바르게 지켜주고 행복하고 지혜로운 삶을 살게 해준다. 행복하고 지혜로운 사람은 죄를 짓지 않는다. 아르키아스는 인문학을 공부한 사람이다. 따라서 그는 죄인이 아니다'라는 겁니다. 이 변론에서 처음으로 인문학(humanitas)이라는 말이 나옵니다. 그러니까 아르키아스가 죄가 없다는 사실을 강조하기 위하여 인문학을 법정에 끌어들인 것입니다. 근데, 뭐 인문학을 공부했다고 해서 죄를 안 짓겠습니까? 제가 보기엔 다른 논리로 잘 안되니까, 이렇게 호소한 것 같습니다. 키케로가 언급한 후마니타스는 이후 인문학의 유래로 인정됩니다.

키케로 당시의 인문학은 탁월함의 추구가 목적이었습니다. 탁월함의 추구라는 말을 쉽게 설명하면 교양을 갖추는 것입니다. 교양은 무엇인가요? 품위 있고 학식이 뛰어난 상태를 말합니다. 어떤 분야에 대한 전문 지식을 가지는데 그 학식과 지식이 먹고 살기 위한 것이 아닙니다. 그냥 교양으로 지식을 갖춘 상태와 같다고나 할까요? 예를 들면 음악이나 미술, 와인 등에 대하여 상당한 수준의 지식이 있는데 먹고 살기 위해서가 아니라 그냥 취미나 교양 수준으로 가지고 있는 사람을 생각하면 됩니다.

그에 비해 호구지책(糊口之策)이라는 말이 있습니다. 입에 풀칠한다는 뜻으로, 먹고 살아갈 방도가 막막할 때 쓰는 말입니다. 먹고 사는 일이 힘들면 교양은 생각조차 하기 어렵습니다. 키케로 당시의 로마도 비슷하지 않았을까요? 많은 사람이 입에 풀칠하는 것에만 급급하여 살아가는데, 아르키아스 같은 사람은 후마니타스를 익힙니다. 이들에게 후마니타스는 마음을 바르게 해주고, 안식과 행복을 주는 것입니다. 이들은 후마니타스를 함으로써 비로소 '인간다움'을 갖출 수 있다고 생각했나 봅니다. 호구지책이 아닌 교양으로서의 공부, 고급스럽고 가치 있는 삶을 만드는 공부, 이것이 그 당시의 인문학이었습니다.

## 인문학의 영역

국어사전에서는 인문학을 '언어, 문화, 역사, 철학 따위를 연구하는 학문'이라고 정의하고 있습니다. 그래서 인문학을 대체로 문사철이라 합니다. 문학은 사람들의 이야기입니다. 사람들의 생각이나 느낌, 경험 등을 글로 표현한 것이 문학입니다. 역사는 사람들이 살아온 과거 이야기이며, 철학은 미래를 살아가는 힘을 현재에서 찾는 과정입니다. 그래서 인문학은 사람들의 과거와 현재, 미래를 이야기하는 학문이라 말합니다.

인문학(人文學), 글자를 좀 더 세밀하게 살펴볼까요?
인(人)은 사람입니다. 두 사람이 서로 의지하는 모습에서 나왔다고 합니다. 문(文)은 글이나 문장을 뜻하는 말입니다. 학문, 문학 등에 나오는 단어입니다. 그래서 인문(人文)이라고 하면 인간에 의하여 만들어진 글귀, 문장, 책 등을 말합니다. 여기서 중요한 것은 '인간에 의하여 만들어졌다'는 것입니다.
철학자 최진석 서강대 교수가 지은 『인간이 그리는 무늬』라는 책을 보면, 문(文)에는 '무늬'라는 의미도 있다고 합니다. 고등학교에서 문과, 이과로 나누잖아요? 이때 문과가 바로 이 문(文)입니다. 이과는 '다스릴 이(理)', 이 글자를 씁니다. 이 문(文)자나 이(理)자에는 모두 무늬라는 뜻이 있습니다. 하지만 뜻이 약간 다릅니다. 문(文)은 '옷에 그려진 무늬'라는 뜻이고, 이(理)는 '옥돌에 새겨진 무늬'라는 뜻입니다. 같은 무늬지만 사람이 만든 무늬를 문(文)이라고 하고, 자연이 만든 무늬를 이(理)라고 합니다. 고등학교 때 문과와 이과로 나누는 이유를 이제 좀 이해하실 겁니다.[2]

그렇다고 인문학이 자연과학을 배제한, 혹은 과학과는 무관한 영역은 절대 아닙니다. 과학기술은 인간의 사유와 문화를 바꾸고 인문학은 다시 끊임없이 과학에 새로운 영감을 제공합니다. 이렇게 인문학은 끊임없이 과학과 영향을 주고받습니다.

인문학은 인간에 대한 이해를 넓히는 학문입니다. 세상을 살아가다 보면 여러 가지 어려움에 봉착하게 됩니다. 살아가면서 어떤 문제에 부딪히는데, 대부분 사람은 이걸 처음 겪습니다. 그래서 어떻게 해야 할지 잘 모릅니다. 직장 생활도 처음 하는 것이고, 결혼 생활도 처음이고 아기를 키우는 것도 처음입니다. 인생을 살아가면서 처음 경험하는 게 상당히 많습니다. 그때 다른 사람의 경험을 빌려서 자기가 처한 어려움을 현명하게 극복하기도 합니다. 그때의 다른 사람의 경험이 바로 '인문학'이고. 그 경험에서 얻은 지혜를 '인문학적 소양'이라고 할 수 있습니다.

인문학은 단순히 학문의 영역에 머물러 있지 않습니다. 인간의 경험은 모두가 인문학이 됩니다. 그렇기에 인문학의 영역은 매우 넓습니다. 어젯밤에 나눈 너와 나의 이야기도 인문학입니다. 사람이 별로 없는 시골에서 겨울철에 야생 고양이에게 먹이를 주는 것, 이것 또한 인문학입니다. 우리 삶이 모두 인문학입니다.

## 대한민국의 힐링 인문학

약 10년 전쯤 대한민국에 인문학 광풍이 불었습니다. 지금도 이러한 인문학 팬덤이 이어지고 있으며, 당분간 인문학 열풍은 계속 갈 것 같습니다. 그런데 우리나라의 인문학은 유난히 자기 성찰과 힐링의 성격이 강합니다. 왜 그럴까요? 바로 한국 사회의 특수성에 기인합니다.

1950년대 대한민국은 세계 최빈국 중의 하나였습니다. 지구에서 최고 가난한 나라 중의 하나였다는 말입니다. 그 당시에는 보릿고개라는 말이 있었습니다. 매년 5월이나 6월이 되면 지난해 수확한 식량은 모두 바닥이 나고, 보리가 수확되려면 한두 달 더 기다려야 했습니다. 사람들은 먹을 것이 없어서 풀뿌리나 나무껍질로 끼니를 때웠습니다. 가마득한 먼 이야기가 아닙니다. 바로 할아버지, 할머니 시절이고, 아버지, 어머니의 어린 시절입니다.

지금은 어떤가요? 오늘날 우리나라는 선진국 대열에 접어들었습니다. 혹시 30-50클럽이라는 말을 들어보셨습니까? 우리나라는 2019년에 30-50클럽에 가입되었습니다. 30-50클럽이란 1인당 국민소득이 3만 달러 이상이면서 인구가 5,000만 명 이상의 조건을 만족하는 국가를 가리키는 용어입니다. 바로, 강대국의 조건입니다. 현재 30-50클럽에 가입된 나라는 미국, 일본, 영국, 독일, 프랑스, 이탈리아, 한국 등 7개 나라에 불과합니다. 우리나라가 세계에서 7번째로 30-50클럽에 가입한 것도 대단한 일이지만, 30-50클럽 나라 중에서 제국주의 역사를 가지지 않는 유일한 나라라는 점에서도 매우 자랑스러운 일입니다. 근 반세기 동안 이렇게 빠른 성장을 한 자랑스러운 대한민국입니다만, 그 이면에는 부작용도 있었습니다.

만약 반에서 꼴찌를 하던 학생이 갑자기 1등을 하려면 어떻게 해야 할까요? 당연히 공부를 열심히 해야 합니다. 마찬가지로, 지구에서 가장 가난한 나라가 반세기 만에 잘 사는 나라가 되려면 어떻게 해야 할까요? 맞습니다. 죽어라 노력해야 합니다.

지금 기성세대들은 앞만 보고 정말 열심히 살아온 사람들입니다. 가난하게 시작해서 다들 열심히 살았습니다. 그래서 어느 정도 재산도 모으고, 자식도 키우고, 이제 좀 살 만해지니까 자기 자신을 돌아볼 여유가 생긴 겁니다. 돈이 많은 사람은 많은 대로, 돈이 없는 사람은 없는 대로, 앞만 보고 달려온 인생이 좀 허무한 겁니다. 그동안 정말 열심히 살았다고 생각했는데, 직장에서는 곧 정년이 다가오지, 벌어놓은 돈은 없지, 자식은 내 뜻대로 안 되지, 몸도 예전 같지 않지, 그러면서 자연스럽게 도대체 인생이란 무엇인가에 대한 자기 성찰이 일어났습니다.

하! 내가 도대체 왜 이렇게 살았지? 내가 너무 앞만 보고 살았네. 이럴 줄 알았으면 나도 남들처럼 인생을 좀 즐기면서 살았을 텐데. 나도 어려서는 꿈도 많았고 하고 싶은 것도 많았는데, 내가 진정으로 하고 싶은 것은 무엇이었지? 이미 늦지 않았을까?

이러한 후회와 아쉬움, 미련, 자아 재발견 등의 자아 성찰이 공간적으로, 시간상으로 동시에 일어난 것이 우리나라 인문학 광풍이었습니다. 이 자아 성찰 과정에서 사람들이 가장 많이 받아들인 것은 바로 힐링이었습니다. 왜일까요? 마음의 상처가 많아서입니다. 그리고 새삼스레 무언가를 바꾸기가 쉽지 않기 때문입니다. 현재의 삶에 불만은 있는데 바꿀 수 있는 처지는 아닌지라, 사람들은 자연스럽게 힐링을 선택합니다. 우리나라 인문학이 특히 힐링의 성격이 강한 이유입니다.

## 02 인문학의 힘

### 부처님 겨자씨 이야기

부처님 살아계실 때의 일화입니다. 부처님께서 사시던 마을에 한 여인이 있었습니다. 그 여인은 어린 아들이 있었는데 그 아들이 다 죽게 되었습니다. 여인이 슬픔과 비탄으로 절규하면서 온 사방을 다니면서 아이를 살리려고 노력했는데, 결국 아이는 죽게 되었습니다. 그때 여인은 숲속에 부처님이 계신다는 이야기를 듣고, 부처님은 신통력이 있으니까 아이를 살려줄 수 있겠다 싶어서 지푸라기라도 잡는 심정으로 아이를 안고 황급히 부처님이 계신 곳으로 달려갔습니다.

"부처님이시여! 간청드립니다. 부디 제 아이를 좀 살려주세요."

부처님은 그저 고개를 끄덕끄덕하면서,

"그래, 여인이여! 내가 그 아이를 살려주겠다. 지금 마을로 돌아가서 겨자씨 한 움큼만 얻어오너라. 단, 한 번도 사람이 죽지 않은 집에서 얻은 겨자씨라야만 되느니라."

부처님의 말씀을 듣는 순간, 여인은 '아, 되었구나'라고 생각하였습니다. 아이를 살릴 수 있겠다는 희망이 생긴 겁니다. 사람이 한 번도 죽지 않는 집에서 겨자씨를 얻어오라고 하는 것은 '부정 타지 않은 깨끗한 겨자씨가 필요한 모양이구나 그래서 사람이 한 번도 죽지 않은 집의 겨자씨를 가져 오라고 하는구나' 그렇게 생각하고 황급히 마을로 달려갔습니다. 그 당시에는 겨자씨는 흔했던가 봅니다. 겨자씨 구하는 것이 그렇게 어렵지는 않았습니다. 겨자씨를 구하고는 물어보았습니다.

"혹시 이 집에서 사람이 죽은 적이 있었나요?"

그러니까 어떤 집은 석 달 전에 어머니가 돌아가셨다고 하고, 또 다른 집에 가서 물어보니 일 년 전에 할아버지가 돌아가셨다고 합니다. 또 어떤 집에는 열흘 전에 자식이 죽었다고 하고, 또 다른 집은 이 년 전에 남편이 죽었다고 합니다. 오후 내내 마을을 다녔는데 결국은 겨자씨를 못 구하고, 마지막 딱 한 집이 남았습니다. 마지막 집에 들어가서 겨자씨를 얻으면서 혹시 사람이 죽은 적이 있었느냐고 물었는데, 대답은 역시 똑같았습니다. 그때 여인이 확 깨우쳤습니다.

**아, 이 생로병사는 나에게만 해당하는 것이 아니구나!**

처음에 여인은 운명의 신을 원망했습니다. 신이시여! 어쩌자고, 나에게 이런 귀한 아들을 주시고, 왜 바로 아이의 생명을 거두어 가시나요? 이런 불공정한 처사가 어디 있나요? 난 왜 이렇게 불행한 사람인가요?

억울하고 분하고 슬프고 외롭고, 온갖 부정적 감정에 휩싸였던 그 여인은 해가 지는 저녁 무렵에 스스로 깨친 겁니다. 아,

아이를 잃는 슬픔은 나에게만 생기는 문제가 아니었구나! 이러한 생로병사의 아픔은 누구나 겪는 거구나. 이것이 인생의 본질이겠구나.

근데, 한번 생각해 보십시오. 이 여인 나이가 몇 살인데, 자기도 생로병사에 해당한다는 사실을 몰랐겠습니까? 그건 아닐 겁니다. 자식 사랑하는 마음 때문에, 잠시 잊고 있었던 겁니다.

**현대인의 삶도 마찬가지입니다. 우리는 언제 닥칠지 모르는 죽음 앞에서, 보통은 잊고 지냅니다. 정신없이 바쁘게 살다 보면, 삶의 본질을 잊어버릴 때가 있습니다.**

이 여인도 너무나 큰 불행과 슬픔 앞에서 잠시 삶의 본질을 잊고 있었던 겁니다. 사람은 누구나 죽는다는 그 평범한 사실을 말입니다. 어쩌면 그 사실을 억지로 외면하고 있었을지도 모릅니다. 그걸 부처님께서 확 깨쳐주신 겁니다. 직접 말로 하지 않고, 이렇게 방편을 써서 말입니다.

해는 지고, 초승달이 어슴푸레 비추는 길을 따라서 여인은 터덜터덜 다시 부처님 처소로 갔습니다. 부처님께서 물었습니다.
"그래, 여인이여! 겨자씨는 구해왔는가?"
"아닙니다. 사람이 죽지 않는 집은 어느 한 군데도 없었습니다."
그 여인은 울고 있는데, 그 표정은 많이 온화하고 편하게 바뀌었습니다. 여인에게는 슬픔만 남아 있고 욕심은 사라진 상태였습니다. 자식을 살려달라는 것은 사실 그 여인의 욕심이었습니다. 그 여인은 자식을 위하여 자식을 살려달라고 했겠지만, 사실은 자기를 위하여 자식을 살려달라고 한 겁니다.

여인의 무엇이 바뀌고, 무엇이 바뀌지 않았을까요? 여인의 모습은 부처님을 처음 찾아갔을 때나 지금이나 바뀌지 않았습니다. 그런데, 여인의 상태는 완전히 바뀌었습니다. 처음에는 비탄과 괴로움, 숨이 멎을 듯한 고통의 상태였다면, 지금은 슬픔에 젖어있는 평온한 상태입니다. 이제 살만하게 된 겁니다.

저는 이것이 인문학적 소양의 차이라고 생각합니다. 인생을 살다 보면 누구나 한두 번의 어려움을 맞이합니다. 피하고 싶어도 피할 수 없는 괴로운 환경이 생기게 됩니다. 그런 어려운 상황에서 어떤 사람은 그 고비를 넘기기도 하고, 어떤 사람은 그 고비를 못 넘기고 파멸의 길로 걷습니다.

**인간에 대한 이해, 인생에 대한 이해, 삶에 대한 깊은 통찰력이 있으면 괴로움을 견디며 극복할 수 있습니다. 이것이 바로 인문학의 힘입니다.**

## 03 인문학의 바다

**나와 남의 인문학**

앞에서 했던 간호사 이야기를 이어서 조금 더 이야기하겠습니다. 간호사에게 극심한 스트레스를 주던 환자를 생각해 봅시다. 그 환자는 간호사에게 스트레스를 주려고 일부러 그런 행동을 한 것은 아닙니다. 자기도 먹고 살아야 하니까, 자기는 지방에서 올라왔고, 다음날 일을 해야 하니까 좀 일찍 치료받게 해달라고 주장한 겁니다. 물론 순서대로 치료받는 게 맞지만, 그 환자는 그런 생각을 할 겨를이 없습니다.

그럼, 간호사의 스트레스는 언제 해소될까요? 위에서 언급한 것처럼 환자의 처지를 인간적으로 이해만 해도 스트레스는 아주 많이 감소하였습니다. 이 말은 반대로, 그 환자의 처지를 인간적으로 이해하지 못하면 스트레스를 받고 스스로 괴로운 상태로 몰아가게 된다는 것을 알 수 있습니다. 그래서 이렇게 말할 수 있습니다.

**인문학은 바로 나를 위하여 존재하는 겁니다.**

하지만, 인문학은 나만을 위한 인문학으로는 절대 끝나지 않습니다. 그렇게 타인에 대한 이해가 생기면 내가 할 수 있는 범위 내에서 그 사람을 도와줄 수 있습니다. 설령 물질적으로는 도와주지 못하더라도 최소한 심정적으로 공감은 할 수 있습니다. 그 사람의 처지가 딱하고 공감이 되기 때문에, 내가 할 수 있는 재량 범위 내에서 도와줄 수도 있고 그것이 사회적으로 확대되면 다 같이 함께 공영(共榮)하는 세상과 가까워지는 겁니다. 저는 이것이 진정한 인문학의 힘이라고 생각합니다.

**인문학은 나도 좋고 남도 좋게 만들어 줍니다.**
**인문학으로 공영(共榮)의 세상이 가능합니다.**

### 나에게 맞는 등대 찾기

인문학을 왜 할까요?
내가 편하기 위해서입니다
인문학을 왜 할까요?
세상이 좀 더 따뜻해지기 위해서입니다.

인문학은 타인의 삶에서 배우는 간접 경험 같은 것이라고 했습니다. 그렇기에 우리는 망망대해와 같은 인문학의 바다 위에서 나에게 맞는 등대를 찾아야만 합니다.

저의 등대는 영국의 철학자 제임스 앨런입니다. 예전에 은행에서 근무할 때, 철학 공부가 너무 하고 싶었습니다. 종교적인 삶이나 명상 등을 통한 수행의 길로 가고 싶었습니다. 그런데 막상 실천에 옮기려고 하니 잘 되지 않았습니다. 그러다 우연히 제임스 앨런을 만나게 되었습니다. 물론, 책으로 말입니다.

그는 한때 금융기관에 종사하였습니다. 38살이 되던 해, 돈을 벌고 소비하는 삶은 의미가 없다는 것을 깨닫고, 모든 것을 정리하여 영국 남서부 바닷가 작은 마을에서 묵상의 삶을 살아갑니다. 톨스토이를 존경했던 그는 자발적인 가난, 영적인 자기 훈련 그리고 단순한 자신만의 삶을 추구하였습니다. 이 철학자를 보면서 저는 많은 위안을 얻었습니다. 그리고 나도 언젠가는 저렇게 살면 되겠다는 자신감을 얻었습니다.

인생에서 뭔가 내 뜻대로 안 될 때 인생을 길게 보면서, 나만의 위인을 통하여 삶의 방향성을 설정할 수 있다면 인생이 훨씬 행복해지지 않을까요? 내 인생의 북극성처럼, 내 인생의 등대처럼 항상 나의 길을 올바른 방향으로 제시해주는 나만의 위인을 만나는 시간, 바로 인문학 시간입니다.

*Summary of Chapter*

## l 인문학 첫 만남

살아가면서
다양한 어려움에 봉착하거나
삶의 방향을 잃고
멍하니
헤매는 때가 있습니다.

이때 타인의 경험이 나에게 나침반이 됩니다.
타인의 경험에 대한 이해
곧 인간에 대한 이해가 인문학입니다.

인문학을 하게 되면
첫째, 내가 편하고,
둘째, 남에게도 도움이 됩니다.

내 삶에 꼭 맞는
등대는 어디에 있을까요?
바로 그 등대를 찾는 여정을 시작합니다.

# 인간의 존엄성

**이건 사회적 약속이야!**

01  왜 인간은 존엄한가?
02  인간 존엄성은 어떻게 보장받는가?
03  생명은 존엄한가?
04  인간성은 존엄한가?

# 01 왜 인간은 존엄한가?

이번 인문학 강의 주제는 인간의 존엄성입니다. 왜 인간의 존엄성이 첫 주제일까요? 그것은 인간다운 삶, 행복한 삶의 출발이 바로 인간의 존엄성에 있기 때문입니다. 그래서 인간의 존엄성이 실현되는 사회에 대해서 먼저 살펴볼 것입니다. 그다음은 이와 유사한 개념인 '생명의 존엄성'과 '인간성의 존엄성'에 대해 인문학의 관점에서 차례로 알아보겠습니다.

## 왜 인간은 존엄한가?

우리는 현재 민주주의 사회에 살고 있습니다. 민주주의의 최고의 이념은 바로 인간의 존엄성을 인정하는 겁니다. 인간의 존엄성을 인정한다는 말은 다른 사람으로부터 내가 존중을 받을 뿐만 아니라, 나도 다른 사람을 존중해 준다는 것을 의미합니다. 국가 또한 당연히 국민의 존엄성을 인정하고, 그렇게 되도록 해야 하는 의무가 있습니다.

다음 중 옳은 것은 무엇일까요?

① A는 잘 살기 때문에 존엄하다
② A는 유명하기 때문에 존엄하다
③ A는 좋은 직업이 있어서 존엄하다
④ A는 함께 있으면 편하므로 존엄하다
⑤ A는 나와 같은 대학을 다니기 때문에 존엄하다

그렇습니다. 다 정답이 아닙니다. 인간이라는 존재는 그 자체가 목적이며, 결코 다른 목적을 위한 수단으로 이용되면 안 됩니다.

**인간 존엄성의 근거는
인간이라는 존재 자체입니다.**

세계인권선언 제1조에는 이렇게 밝혀놓았습니다.

모든 인간은 태어날 때부터 자유로우며 그 존엄과 권리에 있어 동등하다. 인간은 천부적으로 이성과 양심을 부여받았으며 서로 형제애의 정신으로 행동하여야 한다.

인간의 존엄성이란 자신과 다른 사람이 인간으로서 존엄한 존재임을 인정하고 존중하는 것입니다. 모든 사람의 인격이 존엄하다는 것을 인정하고, 인간으로서 존중받는 삶을 최대한으로 실현하는 것입니다. 이것은 인간이 태어나면서부터 '천부적으로' 가지게 되는 권리입니다. 후천적으로 획득하는 게 아니라, 태어나는 순간부터 가지게 되는 불가침의 권리입니다.

## 전제용 선장 이야기[3]

혹시 전제용 선장 이야기를 아시나요? 베트남 난민에 관한 이야기입니다. 베트남 전쟁은 공산주의 국가인 북베트남(베트남 민주공화국)과 자본주의 국가인 남베트남(베트남 공화국) 사이에 일어난 전쟁으로 결국 북베트남의 승리로 끝납니다. 남베트남의 패망으로 그 당시 베트남 공산화에 반대하거나 적응하지 못했던 남베트남 사람들은 베트남을 탈출해야만 했습니다. 그들은 꽉 막힌 육로를 버리고 보트를 타고 바다를 통해 탈출을 시도하였습니다. 이것을 국제사회에서는 보트 피플(boat people)이라고 불렀습니다. 그 당시 국가 간 이해관계 때문에 어느 나라에서도 이 난민을 받아들이지 않았습니다. 많은 난민이 망망대해에서 빠져 죽거나 굶어 죽었으며 이는 국제적 인권 문제로 비화하기도 하였습니다.

1985년, 전제용 선장은 인도양에서 참치 조업을 끝내고 한국으로 돌아오고 있었습니다. 그때 말라카 해역에서 절체절명의 보트 피플을 발견하게 됩니다. 그 당시 대한민국 정부는 공산화된 국가의 난민을 환영하지 않았습니다. 그래서 보트 피플의 구조를 금지하도록 선박 회사에 명령한 상태였습니다. 그러나 전제용 선장이 목격한 보트 피플의 상태는 이미 침몰 직전이었습니다. 만약 여기서 외면한다면 그 사람들은 거의 죽게 될 것입니다. 전제용 선장은 깊은 고민에 빠집니다. 본사는 물론 당국에서도 구조하지 말라는 지시가 빗발쳤고 선원들 의견도 마찬가지였으나, 동료 선원을 설득해 이들을 구출하게 됩니다. 무려 96명의 난민을 구출하여 식량과 식수를 공유하면서 어렵게 부산항에 도착했으나, 그는 당국에 불려가 혹독한 조사를 받았고 선장 면허까지 정지당하게 됩니다. 졸지에 실업자 신세가 되면서 생계유지를 위해 부인과 궂은일을 하면서도 자신의 결단을 후회한 적이 없었다고 합니다.

난민 중의 한 사람이었던 피터 누엔이 2004년 8월 전제용 선장을 자신이 정착한 미국 캘리포니아로 초청하였습니다. 환영 행사장에 운집한 보트피플과 베트남계 미국인들은 19년 만에 만난 전제용 선장에게 박수갈채를 보내며 뜨거운 눈물을 흘렸습니다. 이 자리에서 전제용 선장은 이렇게 말합니다.

**그 당시 그 위치에 제가 아닌 다른 누군가가 있었더라도 당연히 하였을 일을 아주 대단하고 큰일을 한 것처럼 이렇게 환대해 주시니...**

전제용 선장에게는 96명의 난민을 구하는 것이 특별한 일도, 대단한 일도 아닐 수 있습니다. 그러나, 그날 보트피플은 무려 25척의 배로부터 외면을 당했습니다. 26번째 전제용 선장은 이들을 구출하였지만, 정작 그는 마땅히 할 일을 했을 뿐이라는 말만 되풀이하였습니다. 이러한 전제용 선장의 이야기는 세계인의 마음을 크게 움직여, 2014년에는 유엔의 노벨상이라고 불리는 난센상의 최종 후보까지 오르기도 하였습니다. 인간 존엄성에 대한 경외를 엿볼 수 있었습니다.

전제용 본인은 아마도 알고 있었을 겁니다. 저들을 구출하는 순간, 그에게 닥칠 일련의 불이익과 시련에 대해서 말입니다. 예상한 대로, 그는 국가기관에 끌려가서 혹독한 고문도 받았고, 직장도 잃게 되었습니다. 그런데도 그는 자기가 당할 불이익에 연연하지 않고 옳다고 믿는 신념대로 행동하였습니다. 저대로 놔두면 다 죽겠구나! 차마, 사람이 죽게 내버려 둘 수는 없었습니다. 인간의 존엄성 또는 생명의 존엄성에 대한 경외! 전제용 선장은 인간의 존엄성을 몸소 보여준 영웅이라 불러도 무방하다고 생각합니다.

### 헌법에서 보장하는 권리

tvN의 예능프로그램 『유 퀴즈 온 더 블록』의 63회를 보시면, 대법관, 판사, 변호사 등 전 현직 법조인 3명에게 사회자가 묻는 장면이 나옵니다.[4]

헌법 조항 중에서 가장 가치를 두는 조항이 무엇인가요?

헌법은 우리나라의 통치 구성과 국민의 기본권을 보장하는 최고의 근본법입니다. 헌법에는 국가가 국민을 어떻게 생각하고 있으며, 국가는 국민에게 무엇을 보장해 주어야 하는지 자세히 나와 있습니다. 총 130 조항이 있는데, 이 중에서 가장 가치를 두는 조항이 무엇인지를 물어본 겁니다. 무엇일까요?

이들은 한결같이 제10조를 지목합니다. 가장 가치를 두는 헌법 조항은 바로 제10조라고 말합니다. 헌법 10조는 무슨 내용일까요?

모든 국민은 인간으로서의 존엄과 가치를 가지며, 행복을 추구할 권리를 가진다. 국가는 개인이 가지는 불가침의 기본적 인권을 확인하고 이를 보장할 의무를 진다.

이 조항은 프랑스혁명의 '인간과 시민의 권리선언', 미국의 '독립선언', UN의 '세계 인권 선언' 등 전 세계인들이 몇백 년 동안 피 흘리며 쟁취하고 정립한 천부적 인권을 단 두 문장으로 함축하여 표현한 조항입니다. 그래서 법조인 3명은 이렇게 말합니다.

**헌법 10조는 아름다운 문장입니다.**
**이보다 더 아름다운 문장을 본 적이 없습니다.**

국민은 인간의 존엄성을 가지고 행복을 추구할 권리가 있으며, 국가는 국민에게 이 권리가 실현되도록 보장할 의무가 있습니다. 즉, 국민에게는 권리가 있고 국가에게는 의무가 있습니다. 권리는 내가 특별한 이익을 누릴 수 있는 법률상의 힘을 말하며, 의무는 내가 특별한 이익을 누릴 수 있도록 반드시 해야 하는 부담입니다.

어떤 사람이 우리 사회에서 인간의 존엄성을 훼손하는 일이 생겼다면, 국가는 당연히 그렇게 되지 않도록 지켜줘야 합니다. 근데, 만약 국가가 그것을 못 지켜줬다면, 우리는 국가 상대로 소송을 걸어서 보상을 받아낼 수도 있습니다. 왜냐하면, 국가는 우리 국민이 인간의 존엄성을 지킬 수 있도록 해주는 의무가 있기 때문입니다.

그런데, 만약에 국가가 그렇게 하면요? 국가가 국민의 존엄성을 훼손시키는 범죄를 저질렀다면요? 인간의 존엄성은 헌법에서 인정하는 가치입니다. 국가나 정권이 인간의 존엄성을 훼손시키는 일이 생겨서는 절대로 안 됩니다. 그런 일이 일어나면 저항해야 합니다.

## 02 인간의 존엄성은 어떻게 보장받는가?

### 인간의 존엄성이 인정되는 사회

우리는 인간의 존엄성을 너무나 당연하다고 생각합니다. 정말 소중한 개념이고 반드시 지켜야 할 가치임에도 불구하고, 사람들은 너무 쉽게 생각하고 있습니다. 왜 크게 관심을 가지지 않는 걸까요? 이제 그 이유를 한번 살펴보도록 하겠습니다.

다음 중 가장 소중한 것은 무엇일까요?
① 돈
② 스마트폰
③ 공기

정답은 무엇일까요? 혹시 1번 또는 2번이라고 대답하는 분은 없겠지요? 정답은 당연히 3번입니다. 돈이나 스마트폰은 없어도 되지만, 공기가 없으면 바로 죽게 됩니다. 그렇지만 우리는 평상시에는 공기의 소중함을 잘 모르고 있습니다. 너무 당연해서 잊고 지내는 겁니다. 인간의 존엄성 또한 마찬가지입니다. 국가 최고 법률인 헌법에서 인간의 존엄성을 인정하고 있는 이런 사회에 살고 있지만, 이것이 얼마나 좋은 사회인지를 잘 모르고 있습니다. 왜냐하면, 너무나 당연하다고 생각하기 때문입니다.

인간의 존엄성에 관해 다시 문제를 내보겠습니다.

다음 중 당신은 어떤 사회에서 살고 싶습니까?
① 인간의 존엄성이 인정되는 사회
② 인간의 존엄성이 무시되는 사회

아마도 대부분 1번을 선택하실 겁니다. 물론, 2번을 선택하는 사람도 있습니다. 누굴까요? 바로 왕입니다. 오늘날로 치면 독재자, 권력자입니다. 다 그런 것은 아니겠지만, 왕이나 권력자는 인간의 존엄성이 무시되어도 상관없습니다. 왜냐하면, 자기의 존엄성이 무시당할 일은 없기 때문입니다. 누가 왕이나 절대권력자의 존엄성을 무시할 수 있겠습니까? 오히려 다른 인간의 존엄성을 무시하려고 할 겁니다. 그게 지배자의 속성, 쾌감이 아닐까요?

하지만 대부분 사람은 1번을 선택합니다. 당연히 그래야 합니다. 그 이유는 아주 간단합니다.

**인간이 존엄하다고 인정해주는 사회에서 살게 되면 누가 편할까요? 바로 내가 편합니다. 우리가 편합니다. 반대로, 인간의 존엄성이 인정되지 않는 사회에서 살게 되면 언제든지 안 좋은 일을 겪을 가능성이 있습니다.**

인간의 존엄성에 대하여 생물학적 또는 이성적 이유를 찾을 필요가 없습니다. 인간이 존엄하다는 건 하나의 사회적 약속입니다. 그래서 우리는 인간의 존엄성을 인정하는 사회를 만들고 지켜야 합니다. 그런데 말입니다. 오늘날, 인간의 존엄성을 인정하는 이러한 사회는 갑자기 온 것일까요? 그게 아닙니다. 인류 역사를 한 5천 년 정도라고 보면 그중에서 인간의 존엄성이 인정된 사회는 불과 몇백 년이 채 되지 않습니다. 물론, 예전 사회에도 기본적인 인권이 없었던 것은 아닙니다. 그러나 현재처럼 민주적 절차를 중시하고 인간의 존엄성을 법적으로 보장하는 사회는 얼마 되지 않습니다. 그럼, 이런 사회가 저절로 온 것일까요? 아닙니다. 오랜 세월 동안 시민들의 투쟁과 희생으로 쟁취한 것입니다.

## 투쟁과 희생으로 쟁취한 가치

왕이나 권력자는 절대로 인간의 존엄성을 보장하는 사회를 만들지 않습니다. 인간의 존엄성이 보장되는 사회는 역사적으로 시민들의 투쟁과 희생으로 만들어온 겁니다. 그래서 만약 인간의 존엄성을 해치는 그런 사회가 오면, 그런 조짐이 보이면 우리는 저항하고 지켜야 합니다. 예전에 시민들이 그랬던 것처럼 말입니다. 아래 시는 김수영 시인의 「푸른 하늘을」이라는 시입니다. 수능이나 공무원 시험에 한 번씩 출제될 정도로 매우 잘 알려진 시입니다. 한번 감상해보겠습니다.

푸른 하늘을5

김수영

푸른 하늘을 제압하는
노고지리가 자유로웠다고
부러워하던
어느 시인의 말은 수정되어야 한다
자유를 위하여
비상하여 본 일이 있는
사람이면 알지
노고지리가
무엇을 보고
노래하는가를
어째서 자유에는
피의 냄새가 섞여 있는가를
혁명은
왜 고독한 것인가를
혁명은
왜 고독해야 하는 것인가를

시의 배경은 4·19혁명입니다. 4·19혁명이란 1960년에 일어난, 이승만 정권의 독재에 항거해 시민들이 일궈낸 민주주의 시민 혁명을 말합니다. 이 시는 아마도 이렇게 만들어지지 않았을까 유추해봅니다.

4·19혁명을 겪고, 시인은 어느 날 창가에 앉아서 쉬고 있었습니다. 갑자기 새 한 마리가 하늘로 날아갑니다. 이때 시인의

나이가 마흔 전후인데, 시인 또한 사는 게 조금 고단했는가 봅니다. 그래서 그 새를 보면서 '저 녀석은 참 자유롭네'라는 생각을 하다가, 자기 처지와 최근 4·19혁명을 겪었던 시대적 상황을 생각해 봅니다.

아, 아니구나! 저 새가 자유롭다는 내 생각이 틀렸구나. 지금 저렇게 날아올라서 자유롭게 보이지만, 실상은 저렇게 날기까지 얼마나 많은 어려움을 겪었을까? 고통도 많았겠지. 그러면서 4·19혁명을 한 번 더 생각해 봅니다. 4·19혁명은 유혈 혁명이었습니다. 정부가 데모하는 시민들에게 총도 쏘고 그랬습니다. 피를 많이 흘렸습니다. 이어서, 시인은 생각합니다.

자유라는 것은 거저 주어지는 게 아니구나! 자유로운 사회가 되기 위해서는 그만큼 노력을 해야 하는구나. 그래서 자유에는 피의 냄새가 섞여 있구나. 만약, 누가 나에게 자유를 위하여 내 목숨을 내놓으라면 나는 과연 그럴 수 있을까? 자유를 위하여 이 한 몸 역사에 바칠 수 있을까? 나는 너무 비겁한 것은 아닌가? 내 모든 것을 던질 만한 힘을 가져야만 혁명이 가능하구나. 스스로 그 고독함을 이겨내는 것, 그것이 혁명이구나. 혁명에는 반드시 이런 과정이 필요하구나! 그래서 혁명은 고독한 것이구나!

우리는 인간의 존엄성을 인정하는 사회에서 살아가고 있음을 항상 감사하게 생각해야 합니다. 그리고 앞으로도 인간의 존엄성이 인정되는 사회에서 살아야 합니다. 그렇기에 인간의 존엄성이 훼손되는 조짐이 보이면, 비록 조그마한 조짐일지라도 우리는 주저 없이 저항하고 지켜야 합니다. 그것이 바로 우리가 존엄하게 사는 방법입니다.

# 03 생명은 존엄한가?

## 생명도 등급이 있는가?

인간의 존엄성을 이야기할 때, 우리를 곤란하게 하는 것이 '생명의 존엄성'입니다. 생물학적으로는 인간도 동물의 한 종입니다. 우리는 생명이 존엄하다고 하지만, 거의 매일 다른 생명으로 이루어진 음식을 먹고 삽니다. 식물도 생명이니까, 그런 점에서 우린 100% 다른 생명의 도움으로 살아가고 있습니다. 그러면 물어보겠습니다. 모든 생명도 인간의 생명만큼 존엄하다고 봐야 할까요? 굳이 인간이 더 존엄해야 할 이유가 무엇일까요?

시골에서는 여름철에 풀과의 전쟁을 치릅니다. 저도 시골에 밭이 좀 있는데, 여름철에는 정말 감당하기 힘들 정도로 풀들이 쑥쑥 자랍니다. 예전에 풀은 가축의 먹이나 거름, 또는 취사·난방용으로 사용되었기에 아주 고마운 존재였습니다. 지금은 좀 다릅니다. 그냥 스트레스입니다. 제초제를 쓰려니 찜찜하고, 그렇다고 매번 예초기로 깎으려니 감당이 불감당입니다.

그런데 풀도 생명이 있는 존재입니다. 여러분은 혹시 풀을

깎을 때 어떤 죄책감 같은 것을 느끼십니까? 아, 내가 지금 생명을 죽이고 있구나! 이런 죄책감 말입니다. 그럼, 나무를 벨 때는 어떤가요? 내가 지금 생명을 상하게 하고 있구나! 이런 죄책감을 느끼십니까? 벌레는요? 모기나 파리, 방바닥에 기어 다니는 징그러운 벌레를 딱 잡으면서 아! 내가 생명을 해쳤구나! 이런 감정이 생기십니까?

토끼나 고양이 이런 작은 동물은요?

소나 말과 같은 큰 동물은요?

사람은요?

## 생명을 해치지 말라는 부처님의 가르침

부처님은 모든 생명을 죽이지 말라고 가르쳤습니다. 그래서 불교에서는 육식을 금하고 있습니다. 왜 부처님은 '불살생(不殺生)'을 으뜸 계율로 정하였을까요? 불교에서는 이것을 윤회와 인과응보로 설명을 합니다. 모든 생명은 본능적으로 죽기 싫어하기 때문에, 죽게 되는 그 순간에 원한이 가장 크게 맺힌다고 합니다. 그래서 자기를 죽인 대상을 복수한다는 것이죠. 어떻게요? 다음 생에 태어나서 이번에는 내가 상대방을 죽임으로써 복수를 한다는 겁니다. 호랑이가 토끼를 잡아먹으면, 다음 생에는 사자로 태어난 토끼가 사슴으로 태어난 호랑이를 잡아먹습니다. 이것이 윤회와 인과응보의 법칙입니다. 이 정도 설명이면 일반 대중이 불살생의 계율을 지키도록 만드는 데는 성공한 것으로 보입니다.

그러나 이게 다는 아닙니다. 더 중요한 것이 있습니다. 다음은 한국의 승려이자 교육자이신 백성욱 선생님께서 금강산에서 수도할 때의 일화입니다.

그대는 빈대로 법당을 장엄하려나![6]

내가 금강산 안양암에서 수도하던 때의 일이다.
하루는 큰절 수좌가 올라오더니, 대웅전 큰 법당에 빈대가 끓어 여간 곤란한 것이 아니라고 걱정을 하였다.
그래서 내가 그에게
"대웅전 마루 한복판에 유황을 피워 놓고 한나절만 문을 닫아두면 부처님 법당이 깨끗이 청소될 것이다."
라고 말해주었다.
그랬더니 그는
"아니, 스님께서는 저더러 살생하라는 말씀입니까?"
하며 버럭 역정을 내는 것이었다.
나는 빙긋이 웃으며 그에게 말했다.
"그렇다면 그대는 빈대로 부처님 법당을 장엄하려 하는가?"

상좌스님은 빈대 때문에 고통을 받고 있습니다. 내버려 두려니 빈대 때문에 괴롭습니다. 빈대를 죽이려 하니, 불살생의 계율이 두렵습니다. 이러지도 못하고, 저러지도 못하고 있습니다. 백성욱 선생님은 허허 웃으면서 말합니다. 그냥 빈대를 처리해버리시게. 빈대를 죽이라는 말이 아닙니다. 그냥 빈대를 처리하라고 합니다. 그게 그거 아닌가요? 아닙니다. 하늘과 땅

차이입니다.

혹시 죄무자성(罪無自性)이라는 말을 들어보셨습니까? 쉽게 설명하면, 죄는 죄를 바라보는 사람에 따라서 달라지는 것이지, 쳐다보는 사람을 떠나서 객관적이고 독립적으로 존재하지 않는다는 말입니다. 예를 한번 들어보겠습니다.

여기 호랑이 한 마리가 토끼 한 마리를 잡아먹었다고 합시다. 그럼, 호랑이는 살생한 것입니까? 살생을 안 한 것입니까? 호랑이에게 물어봤습니다. "호랑이야, 너 살생했니?" 그랬더니, 호랑이는 '살생이 뭐지?'라는 표정으로 나를 쳐다봅니다. 그런데 어떤 사람이 이 장면을 목격했다고 가정합시다. 그 사람한테 물어보니, 호랑이가 살생했다고 합니다. 그러면 살생이 일어난 것입니까? 일어난 것이 아닙니까? 호랑이는 살생이 뭔지도 모르고, 사람은 살생이라고 합니다.

살생이 일어났다. 이건 정답이 아닙니다.
살생이 일어나지 않았다. 미안하지만, 이것도 정답이 아닙니다.

정답은 '살생이 일어나기도 하고, 일어나지 않기도 했다'입니다. 쳐다보는 사람에게는 살생이 일어났고, 호랑이에게는 살생이 일어나지 않았습니다. 이게 정답입니다. 죄라든지, 살생이라든지 이런 것은 바라보는 주체에 따라서 달라진다는 것이지, 그 스스로 존재하는 것이 아니라는 말입니다.

상좌스님은 빈대 때문에 괴롭습니다. 백성욱 선생님은 유황을 태워서 빈대를 처리(?)하라고 합니다. 만약 이 상태에서 상좌스님이 유황을 태워서 빈대를 처리하면, 상좌스님의 입장에서는 살생한 것입니다. 반대로, 만약 백성욱 선생님이 유황을 태워서 빈대를 처리하면, 백성욱 선생님은 살생하지 않은 겁니다. 왜냐하면, 백성욱 선생님은 살생했다는 마음을 내지 않았기 때문입니다. 앞의 호랑이를 생각해 보시면 이해를 하실 겁니다.

백성욱 선생님의 도력은 상좌스님보다 한참 높은 것 같습니다. 사실 이게 불교 가르침의 핵심입니다. 그런데, 불교는 이렇게 가르치지 않습니다. 살생하면 너도 똑같이 당하니까 살생하지 말라, 그냥 이렇게 가르칩니다. 이건 또 왜 그럴까요? 바로 살생하고도 살생하지 않았다는 이 경지는 어느 정도 도력이 생겨야 가능한 단계이기 때문입니다. 일반 사람들은 본대로 보고, 들은 대로 듣고, 믿는 대로 믿기 때문에 쉽지 않은 일입니다. 빈대를 죽이고도, 빈대를 죽이지 않았다는 마음을 보통 사람들은 내기 어렵습니다. 수행과 도력이 필요하기 때문입니다. 이해되십니까? 다시 한번 물어보겠습니다.

다음 중 어느 것이 더 좋을까요?
 ① 살생하고 살생을 하지 않았다는 마음을 내는 것이 좋다.
 ② 그냥 살생하지 않는 것이 좋다.

당연히 두 번째 살생하지 않는 것이 낫습니다. 이건 두말하면 잔소리입니다. 그래서 '살생하면 벌 받는다'라고 가르치는 겁니다. 그런데 누구는 살생을 좋아서 하나요? 어쩔 수 없는 경우에는 어떻게 하라는 거죠? 그럴 때 바로, 1번이 필요한 것입니다. 살생하지 않았다는 마음을 내도록 하는 것입니다.

## 모든 생명은 평등한가?

만약, 여러분이 사는 집에 수박 크기의 말벌통이 달려있고, 말벌들이 왕왕거리면 어떻게 하시겠습니까? 말벌이 얼마나 고약한지는 다들 아시죠? 까딱하면 목숨까지 위협을 받을 정도로 정말 무서운 녀석들입니다. 어떻게 하시겠습니까? 생명의 존엄성에 대한 가치 추구나 부처님 계율 때문에 그냥 놔두실 겁니까? 아니면 제거하시겠습니까? 아마도 많은 사람은 119를 불러서 말벌들을 제거할 겁니다. 그 이유는 생명의 존엄성을 무시하기 때문도 아니고, 부처님의 계율을 어기기 위해서도 아닙니다. 형편이 어쩔 수 없기 때문입니다.

**아무리 생명의 존엄성이 중요해도,
어쩔 수 없는 형편이라면 어쩔 수가 없습니다.**

법륜 스님의 『즉문즉설』이라는 코너가 있습니다. 즉석에서 묻고, 즉석에서 대답한다는 뜻입니다. 살다가 생기는 여러 가지 답답하고 힘든 문제들에 대하여 즉석에서 물어보면 법륜스님께서 즉석에서 대답하는 형식으로, 이렇게 하신 지 10년은 더 넘은 것 같습니다. 법륜 스님 특유의 위트와 적절한 비유로, 알기 쉽게 설명하여 사람들을 깨닫게 하고 힘든 마음을 달래주고 있습니다. 부처님의 방편이 바로 이런 것인가 하는 생각이 절로 듭니다. 법륜 스님은 생명의 존엄성과 관련된 이러한 형편에 대해서도 명쾌한 해답을 내려줍니다.

법륜 스님의 즉문즉설 : 모든 생명은 평등한가?7

첫째 사람을 함부로 죽이지 마라.
둘째, 동물도 함부로 죽이지 마라.
셋째, 식물도 함부로 죽이지 마라.
넷째, 무생물도 함부로 오염시키지 마라.
그러나, 사람은 선택이라는 게 있습니다.

내 어머니하고 이웃집 아주머니가 물에 빠졌는데, 내 어머니만 딱 구하고 이웃집 아주머니를 구해주지 않으면 윤리적으로 나쁜 사람입니다. 그러나 그 조건에서 딱 한 명밖에 구할 수가 없다면 내 어머니를 구하는 것은 이기적인 행동이 아닙니다.

사람하고 강아지가 있는데, 사람만 구하고 강아지는 죽어도 된다면서 내팽개치면 문제지만, 사람과 강아지 둘 중에 하나밖에 구할 수가 없으면 사람을 구하는 것은 어쩔 수 없습니다.
그러니까 선택의 문제예요.

근본적으로는 모든 존재는 다 소중합니다. 생명과 무생물을 나눠도 안 되고, 생명 안에서 식물과 동물을 나눠도 안 됩니다. 동물 안에서 사람과 사람 아닌 것을 나눠도 안 되고, 사람 가운데도 나와 너를 나눠도 안 됩니다. 모두 평등합니다.

그러나, 현실의 시공간에서는 나와 남은 구분될 수밖에 없어요. 나만을 강조하면 문제지만, 내가 우선되는 것은 어쩔 수 없습니다.

사람만 하면 문제지만, 사람이 우선되는 것은 역시 어쩔 수 없습니다. 동물만 하면 문제지만, 동물이 식물보다 우선 되는 건 어쩔 수가 없어요. 동물 중에도, 벌레하고 소 중에서는 소가 우선될 수밖에 없어요. 그것만 소중해서 그런 게 아니라 우리의 존재는 근본적으로 모든 것이 다 소중해요. 그러나 현실 속에서 우리가 선택할 때는, 우리는 선택할 수밖에 없는 조건이 있습니다. 선택할 수밖에 없기에, 다른 것을 차등해서는 안 됩니다. 평등하다고 해서, 모든 것을 다 똑같이 할 수 없습니다.

모든 생명은 다 소중합니다. 생명은 존엄하고, 지켜야 할 가치가 있습니다. 그렇지만, 형편에 따라서 어쩔 수 없는 선택도 있다는 점을 항상 명심해야 합니다. 우리는 가끔 자신이 할 수 없는 일을 가지고, 불가항력의 사건 때문에 지나치게 괴로워합니다. 물론 사람은 기본적으로 착하게 사는 게 좋습니다. 그러나 쓸데없이 착할 필요까지는 없습니다. 내가 할 수 없는 일 때문에 지나치게 스트레스를 받는 것도 어리석은 짓입니다.

예를 들어 내가 어떤 사람을 구해줄 수 있는데 안 구해주면 그것은 윤리적으로 문제가 있습니다. 자기가 비겁했으니까 죄책감을 느껴도 어쩔 수가 없습니다. 근데, 내가 할 수가 없었던 것들에 대해서는 지나치게 죄책감을 가질 필요는 없습니다. 이런 현상은 대체로 자기가 좀 착하다고 생각하는 사람에게 많이 나타납니다. 자기가 착한 사람이라고 생각하는 사람은 어떤 강박관념이 있습니다. 그래서 자기가 할 수 없었던 일을 가지고도, 괴로워하는 경향이 좀 있습니다. 법륜 스님께서 말씀하신 것처럼 우리 어머니하고 이웃집 아주머니하고 둘 다 살려야 되지만, 한 사람밖에 살릴 수 없는 형편이면 가까운 사람을 먼저 살리는 것도 어쩔 수 없는 겁니다.

다만, 여기에 부정행위가 있느냐 없느냐가 문제입니다. 예를 한번 들어보겠습니다. 어느 큰 병원에 간호사 한 명이 있었습니다. 그 병원에는 유명한 외과 의사가 있는데, 일주일에 딱 한 번, 한 사람밖에 수술을 못 한다고 가정을 해봅시다. 이미 이번 주에 어떤 환자가 수술하기로 예약이 돼 있습니다. 그런데 갑자기 간호사 어머니가 그 병에 걸려서 급하게 수술을 받아야 하는 상황입니다. 간호사 어머니가 이번 주에 수술을 못 받으면 어머니는 죽을지 모릅니다. 만약, 어머니가 수술을 받으면 어머니는 살겠지만, 이번 주에 수술받기로 예약된 사람은 죽게 됩니다. 자, 이럴 경우, 어떻게 해야 할까요?

앞에서 법륜 스님이 말했던 것처럼, 모든 조건이 똑같을 경우는 어머니를 먼저 살리는 게 큰 문제가 되지 않습니다. 그러나 이 경우는 어떻습니까? 이 경우는 다른 환자가 수술을 받기로 예약이 되어 있는데, 내가 먼저 하는 겁니다. 이렇게 하면 수술을 받기로 예약된 환자가 죽게 됩니다. 여러분이라면 어떤 선택을 내릴 겁니까? 뭐가 정답인지는 알지만, 막상 이런 경우가 닥치면 참으로 고민스럽습니다.

# 04 인간성은 존엄한가?

## 인간이 이렇게 추악한데

인간의 존엄성을 이야기할 때, 사람들이 헷갈리는 부분이 있습니다. 바로 인간성이 존엄한가입니다.

"인간이 이렇게 추악한데 어떻게 인간이 존엄합니까?"

역사적으로 보면, 인간의 존엄성이 훼손되는 많은 사건이 있었습니다. 인간의 추악한 본성을 볼 수 있기도 합니다.
중국에 진나라가 있었습니다. 진나라는 중국을 최초로 통일한 나라입니다. 중국을 영어로 뭐라고 하나요? 차이나(china)라고 합니다. 이 말이 '진(Qin)'에서 나온 말입니다. '지나'라고 하기도 합니다. 중국 앞바다의 명칭을 '남지나해'라고 부르는데, 다 여기서 나온 말입니다. 진나라가 중국을 통일하는 과정에서 이웃 조나라와 전쟁을 벌이게 되고, 진나라가 이기게 됩니다. 이때 진나라 백기 장군은 항복해온 조나라 포로 40만 명을 생매장하여 죽입니다. 이 사건을 '장평대학살'이라고 하는데, 전쟁 중인 상황이라 어쩔 수 없다고 치더라도 무려 40만 명의 목숨을 앗아갑니다. 전쟁은 대체로 정의와 불의로 포장이 됩니다만, 사실은 인간의 욕망과 욕망의 충돌입니다. 인간은 자신의 욕망을 충족하기 위해 타인의 죽음도 아무렇지 않게 생각합니다. 이런 상황에서 인간의 존엄성이 있기나 하겠습니까?

지금부터 한 80년 전쯤인 1939년에 세계 제2차대전이 일어납니다. 독일이 다른 나라를 침공하면서 발생한 전쟁입니다. 그 당시 독일은 히틀러 독재 정권 체제였습니다. 히틀러는 독일 민족인 게르만족이 세계에서 가장 우수한 종족이라고 선동하였습니다. 게르만 민족이 세계에서 가장 우수한 종족이라는 것은 증명된 것도 아니고, 증명할 방법도 없습니다. 그런데 왜 그랬을까요?

독일인은 이성과 지성을 가진 합리적인 사람들이라고 합니다. 그런데 독재자는 이런 국민이 다른 나라를 침략해서 사람을 죽이도록 만들어야 합니다. 그래서 명분과 선동이 필요한 겁니다. 그냥 믿도록 말입니다.

우수한 우리 민족이 세계에서 가장 잘 살아야 하는데, 그렇지 못한 것은 다 다른 민족 때문이다. 우수한 우리 게르만 민족을 좀먹는 게 누구냐? 바로 유대인이다. 이렇게 말입니다. 공동의 적을 만들어서 내부를 결속시키려는 전형적인 선동 방법입니다. 유대인이 누구인가요? 지금 이스라엘에 사는 민족입니다. 오늘날 이스라엘이라는 나라는 1948년에 건립되었습니다. 그 이전에는 유럽 각지에 흩어져서 살고 있었습니다. 히틀러 정권은 유대인을 공동의 적으로 만들어서, 그들을 집단적으로 학살합니다. 그 유명한 홀로코스트(Holocaust)입니다. 홀로코

스트는 히틀러의 나치 정권이 600만 명의 유럽계 유대인들을 조직적으로 학살한 사건입니다.

한번 생각해 보십시오. 유대인을 학살한 사람은 누구입니까? 결국, 사람입니다. 이성과 지성을 가진 사람입니다. 그럼, 유대인은 누구입니까? 바로 내 이웃입니다. 어제까지 아침마다 인사하고 다정하게 지냈던 내 이웃이란 말입니다. 세르비아 내전에서도 일어났던 일입니다. 어제까지 다정하게 지냈던 사람이 오늘은 적으로 바뀌어 그 이웃을 끌어내어 학살합니다. 그전의 온화함과 다정함은 간 곳도 없고, 증오와 분노로 노려보며 학살합니다. 이게 문명화된 우리 사회에서 가능한 일이기는 할까요?

누군가가 우리에게 무언가를 시켰는데 그게 비인간적이고 비도덕적이라면, 윤리적으로 타당하지 않다면 우리는 하면 안 됩니다. 그걸 시킨다고 어떻게 합니까? 그런데, 합니다. 인간은 합니다.

평범한 사람일지라도 어떤 특수한 상황에 빠지게 되면, 저게 인간인가 싶을 정도의 잔혹한 짓도 자행합니다.

## 스탠리 밀그램의 실험[8]

우리는 흔히 생각합니다. 사람은 이성적이기 때문에 어지간한 경우는 이성적인 판단을 할 수 있다. 이렇게 말입니다. 그래서 상대방이 아무리 권위자라도 부당하고 부도덕한, 또는 뭔가 앞뒤가 안 맞는 지시를 하면 거절할 수 있다고 생각합니다. 과연 그럴까요?

**이성과 지성을 강조하는 문명화된 현대 사회에서, 인간의 이러한 비인간적인 만행을 어떻게 이해해야 할까요?**

미국의 사회심리학자인 스탠리 밀그램은 1961년에 하나의 실험을 합니다. 이 실험에서는 참가자를 공개적으로 모집하였습니다. 실험의 목적이 「징벌에 의한 학습 효과」라고 공지하였지만, 진짜 목적은 권위에 대한 복종을 알아보는 것이었습니다. 이 실험은 옆방에 있는 학생이 틀린 대답을 할 때마다 실험자가 전기 충격으로 처벌을 내리는 실험입니다. 이런 처벌을 통해서 얼마나 기억력을 강화할 수 있을까 알아본다고 하는데, 이건 가짜 목적이고 진짜 목적은 실험자가 어느 단계까지 전기 충격을 주느냐를 보는 것입니다.

방안에는 전기 충격을 줄 수 있는 30개의 버튼이 있습니다. 15볼트에서 450볼트이며, 특히 150볼트가 넘어가면 '인체에 심각한 손상을 줄 수 있다'라는 위험 경고가 있습니다. 마지막 450볼트는 'xxx'로 표시되어 있습니다.

이제 50명 정도의 실험자를 대상으로 실험을 합니다. 학생은 자꾸 틀린 답을 말하고, 그때마다 실험자는 한 단계씩 높은 전기 충격 버튼을 누릅니다. 실험자가 전기 충격 버튼을 누를 때마다 학생은 비명을 지릅니다. 나중에는 살려달라고 애원을 합니다. 제발 여기서 꺼내달라고 간청을 합니다. 난처해진 실험자는 연구 진행자를 쳐다보면서 어떻게 해야 하는지 묻습니다. 그런데 연구 진행자는 단호합니다. 계속 진행하라고 합니다.

실험자는 뭔가 잘못되었다고 느낍니다. 그런데도 연구 진행자의 말을 듣습니다. 실험은 계속되고, 실험자는 계속 고강도의 전기 충격 버튼을 누릅니다. 학생의 비명을 들으면서 말입니다.

물론, 학생은 배우이고, 실제 전기 충격은 일어나지 않습니다. 학생은 전기 충격을 받은 것처럼 비명을 지르면서 연기를 하는 것입니다. 실험자들은 대체로 몇 단계에서 그만두었을까요? 과연 마지막 30단계인 450볼트를 눌렀던 실험자가 있기는 있었을까요?

이 실험을 하기 전에 밀그램은 0.1% 정도의 사람만이 마지막 단계인 450볼트까지 갈 것으로 생각했습니다. 그러나, 결과는 충격적이었습니다. 무려 65%가 마지막 30단계까지 갔습니다. 학생이 죽을지도 모르는 그 단계까지 말입니다.

재밌는 게, 실험하기 전에 실험자에게도 전기 충격 체험을 하게 해주었다고 합니다. 학생들에게 사용될 전기 충격이라면서 말입니다. 전기 충격을 받은 실험자는 깜짝 놀라서 비명을 지릅니다. 그들은 도대체 이게 몇 단계냐고 묻습니다. 연구 진행자가 이게 몇 단계일 것 같으냐고 도리어 묻자 대부분 실험자는 20단계 이상일 것이라고 대답합니다. 그러나 연구 진행자는 이게 불과 3단계라고 이야기를 해줍니다. 실험자들은 불과 3단계에서 이 정도 충격이라는 사실에 망연자실합니다. 그럼 도대체 30단계는 어느 정도 수준일까요? 그건 상상에 맡기겠습니다.

이런 상황에서, 무려 실험자의 65%가 마지막 단계까지 갔습니다. 세 명 중에 두 명이 마지막 단계까지 갔다는 말입니다. 이쯤 되면, 실험을 해보기 전에는 누가 450볼트를 누를지 아무도 알 수 없습니다. 도대체 왜 이런 결과가 나온 걸까요?

이 실험이 옛날 실험이라서 그럴 수 있다고 말할지도 모릅니다. 어쨌든, 1961년이라면 60년 전의 일이니까요. 21세기 들어와서, 제리 버거 박사가 이와 유사한 실험을 했다고 합니다. 이 실험에서는 만약 실험자가 불편하면 중간에 나가도 좋다고 단서까지 달았다고 합니다. 그런데도 무려 70%가 마지막 단계까지 갔다고 합니다. 예전이나 지금이나 큰 차이가 없습니다. 인간성이 나빠서 그런 것인가요? 아니면 다른 이유라도 있는 걸까요? 이 실험을 통해 우리는 누구나 가지고 있는 일종의 경향성을 엿볼 수 있습니다.

### 권위에 복종하려는 경향

사람은 권위에 굴복하고 전문가의 의견을 따르려는 경향이 있습니다. 불확실한 상황이거나 헷갈리는 상황이면 다른 사람, 특히 전문가에게 의지하는 경향이 있습니다. 위의 실험에서 연구 진행자는 하얀 가운을 입고 있었습니다. 하얀 가운은 전문가의 상징입니다. 학생은 전기 충격으로 고통스러워하고 여기서 꺼내달라고 애원합니다. 실험자는 뭔가 좀 이상하다고 느낍니다. 그만두어야 할 것 같습니다. 그런데 하얀 가운을 입은 연구 진행자는 계속하라고 합니다. 인지 부조화를 경험합니다. 그런데도, 전문가가 괜찮다고 하니까 괜찮겠지 생각하고 실험을 계속 진행하는 것입니다.

### 타인에 대해 눈치 보는 경향

사람은 자기 합리화를 합니다. 나는 왜 끝까지 버튼을 눌러야 하는가? 여기에는 자기 때문에 실험을 망칠 수가 없다는 생각으로 자기 합리화를 합니다. 자기가 유별난 사람으로 낙인찍히고 싶지 않습니다. 타인이 나를 어떻게 생각하는지 눈치 보는 경향이 있기 때문입니다.

### 명령대로 했다는 책임 전가 경향

사람은 책임 전가를 하는 경향이 강합니다. 나는 하고 싶지 않았는데 연구 진행자가 시켜서 했다는 겁니다. 실제로 유대인 학살에 책임이 있던 나치 전범들이 법정에서 했던 말입니다. '나는 명령대로 했다.' 이렇게 말입니다.

여기서 알 수 있는 것이 우리가 비록 문명화된 사회, 민주적인 사회에 살고 있더라도 어떤 특수한 상황이 되면 비인간적인 만행을 저지를 수도 있다는 것입니다.

## 작지만 부당한 지시를 거부하라

2022년에 러시아가 우크라이나를 침략하는 전쟁이 일어났습니다. 그리고 한때, 러시아 군인들의 민간인 학살 이야기가 언론에 오르내렸습니다. 만약 이것이 사실이라면 비인간적인 만행이 오늘날에도 버젓이 일어나고 있다는 것입니다.

우크라이나의 민간인을 학살하는 러시아 군인은 어떤 사람일까요? 태어나면서부터 살인 기계로 커 온 사람일까요? 아니면 어쩌면 몇 년 전에 한국에 여행을 왔을 평범한 대학생이었을까요? 안타깝지만, 우리는 인정해야 할 것 같습니다. 본래 인간성이라는 게 좀 나약하고, 또 사람은 환경에 많이 휘둘리며 산다는 사실을 말입니다. 너무나 천진난만한 나의 이웃 청년도 전쟁터에 나가서 군복을 입으면 민간인도 학살하는 괴물로 바뀌게 됩니다.

한때, 예능에서 '몰래카메라'가 유행이었습니다. 상대 몰래 사진을 찍어 반응을 관찰하는 장난 콘텐츠였습니다. 그런 프로그램을 보면서 웃다가도 한편으로는 당한 사람의 심정을 이해하게 됩니다. 왜냐하면, 누구라도 당할 수밖에 없도록 상황이나 환경이 연출되기 때문입니다.

**인간은 개인의 성격이나 도덕성보다는 그럴듯한 환경 때문에 윤리적, 도덕적 기준을 무시하고 부당한 명령이나 지시에 따라 비인간적인 만행을 저지를 수 있습니다.**

참으로, 불편한 진실입니다. 우선은 이러한 불편한 진실을 인정해야만, 향후 이러한 상황에서 오히려 바르게 처신할 수 있습니다. 바르게 처신한다는 것은 무엇일까요?

**무엇보다도 이게 아니라고 판단되는 첫 번째 순간에 그만두는 것입니다.**

저항에는 결정적 시기가 있다고 합니다. 위의 스탠리 밀그램의 실험에서는 150볼트였습니다. '인체에 심각한 손상을 줄 수 있다'라는 경고가 있는 150볼트에서 멈췄어야 합니다. 그런데 여기서 멈추지 않은 실험자의 80%가 마지막 단계인 450볼트까지 갔다고 합니다. 처음부터 학살이나 폭력, 부정부패 등의 범죄에 엮이는 것이 아닙니다. 모든 폭력은 처음에는 권위자의 작지만 부당한 명령에서 시작됩니다. 그때 거부하지 않으면, 어느 날 돌이킬 수 없는 괴물이 될지도 모릅니다.

저 또한 인간성은 나약하다고 생각합니다. 그리고 모든 상황에서 완벽하게 이성적으로나 도덕적으로 행동하기 어렵다고 생각합니다. 왜냐하면, 그럴듯한 상황에서는 뭐가 뭔지 잘 모를 수 있기 때문입니다. 그러나 비록 인간성은 나약하지만, 인류는 발전해 왔습니다. 나약한 자기 자신을 스스로 돌아보고,

반성하고 사회적 가치와 윤리, 도덕을 지키려고 노력해왔습니다. 앞으로도 그럴 겁니다. 다만, 함몰되지는 말아야 합니다. 나약하지만, 나약해지지 않도록 늘 자각하면서 살아가야 할 것입니다.

*Summary of Chapter II*

## II 인간의 존엄성

인간의 존엄성은 사회적 약속입니다.
인간 존엄성이 인정되는 사회에서 사는 것이
훼손되는 사회에서 사는 것보다,
우리에게 훨씬 유리합니다.
그래서 우리는 지켜야 합니다.
인간의 존엄성이 인정되는 사회가 계속
유지되도록 말입니다.

미물도 생명의 존엄성이 있습니다. 하지만
상황에 따라 지키지 못할 때도 있습니다.
그때는 생명을 죽였다는 마음을 내면 안 됩니다.

인간성은 나약한 속성이 있습니다.
그래도 휘둘리면 안 됩니다.
나약함을 깨닫고, 더 철저히 자각하면서
부당한 권위에 함몰되지 않도록
노력해야 합니다.

# 자존감

좀 없으면 어때?

01 나는 참 괜찮은 사람이야!
02 우리들의 자존감 수준은?
03 낮은 자존감은 왜 생길까?
04 자존감을 높이려면

# 01 나는 참 괜찮은 사람이야!

이번 강의의 주제는 자존감입니다. 자존(自尊)은 자아존중입니다. 나는 참 괜찮은 사람이야. 이렇게 느끼는 힘입니다. 자기 잘난 맛? 일 수도 있습니다. 대체로 자존감이란 자신을 사랑하는 긍정적인 감정을 이야기합니다. 이번 시간에는 자존감을 가지고 사는 사람들의 삶과 자존감을 높이는 방법을 중심으로 이야기해 보겠습니다.

## 자존감과 자존심

먼저, 자존감과 자존심의 차이점에 대해서 보겠습니다. 공통점은 두 감정 모두 자신을 좋게 평가하고 사랑하는 마음입니다. 그러나 자존심은 상대방이 있습니다. 자존심이 상대와의 경쟁 속에서 얻는 긍정이라면, 자존감은 자신의 있는 그대로를 받아들이는 긍정입니다.

자존심은 타인과 경쟁해야 존재할 수 있으며, 패배할 경우 상당한 상처를 받습니다. 그래서 일반적으로 '자존심이 세다'는 말은 좋은 의미로 이야기하지 않습니다.

자존감은 이와는 다릅니다. 자신에 대한 확고한 사랑과 믿음이기에, 경쟁 상황에 따라 그다지 상처를 받지 않습니다. 자존감이 강한 사람은 타인과의 경쟁과 상관없이, 항상 자신을 가치 있는 사람으로 생각합니다. '나는 참 괜찮은 사람이야.' 이렇게 생각하고, 느끼고, 행동하는 것이 바로 자존감입니다.

자존감이 높은 사람은 늘 당당하고, 좀 더 주관적인 삶을 살아갑니다. 자존감이 높으면 분명 좋습니다. 하지만 자존감이 낮다고 해서 큰 문제가 있는 것은 아닙니다. 사람은 누구나 무언가 부족한 점을 가지고 삽니다. 내가 부족한 것에 너무 의미를 둘 필요는 없습니다. 자존감이 높고 낮은 것은 무엇보다도 선천적인 요소가 강하고, 어릴 때의 환경에서 많이 결정됩니다. 막상 바꾸기도 쉽지 않습니다. 그래서 오히려 자존감이 낮은 것 자체가 문제없다고 생각하는 것이 더 좋습니다.

## 비켜라, 햇빛 가린다 : 디오게네스

역사적으로 자존감의 끝판왕은 그리스 철학자 디오게네스가 아닐까 생각합니다. 15세기 이탈리아 화가 라파엘로가 그린 「아테네 학당」이라는 그림을 혹시 보신 적이 있으십니까? 웅장한 대리석 학당에서 수많은 그리스 철학자들이 사색하고 토론하는 고대 지성의 향연을 그린 그림입니다. 그 그림 한가운데 한 남자가 있습니다. 푸른색 누더기를 걸치고 비스듬히 누운 자세로 어떤 편지를 읽고 있는 그 남자가 바로 디오게네스입니다. 이 남자는 아무것도 가진 게 없습니다. 언뜻 보면, 노숙자 혹은 부랑자 수준입니다. 이러한 철학을 견유학파(犬儒學派)라고 합니다. 일명 퀴닉스 학파라고도 하는데, 키니코스(Cynics)라고도 합니다. 한 마디로 '개처럼 살자'입니다.

일반적으로 우리 생활 속에서 '개처럼'이라는 표현은 안 좋을 때 쓰는 말입니다. 그러나 여기서는 개처럼 사는 것이 좋다는 뜻으로 쓰입니다. 개처럼 사는 것이 좋다고요? 네 그렇습니다. 배고프면 밥 먹고, 잠이 오면 자고, 비가 오면 비를 맞고, 자연과 일치된 자연스러운 삶을 추구하자는 것입니다. 개처럼 자신의 자연스러운 본성에 따라 생활하는 것이 행복의 원천이라고 믿습니다. 행복한 삶은 돈이나 명예 등 외적인 조건에 좌우되는 것이 아니기에, 일체의 사회적 관습과 문화적 생활을 경멸하고 구걸로 생계를 이어가는, 개 같은 삶을 추구했던 것입니다.

이렇게 사는 것은 쉬운 일일까요? 어려운 일일까요? 이렇게 사는 것은 엄청난 내공이 필요합니다. 고도의 정신적 각성이 있어야만 흔들리지 않습니다. 보통 사람이 잘못 흉내 냈다가는 좌절하기 쉽습니다. 보통 사람은 세속적 욕망에 따라 사는 것이 오히려 쉬울 수 있습니다.

어느 날, 알렉산더 대왕이 디오게네스를 찾아왔습니다. 알렉산더 대왕은 그 당시 그리스를 지배하던 통치자이고, 불과 30살에 그리스를 시작으로 남쪽으로는 이집트, 동쪽으로는 인도 북부까지 전례가 없던 대제국을 건설한 인물입니다. 그 당시 아테네에 유명한 철학자가 있다니까, 어떤 사람인지 궁금해서 디오게네스를 찾아온 것입니다. 그래도 왕인데, 처음에는 디오게네스를 궁전으로 오라고 하지 않았을까요? 그런데, 디오게네스는 갈 사람이 아닙니다. 왕이 오라고 해서 "네" 하면서 달려가면, 그건 디오게네스가 아니겠죠. 라파엘로가 그린 「아테네 학당」에서 디오게네스가 읽고 있었던 편지가 혹시 알렉산더 대왕이 보낸 편지가 아니었을까요? 귀하의 명성은 익히 들었노라. 내가 한번 만나보고 싶구나. 어서 궁으로 들어오너라. 그 편지를 읽은 디오게네스는 웃기고 있네, 완전 무시하지 않았을까요? 이건 제 생각입니다.

그래서 알렉산더는 디오게네스가 어떤 사람인지 궁금해서 몸소 찾아간 겁니다. 호기심 반, 약간 괘씸한 마음 반? 그때 알렉산더는 말 위에 있었다고 합니다. 말에서 내리기 싫은 겁니다. 왜? 나는 왕이니까. 그리고, 괘씸하니까. 그래서 처음부터 분위기가 별로 좋지 않았습니다. "그대가 디오게네스인가?"라고 물으니까, 뭐 그런 걸 물어보냐는 식으로 건성으로 대답했을 것 같고, "나한테 좋은 얘기를 좀 해달라"고 하자, 아래와 같은 대화가 시작된 겁니다.

"폐하께서는 원하시는 게 무엇입니까?"
"그리스를 정복해야지."
"그러면, 그다음은 무엇을 원하십니까?"
"당연히 지중해 지역을 정복하고 싶네."
"그다음은요? 무엇을 하고 싶으십니까?"
"이 세계를 모두 내 발아래 두고 싶네."
"그리고 나서는 또 무엇을 바라십니까?"
"그러면, 나도 좀 쉬어야지. 아마도 쉬면서 즐기고 있겠지."
"그 참 이해가 안 됩니다. 왜 지금 당장 쉬면서 즐기시지 않습니까?"

알렉산더는 말문이 막힙니다. 틀린 말은 하나도 없는데, 자기가 듣고 싶은 답은 아니었습니다. 그냥 적당히 자기를 좀 칭찬해주면서, '건강에 유의하십시오', '좋은 인재를 쓰십시오' 등과 같은 덕담이 오고 갈 줄 알았는데, 너무 까칠합니다. 대왕은 쓴웃음을 짓습니다. 속으로 화가 납니다. 나는 돈과 권력, 세상의 모든 것을 가진 사람이야. 너의 생사여탈권까지 쥐고 있는 사람이야. 이걸 좀 알려주고 싶습니다. 그래서 다시 한번 묻습니다.

"당신에게 내가 해줄 수 있는 일이 없을까? 익히 알겠지만, 나는 당신이 원하는 것쯤이야 뭐든지 들어줄 수 있는 사람이야."
"아! 그러시군요. 그렇다면 폐하, 좀 비켜주시겠습니까? 폐하의 그림자를 좀 치워주시겠습니까? 폐하의 그림자에 가려서 지금 햇볕이 저에게 오고 있지 않습니다."

뭐 해줄까? 강남에 아파트 사줄까? 벤츠 뽑아줄까? 교육부 장관 시켜줘? 자, 이제 아부 좀 해봐라. 속으로 득의만만하게, 알렉산더는 디오게네스에게 이렇게 물었던 겁니다. 근데, 대답은 충격적입니다. 비키랍니다. 왕보고 햇빛 가리니까 비켜달랍니다. 너랑은 일고의 대화를 나눌 가치가 없으니 꺼져달랍니다. 이 사람은 정말 진정으로 자기 자신의 처지와 자기를 존중하며 살았던 것 같습니다.

**사람들은 흔히 돈과 권력을 소중하게 생각합니다. 그래서 그것을 구하려고 노력합니다. 그것이 필요한 데 없으면 병이 됩니다. 그런데 필요가 없으면 그것을 가진 사람이 부럽지가 않습니다.**

디오게네스는 알렉산더가 조금도 안 부럽습니다. 디오게네스는 자존감이 무엇인지를 제대로 보여주는 철학자입니다.

### 멕시코 어부 이야기

이와 비슷한 이야기가 있습니다. 인터넷에 떠도는 멕시코 어부와 미국 MBA 출신 사업가의 이야기입니다. 미국에서 크게 성공한 어떤 벤처기업 사업가가 멕시코 해안에 놀러 왔습니다. 그때 그 마을의 한 어부가 아주 멋진 다랑어 같은 고기를 두세 마리 잡고 있었습니다. 물고기가 너무 멋져서 왜 하루에 이것밖에 잡지 않느냐고 물어보니, 이 정도면 오늘 하루 먹고 살기에 충분하다고 합니다. 그럼, 남는 시간에는 뭐 하느냐고 물어보니 어부는 이렇게 대답합니다.

"늦잠 자고, 고기 좀 잡고, 애들이랑 놀아주고, 마누라랑 낮잠 자고, 마을 어귀를 어슬렁어슬렁 걷다가 포도주 한 잔 마시고, 그리고 친구들이랑 기타를 치며 놉니다."

이 말은 들은 미국 사업가는 다음과 같은 제안을 합니다.

"만약 아저씨가 고기를 잡는데 더 많은 시간을 투자한다면 아저씨는 돈을 모아 더 큰 배를 살 수 있습니다. 더 큰 배를 사면 더 많은 고기를 잡을 수 있으니까, 또 그 돈으로 더 많은 배를 살 수 있습니다. 이렇게 사업이 커지면 아저씨는 이 조그만 마을에서 벗어나서 멕시코 시티와 같은 큰 도시로 나갈 수 있어요. 거기서 사업을 더 키워서 뉴욕까지 진출하십시오. 만약 아저씨의 기업을 나스닥에 상장하게 되면, 그야말로 백만장자가 되는 겁니다."

이 말을 들은 어부는 그렇게 되는데 얼마 정도 걸리는지 묻습니다. 미국인 사업가는 한 15년에서 20년 정도 걸린다고 대답합니다. 어부는 그렇게 백만장자가 되고 나서는 무엇을 할지 묻습니다. 미국인 사업가는 이렇게 대답합니다.

"그러면 이제 은퇴하고 조그마한 어촌 마을에 가서 살겠지요. 늦잠 자고, 고기 좀 잡고, 애들이랑 놀아주고, 마누라랑 낮잠 자고, 마을 어귀를 어슬렁어슬렁 걷다가 포도주 한잔 마시고, 그리고 친구들이랑 기타를 치며 놀면 됩니다."

그러자 어부가 말합니다.

"나는 지금도 그렇게 하고 있는데…"

디오게네스가 알렉산더에게 했던 말과 똑같은 것입니다.

**자존감이란 현재의 자기 삶에 얼마나 만족하느냐에 달려있습니다.**

## 02 우리들의 자존감 수준은?

### 우리나라 국민의 자존감은 과연 낮을까?

이제 본격적으로 자존감에 관한 이야기를 시작하겠습니다. 그전에, 먼저 한번 물어보겠습니다. 우리나라 국민의 자존감은 높은 수준일까요? 낮은 수준일까요? 대체로, 인문학 강좌에서는 '우리나라 사람은 자존감이 낮기에 자존감을 높여야 한다'라는 이야기를 많이 합니다. 과연, 그럴까요?

다음 중, 당신은 어디에 해당하십니까?

나는 적어도 내가 다른 사람들만큼 가치 있는 사람이라고 생각한다.
① 별로 그렇지 않다
② 보통이다
③ 대체로 그렇다
④ 항상 그렇다

이 질문을 대한민국 국민 1만 명에게 물어봤습니다. 그 결과, '항상 그렇다'는 14.5%이고, '대체로 그렇다'는 59.6%입니다. 그러니까, 내가 다른 사람만큼 가치 있다고 생각하는 비율이 74.1%입니다. 즉, 국민 4명 중에서 3명은 자기가 가치 있는 사람이라고 생각한다는 겁니다. '별로 그렇지 않다'라고 대답한 사람은 불과 1.1%입니다. 놀랍죠? 우리나라 사람들의 자존감은 생각보다 높은 편입니다.

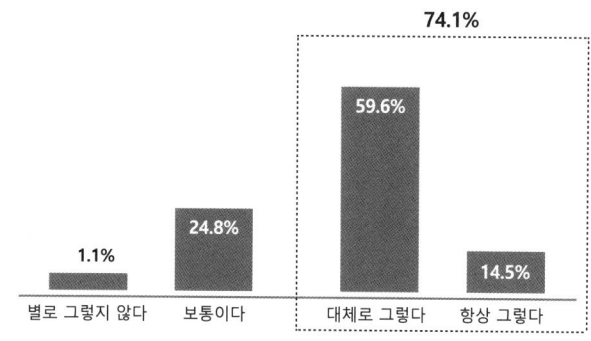

다른 사람만큼 스스로 가치 있다고 생각하는 비율[9]

그럼, 남성과 여성 중에서는 누가 자존감이 더 높을까요? 이 조사에 의하면, 남성이 더 높습니다. 남성은 75.5%이고, 여성은 72.6%입니다. 평균이 약 3%p 정도 차이가 나니까, 유의미해 보입니다. 10대들은 어떨 것 같습니까? 지금 10대라면 조금 다르지 않을까요? 2021년에 초·중·고교생 9천 명을 대상으로 자기가 가치 있는 사람이라고 생각하는 비율을 구한 자료[10]가 있습니다. 결과는 놀랍게도 여기서도 남자의 비율이 여자보다

약 3.2%p 높았습니다. 10대 또한 여성의 자존감이 남성보다 더 낮다는 뜻입니다.

여성의 자존감이 남성보다 낮은 이유는 뭘까요? 아무래도 남성보다 낮은 여성의 사회·경제적 지위 때문이 아닐까요? 여성의 사회·경제적 지위가 과거보다는 많이 향상되었지만, 여전히 남성보다는 낮습니다.

또 한 가지 이유는 여전히 존재하는 우리 사회의 편견 때문입니다. 요즘은 많이 없어지긴 했는데, 우리 어렸을 때는 이런 이야기를 많이 들었습니다. 택시에 여자를 첫 손님으로 태우면 하루가 재수 없다. 가게에 여자를 첫 손님으로 받으면 하루가 망한다 등입니다. 지금 생각하면 말도 안 되지요. 그리고 여성에게 유난히 여성성을 강조했습니다. 여성에 대한 이러한 사회적 편견이 여성을 억압하고 다른 사람의 눈치를 보게끔 만든 것이 아닐까요? 여성의 사회적 지위와 사회가 여성에게 부여한 편견 때문에 여성의 자존감이 다소 낮아지지 않았나 생각합니다. 사회에서 제시하는 기준에 맞추지 못하면, 스스로 위축되어 가치 없는 사람이라고 생각하기 쉬우니까요.

## 나이가 들면 자존감은 어떻게 될까?

나이별로 자존감이 어떤지 한번 보겠습니다. 먼저, 다음 표를 봐주십시오. 앞과 마찬가지로, 국민 1만 명에게 물어본 조사입니다.

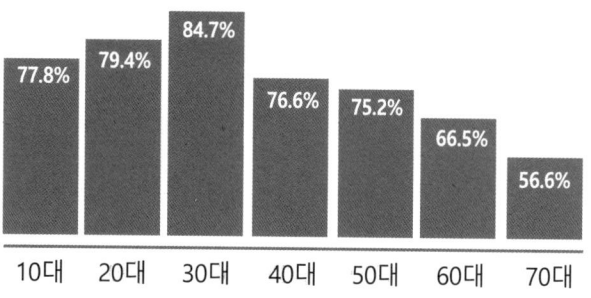

나이별 자존감 비율II

'나는 적어도 내가 다른 사람만큼 가치 있는 사람이라고 생각한다'라는 질문에 대체로 또는 항상 그렇다고 답변한 비율입니다. 가장 높은 연령대는 30대로서, 무려 84.7%입니다. 가장 낮은 연령대는 70대로, 56.6%입니다. 나이별로 제법 차이가 납니다.

표를 자세히 보면 30대까지는 자존감이 높아지다가 그 이후는 다시 낮아집니다. 나이가 들수록 자존감이 떨어집니다. 자존감은 자신감과 연관이 있습니다. 20~30대에는 뭔가를 이루어가는 시기입니다. 희망과 긍정적 에너지가 발산되는 시기이죠. 그러다가 나이가 들수록 자기가 바라던 일들이 잘 안될 수도 있고, 또 무엇보다도 몸도 아프기 시작합니다. 몸이 아프면 자존감은 떨어집니다.

대한민국에서 요즘 인기 있는 승용차는 무엇일까요? 제네시스도 있고 K3도 있습니다. 제네시스는 중년이 선호하는 프리미

엄 고급 세단의 대표적인 브랜드입니다. K3는 청년이 직장 생활을 시작하면서 갖는 대표적인 소형차입니다. 그럼, 제네시스를 타는 중년의 자존감이 높을까요? K3를 타는 20대의 자존감이 높을까요?

물론 찻값은 제네시스가 높습니다. 하지만 저는 K3를 타는 20대의 자존감이 더 높다고 생각합니다. 20대 중반의 어떤 청년이 직장 생활을 막 시작하면서 자기 인생에서 처음으로 자기 차를 샀습니다. 그 차로 출퇴근을 하면서 주말에는 친구들을 태워 놀러 다닙니다. 자신이 얼마나 뿌듯하겠습니까? 뭔가 이룬 게 있기 때문입니다. 자기가 대단하다고 생각할 겁니다. 무엇보다도 미래가 있습니다. 제네시스 안 부럽습니다. 왜냐하면, 10년 후에 자기도 그 차를 탈 수 있다고 믿기 때문입니다. 직장 생활을 하면 할수록 차는 점점 더 커지겠죠. 뭔가 이루었다는 자기에 대한 자부심이 가득합니다. 자존감이 없으래야 없을 수가 없습니다.

그러면, 나이가 들면 무조건 자존감이 떨어질까요? 그건 아닙니다. 통계는 통계일 뿐입니다. 평균이 그렇다는 이야기지, 개개인은 얼마든지 나이가 들어도 자존감을 높게 가지고 살 수 있습니다. 또 그러한 사람도 아주 많습니다. 나이가 들어도 자존감이 떨어지지 않는 방법은 무엇일까요?

## 자존감도 소득이 있어야 한다

이번에는 약간 불편한 진실을 이야기하겠습니다. 자존감은 누가 뭐래도 정신적 가치입니다. 소득이나 경제적 지위와는 아무 관계가 없어야 합니다. 디오게네스처럼 돈이 없어도, 멕시코 어부처럼 물고기 몇 마리만 있어도 충분히 자존감을 높이고 살 수 있습니다.

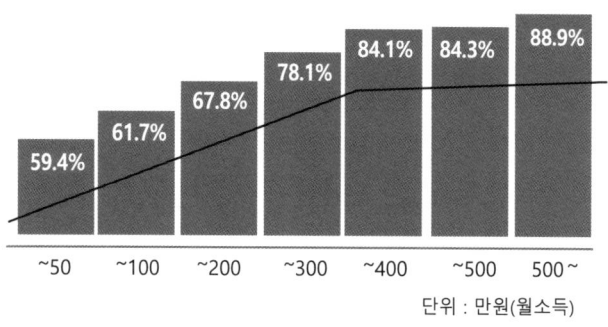

**소득별 자존감 비율[2]**

그러나 위의 표를 보면, 현실은 소득 수준에 영향을 받고 있습니다. 위의 표는 '나는 적어도 내가 다른 사람만큼 가치 있는 사람이라고 생각한다'라는 질문에 대체로 또는 항상 그렇다고 답변한 비율입니다. 표 모양이 오른쪽으로 갈수록 막대기가 더 커집니다. 즉, 소득이 높아질수록 자존감이 높아진다는 것입니다.

그런데 월 소득이 400만 원이 넘어가면 소득과 자존감 비율이 큰 차이가 없습니다. 즉, 적정 소득까지는 소득이 높아질수록 자존감도 높아집니다만, 어느 소득을 넘게 되면 더 관계가 없게 됩니다. 그때부터는 돈 이외의 다른 것들이 자존감에 영향을 미치게 된다는 것을 의미합니다.

물론, 이 표는 평균치입니다. 거듭 말씀드리지만, 평균적으로 그렇다는 말이지 개개인은 다를 수 있습니다. 가난해도 자존감 높게 사는 사람도 많이 있습니다. 일반적으로는 소득이 자존감에 영향을 끼친다는 말입니다. 일반적으로 가난하거나 경제적 지위가 약하면 아무래도 위축되고 또 자존감이 낮아진다는 것을 의미합니다.

어쨌든, 정신적인 가치 추구로 자존감을 높일 수도 있지만, 한편으로는 자기 나이에 맞는 적정한 소득이 있으면 역시 자존감이 높아질 수 있습니다. 그러니까 **특히 젊었을 때는 좀 더 적정 소득과 경제적 지위 향상을 위하여 노력하는 것이 좋습니다.** 왜냐하면, 나이가 들면 점점 돈 벌 기회가 적어지기 때문입니다. 그렇기에, 나이가 들수록 점점 정신적인 가치를 추구하는 것이 좋습니다. 디오게네스처럼 철학적으로 자기 마음을 좀 다스리는데 시간을 더 많이 할애해야 합니다. 반면, 젊었을 때는 정신적 가치 추구와 함께 경제적 기반을 닦는 데도 노력해야 합니다. 이것이 바로 이 통계에서 말해주고 있는 의미입니다.

## 03 낮은 자존감은 왜 생길까?

### 비교의 함정 : 나의 단점과 남의 장점을 비교

자존감이 낮은 사람은 자기 자신을 초라하게 생각하고 다른 사람을 부러워하는 경향이 있습니다. 그런데 여기에 큰 함정이 하나 있습니다. 본래는 나를 남과 비교할 게 없습니다. 나는 내 대로 살고, 타인은 타인대로 살면 됩니다. 그런데 우리는 자꾸 비교합니다. 현실에서, 나의 위치와 처지를 남과 비교해서 따지려고 합니다.

**본래는 비교를 안 하는 게 맞지만, 이왕 비교하려면 제대로 해야 합니다. 그런데 많은 사람은 나의 단점과 남의 장점을 비교합니다. 그래놓고 항상 자기가 부족하다고 느낍니다.**

나의 장점과 남의 장점을 비교하거나, 나의 단점과 남의 단점을 비교한다면 그나마 해볼 만합니다. 그런데 나의 단점과 남의 장점을 비교합니다. 왜 그럴까요?

나는 나에 대해서 너무 잘 압니다. 문제는 욕심으로 가득 차 있어서 나의 장점은 안 보고, 항상 부족한 것만 봅니다. 장점은 당연하고, 어쨌든 부족한 것을 채우려고 합니다. 그에 비해 다른 사람은 내가 잘 모릅니다. 내 눈에는 그 사람이 잘하는 것만 보입니다. 그 사람의 단점이나 내면적인 고민, 문제점, 갈등 이런 것들은 안 보입니다. 그냥 드러나는 그대로, 잘되고 있는 것만 보입니다.

사실은 실제로 내가 열등한 것이 아니라 비교 자체가 잘못된 경우가 많습니다. 내가 가장 못 하는 부분과 남이 가장 잘 하는 부분을 비교하니까, 내가 못나게 보이는 겁니다. 실제 내가 못난 것이 아닙니다. 따라서 나의 단점과 남의 장점을 비교하는 잘못된 태도로 스스로 초라해지는 열등감을 가지면 안 됩니다. 나에 대하여 제대로 값을 매기고, 상대방에 대해서도 정확하게 평가하고 비교하십시오. 그러면 생각보다 나도 괜찮다는 사실을 느끼게 될 것입니다.

### 보안드로피 증후군

자신을 소라고 생각한 사람이 있었습니다.
의사와의 면담에서 의사가 물었습니다.
"언제부터 자신을 소라고 생각하셨습니까?"
"네, 송아지 때부터요."

실제로 자신을 소라고 생각하는 희귀망상증후군이 있다고 하더군요. 워낙 희귀한 병인데, 실제 이 병에 걸리면 자신을 소라고 생각하고, 네발로 기어 다니고, 풀을 뜯어 먹는다고 합니다. 자기가 소라는 자기 암시에서 출발하여 결국 소처럼 된다는 겁니다. 이 병은 정신병의 일종이기는 하지만, 자기의 주체성을 잃어버린다는 측면에서는 낮은 자존감 때문이기도 합니다.

자존감 낮은 사람들은 대체로 자기 혐오와 부정적인 말을 많이 합니다. 그들은 자기 불구화 전략(self-handicapping strategy)을 극단적으로 구사합니다. 자기 불구화 전략이란 심리학자 에드워드 존슨이 이론화한 것으로. 예를 들면 시험 전날만 되면 머리가 아프고, 밤잠을 설치는 학생이 있습니다. 왜 그럴까요? 그래야 시험을 잘 치지 못했을 경우 시험을 망친 이유를 댈 수 있기 때문입니다.

## 낮은 자존감이 불편하다면

자존감이 낮은 사람은 어떤 사람일까요? 우선은 성격이 많이 좌우하는 것 같습니다. 타고난 성격은 바꾸기가 좀 어렵습니다. 그다음은 어릴 적 환경이 큰 영향을 미칩니다. 예를 들어 어린 시절에 억압적인 부모 밑에서 자란 사람은 자존감이 낮을 수 있습니다. 아이의 행동이나 의견에 부모가 늘 부정적인 반응을 하면 아이는 점점 위축되고 나중에 커서도 의사결정 못하고 항상 눈치를 보는 사람이 될 수 있습니다. 물론, 다 그런 건 아닙니다. 성격이 좋은 아이는 부모의 그런 부정적인 피드백과 관계없이 자존감 높게 삽니다. 자존감은 기본 성격, 부모의 육아 환경, 학업 성적이나 경제적인 요인 등 종합적인 요인들로 결정됩니다.

자존감이 좀 낮다고 해서 크게 문제가 되는 것은 아닙니다. 자존감이 낮은 사람 중에서는 착한 사람이 많습니다. 낮으면 낮은 대로 살면 됩니다. 그런데, 만약 낮은 자존감 때문에 살아가는 것이 불편하거나 불행하다면 고치셔야 합니다. 자존감이 높으면 내가 좀 더 행복할 수 있다는 점에서 말입니다.

## 04 자존감을 높이려면

### 멘탈 관리 : 보편적 인문학적 처방

자존감을 높이는 보편적, 인문학적 처방입니다. 첫째는 칭찬, 격려, 인정 등과 같은 긍정적 단어와 친해야 합니다. 누구에게? 바로 자기 자신에게 말입니다. 자기 자신을 자주 칭찬하고 격려하고 인정해줘야 합니다. 혹시 자기 자신을 칭찬해본 적이 있나요? 한 번으로 끝내서는 안 됩니다. 한두 번의 어떤 정신적인 깨달음 하나로, 삶의 변화가 오기는 어렵습니다. 물론 깨달음이 있어야 변화가 시작되지만, 지속적인 노력이 더 중요합니다. 지속적으로 자기 자신을 격려하고 칭찬해서, 그것이 습관이 되도록 만들어야 합니다.

두 번째는 타인의 시선을 의식하지 않아야 합니다. 앞에서 이야기한 것처럼, 다른 사람과 비교하지 말라는 겁니다. 다른 사람이 좋다고 해서 그것이 좋은 것은 아닙니다. 문제는 내가 좋아야 합니다. 스티브 잡스는 스탠포드대학교 졸업식 연설에서 다른 사람의 도그마(dogma)에 빠져서 살지 말라고 했습니다. 다른 누군가의 삶을 살면서 인생을 낭비하지 말라고 했습니다.13 남을 의식하지 말고, 남과 비교하지 말고 살아야 합니다. 그런데, 비교를 안 할 수 없는 환경이니까, 비교하려면 정확하게 해야 합니다. 앞에서 이야기한 것처럼, 나의 단점과 타인의 장점을 비교하는 어리석은 일은 없어야 합니다.

세 번째는 자기가 하고 싶은 일을 해야 합니다. 이건 정답 중에서 정답입니다. 그렇지만, 저는 이렇게 문장을 바꾸고 싶습니다. 가급적 자기가 하고 싶은 일을 하라고 말입니다. 왜 가급적이라는 말을 넣었을까요? 그 이유는 자기가 하고 싶은 일이라는 것이 사실 상당히 애매하기 때문입니다.

**혹시 여러분은 자기가 좋아하는 일이 무엇인지 알고 계십니까?**

우리는 흔히 '어떤 일을 하고 싶다. 무슨 일을 했으면 참 좋겠다. 어떤 일이 내 적성에 맞을 것 같다' 등의 말을 많이 합니다. 그러나 막상 그 일을 해보면 그 일이 정말 내가 하고 싶은 일인지 아닌지 잘 모를 경우가 많습니다. 막상 경험해 보면 생각과 다른 경우가 많습니다. 그리고 자기가 무슨 일을 좋아하는지 모르는 경우도 참 많습니다. 또, 나이가 들면서 좋아하는 일이 바뀌기도 합니다. 처음에는 내가 좋아하는 일인 줄 알고 시작했는데 시간이 지나고 보니 아닌 경우도 제법 있습니다.

어찌 되었든, 지금 하는 일이 더 이상 내가 좋아하는 일도 아니고 가슴이 뛰는 일도 아니라고 합시다. 벽돌공으로 사는 것은 내가 하고 싶은 일이 아닙니다. 나는 물고기를 잡고 싶습니다. 어부나 낚시로 생계를 유지하면 좋을 것 같습니다. 그럼 벽돌 쌓는 것을 그만두고 어부나 낚시를 하면 됩니다. 아주 간단합니다. 아무 문제가 없습니다. 그러나, 과연 그게 쉬울까요? 먹고 사는 일이 어디 뜻대로만 될까요? 이쯤 되면 네가 하고 싶은 일을 하라는 말이 무색해집니다. 이렇게 조언했다가는 '누군 그걸 몰라서 이러고 있나!' 핀잔듣기 딱 좋습니다. 그래서 차선책으로 다른 방법이 있습니다.

## 세 명의 벽돌공: 자기의 일에 의미 부여하기

자존감을 높이기 위해서는 자기가 하는 일에 스스로 의미를 부여해야 합니다. 세 명의 벽돌공이 있었습니다.

> 세 명의 벽돌공에게 물었습니다.
> "무엇을 하고 있습니까?"
> 첫 번째 벽돌공이 대답했습니다.
> "벽돌을 쌓고 있습니다."
> 두 번째 벽돌공이 대답했습니다.
> "교회를 짓고 있습니다."
> 세 번째 벽돌공이 대답했습니다.
> "하나님의 성전을 짓고 있습니다."[14]

세 사람이 또 같은 일을 하는데, 대답이 서로 다릅니다. 대답이 서로 다르다는 것은 내가 하는 일의 가치가 서로 다르다는 겁니다.

첫 번째 사람은 이렇게 대답한 겁니다.
"벽돌을 한 장 한 장 쌓는 일은 저의 생계입니다. 제가 하는 일에 비해 보수도 낮습니다. 저는 지금 힘들게 일하고 있습니다."

누가 벽돌공보고 벽돌을 쌓으라고 한 것이 아닙니다. 자기가 선택한 일입니다. 자기가 선택한 직업이고, 그 직업을 당장에 바꿀 수도 없는 처지라면, 이왕이면 자기가 하는 일에 좀 더 가치를 부여해보면 어떨까요?

**자기가 선택한 직업, 자기가 선택한 삶을 스스로 비하하면 자존감 있는 삶을 살기가 어렵습니다.**

세 번째 사람은 이렇게 대답합니다.
"저는 예술가입니다. 운이 좋은 사람입니다. 하나님의 성전을 제 손으로 지을 수 있다니, 정말 기쁩니다. 저는 마치 아름다운 건축물의 일부분인 것처럼 느낍니다."

멋진 대답입니다. 자존감으로 똘똘 뭉쳐진 사람입니다. 그런데, 이것이 정답이라는 것은 누구나 알고 있습니다. 머리로는 세 번째 사람처럼 사는 것이 좋다는 것을 압니다. 그런데, 왜 많은 사람은 첫 번째 사람처럼 살아갈까요?

세 번째 벽돌공처럼 긍정적으로 세상을 바라보려면 노력이 필요합니다. 어느 날 갑자기 바뀌지는 않습니다. 긍정적으로 세상을 바라보려면 먼저 소양이 있어야 합니다. 이것을 인문학적 소양이라고 합니다. 소양이 갖춰져야 변화나 깨달음이 오게 되고요, 그다음 노력을 해야 합니다. 꾸준한 노력이 있으면 습관이 바뀌게 되고, 습관이 미래를 바꾸게 되는 겁니다. 소양, 노력, 습관, 미래, 참으로 아름다운 단어들입니다.

정리해 볼까요? 내가 하고 싶은 일을 하고 살려면, 대략 아래 둘 중 하나를 선택하면 되겠습니다.

① (현실적으로 어렵기는 하지만) 자기가 좋아하는 일로 직업을 바꾼다.
② (비록 좋아서 하는 일은 아니지만) 자기가 하는 일에 가치와 의미를 부여한다.

①번처럼, 자기가 좋아하는 일을 하면서 살았던 사람이 있습니다. 바로 화가 고갱입니다.

## 달과 6펜스 ① : 달처럼 살기

서머셋 몸의 소설 『달과 6펜스』는 자신이 하고 싶은 일을 찾아서 떠나는 한 남자의 이야기입니다. 화가 고갱이 모티브입니다. 주인공 스트릭랜드는 영국에서 중산층으로 사는 은행원이었습니다. 그림을 그리고 싶은 강렬한 욕망에 휩싸여, 어느 날 직장과 가정을 버리고 남태평양의 타히티섬으로 가서 그곳에서 원주민 여자와 결혼하고 아이를 낳고 그림을 그리다가 죽는 내용입니다. 달은 화가의 이상이고, 6펜스는 현실의 돈입니다.

달은 내가 하고 싶은 일이고,
6펜스는 먹고 살기 위해서 해야만 하는 일입니다.

만약 '달'과 '6펜스'가 일치한다면, 그것은 인생에서 대단한 행운입니다. 그게 참 쉽지가 않습니다. 스티브 잡스는 달을 선택하라고 말합니다. 고갱은 달을 선택하였습니다.

달을 선택할 입장이 못되면요? 그러면 방법이 하나 있습니다. 바로, 6펜스를 달이라고 생각하는 겁니다. 그렇게 믿는 겁니다. 세 번째 벽돌공이 되는 겁니다. 왜 그래야 할까요? 그렇게 하면 결국 나에게 이득이 되기 때문입니다. 내가 좀 더 행복하고 자존감 높은 삶을 살 수 있기 때문입니다.

## 달과 6펜스 ② : 6펜스를 달처럼 생각하기

인문학적 소양이나 삶의 철학, 이런 게 별 게 아닙니다. 내 삶에 유리한 방향으로 생각을 재정립하는 것입니다. 오늘날의 세계는 정답이 한 가지만 있는 것이 아닙니다. 정답이 없거나 정답이 여러 개인 세상에 살고 있습니다. 이런 생각도 정답이고, 저런 생각도 정답입니다. 나에게 맞는 생각을 내가 고르면 됩니다.

예를 들어보겠습니다. 세상에서 가장 부자는 누구일까요? 미국의 경제 전문지 「포브스」에 의하면 2022년 세계에서 가장 부자는 일론 머스크라고 합니다. 재산이 약 400조 원이라니까 어마어마합니다. 400조 원이라면 도대체 얼마나 많은 돈일까요? 5만 원권으로 무려 80억 장입니다. 지폐 1장을 세는 데 1초가 걸린다면, 80억 장을 세려면 무려 250년이 걸립니다. 정말 갠지스강 모래알처럼 돈이 많은 사람입니다.

일론 머스크와 같은 부자가 '세상에서 가장 소중한 것은 돈이야'라고 생각을 한다면, 이 부자는 사는 게 행복하겠습니까? 불행하겠습니까? 당연히 행복합니다.
반대로, 돈이 하나도 없는 어떤 거지가 '세상에서 가장 소중한 것은 돈이야'라고 생각을 한다면, 이 거지는 사는 게 행복하겠습니까? 불행하겠습니까? 당연히 불행합니다.

자기에게 있는 것들에 대하여 가치를 두면, 그 사람은 행복합니다. 자기에게 없는 것들에 대하여 가치를 두면, 그 사람은 불행합니다.

**자기에게 결핍된 것을 가치가 있다고 생각할수록 스스로 초라해집니다. 자기에게 충만한 것을 가치가 있다고 생각할수록 스스로 뿌듯합니다.**

나이가 들어도 자존감이 떨어지지 않게 잘 살려면, 자기에게 결핍된 것들에 대하여 가치를 두면 안 됩니다. 자기가 이미 가지고 있는 것들에 대하여 가치가 있다고 생각을 바꿔야 합니다. 그게 잘 안된다고요? 그래서 이런 인문학 공부를 하는 겁니다. 디오게네스와 같은 철학자의 삶을 통하여 위안과 용기를 얻을 수 있습니다. 6펜스를 바로 달이라고 생각하는 지혜를 가질 수 있습니다.

물론, 자기가 원하는 환경이 되도록 노력해야 합니다. 그걸 하지 말라는 뜻이 아닙니다. 그러나 환경을 바로 바꾸기는 어렵습니다. 시간이 좀 걸립니다. 내가 원하는 환경이 되기 위해서는 꾸준한 노력도 해야 하고 그래서 시간도 걸립니다. 그러나, 내 생각은 내 마음대로 바꿀 수 있습니다. 그래서, 6펜스의 삶을 달이라고 생각하자는 것입니다.

## 자존감 높이는 환경 만들기

6펜스를 달이라고 생각하는 것도 중요하지만, 자기가 원하는 환경이 되도록 노력하는 것도 매우 중요합니다. 시간이 걸릴 수는 있지만, 결국 자존감이 생길 수밖에 없는 환경이 만들어지면 자존감은 저절로 높아지기 때문입니다.

**그럼, 자존감이 높아지는 환경은 어떤 것이 있을까요? 그것은 바로 적당한 소득이나 사회적 역할입니다.** 물론, 디오게네스 같은 철학자에게는 이런 것이 필요 없습니다. 한평생 무소유를 실천했던 법정 스님 같은 분에게도 이런 것은 필요 없습니다. 이런 분들에게 소득이나 사회적 역할이 어떻게 자존감을 높이겠습니까? 정신적 가치를 추구하고 수양을 많이 한 사람들에게는 소득이나 사회적 역할과 관계없이 자존감 높은 삶을 살 수 있지만, 보통 사람은 좀 다릅니다. 앞에서 보았듯이, 일반적으로는 소득 수준이 자존감에 영향을 미칩니다.

자존감을 높이는 정신적 가치를 추구한다고 해서, 먹고 사는 일을 소홀히 할 이유는 없습니다. 특히, 젊은 사람에게는 더 중요합니다. 왜냐하면, 돈을 벌고 사회적 역할을 하는 기회는 나이가 들수록 줄어들기 때문입니다. 봄에 씨앗을 뿌려두지 않으면, 가을에 참 난감합니다.

정리를 해보겠습니다. 자존감이 높으면 삶의 만족도가 높아집니다. 그러나 자존감이 좀 낮다고 해서 큰 문제가 되지는 않습니다. 그러니까 그냥 지금처럼 사셔도 큰 문제가 없습니다. 그런데 내 삶에 지장을 줄 정도로 자존감이 낮다면 변화를 줘야 합니다.

자존감은 정신적 가치가 틀림없습니다. 그래서 원칙적으로는 물질적인 그 어떤 것도 자존감에 영향을 끼칠 수가 없습니다. 디오게네스처럼, 스티브 잡스처럼, 고갱처럼, 법정 스님처럼 정신적 가치 하나로 충분히 자존감 높은 삶을 살 수가 있습니다. 하지만, 보통 사람은 이렇게 되기는 쉽지가 않습니다. 이런 경지는 정신적인 깨달음이나 지속적인 수양이 필요하기 때문입니다. 그래서 자존감을 높일 수 있는 환경 또한 중요한 것입니다. 정신적 가치 추구와 잘 살기 위한 노력의 균형이야말로, 자존감을 높일 수 있는 지름길이라고 봅니다.

*Summary of Chapter*

## Ⅲ 자존감

자존감이 높으면 좋습니다.
삶을 더 당당하고 주관적으로 살 수 있습니다.
그러나 자존감이 낮아도 괜찮습니다.

자존감이 낮은 사람은 대체로 나의 단점과
남의 장점을 비교하려는 경향이 강합니다.
이것은 잘못된 비교입니다.
이왕 비교하려면 제대로 해야 합니다.

자존감이 높은 삶을 살고 싶다면
성격을 바꾸든지
환경을 바꿔야 합니다.
그것이 힘들면 생각을 바꾸면 됩니다.

정신적 가치 추구와
잘 살기 위한 노력의 균형,
이것이야말로 자존감을 높일 수 있는
지름길입니다.

# 미래

**현재보다 나은 미래,
혹시 이런 거 원하니?**

01    미래를 알 수 있을까?
02    미래 예측 : 음양오행론, 명리학, 점
03    무엇이 길흉인가?
04    미래 준비하기

## 01 미래를 알 수 있을까?

이번 시간 강의 주제는 미래입니다. 미래라는 말은 참으로 단순합니다. 아닐 미(未)와 올 래(來)가 합해진 말입니다. 아직 오지 않았다, 아직 오지 않은 것을 미래라고 합니다.

미래는 두 가지 특징이 있습니다.
① 미래는 반드시 옵니다.
② 내가 현재 어떻게 하느냐에 따라서 미래가 달라집니다.

얼마 전에 JTBC 드라마 「재벌 집 막내아들」이 종영되었습니다. 재벌 총수 일가의 집사 노릇을 하던 비서가 그 재벌 집 막내 손자로 다시 태어나서 인생 2회차를 살아가는 판타지 드라마였습니다. 시청률 26.9%를 찍었던 제법 인기 있었던 드라마였습니다. 거기서 주인공 송중기는 미래를 다 알고 있었습니다. 미래를 다 알고 있으니, 주식이나 부동산 투자 등 무엇을 해도 대박 수익이 날 수 밖에 없었습니다.

"나는 10년 후쯤 어떤 모습을 하고 있을까?"
"나는 평생 건강하게 살 수 있을까?"

"어떤 사람을 만나 결혼하게 될까?"
"나의 사업이 과연 성공할 수 있을까?"
"다음 주 로또 복권의 당첨 번호를 알 수 있다면?"
"향후의 상한가를 치는 주식 종목은 무엇일까?"

여러분도 가끔 이런 생각을 해본 적이 있을 겁니다. 미래를 안다는 것은 과연 불가능한 일인가요? 아니면 미래를 아는 어떤 방법이 있을까요? 앞으로 일어날 일들을 미리 알고 있으면 불행은 피해 가면서 좋은 기회만 잡을 수도 있을 텐데 말입니다.

## 3개월 후는 더 추워질까? 더 더워질까?

지금은 여름입니다. 8월입니다. 그럼, 3개월 후에는 지금보다 더 더워질까요? 아니면 더 추워질까요?

이걸 누가 모릅니까? 당연히 더 추워질 거라고 누구나 알 수 있습니다. 그런데 이상합니다. 한번 생각해 보십시오. 3개월 후는 분명 미래입니다. 그런데 어떻게 미래의 일을 정확하게 알 수 있는 걸까요? 그 이유는 바로 계절의 법칙 때문입니다. 봄, 여름, 가을, 겨울 순서대로 옵니다. 뒤죽박죽 오는 게 아닙니다. 이러한 계절의 법칙과 같이 미래가 오는 것도 일정한 규칙과 방향이 있다면, 또 그 규칙과 방향을 알 수 있다면 미래를 준비하기가 더 쉬울 겁니다. 좀 더 풍요롭고 행복한 삶을 살 수 있을 겁니다.

2022년 6월, 한국형 발사체 누리호가 이륙 15분 후에 대기권에 안착하면서 마침내 우주로 가는 길을 열었습니다. 1톤 이상의 실용 위성을 쏘아 올리는 이 기술은 미국, 러시아, EU, 인도, 일본, 중국에 이어서 세계 7번째라고 합니다. 한국이 우주 위성 강국의 길을 열었습니다. '우리 기술로 해냈다'라면서 울먹이던 한국항공우주연구원 직원의 인터뷰가 가슴을 뭉클하게 합니다.

누리호가 전남 고흥나로우주센터에서 발사되면, 2분 후에는 1단 분리, 4분 후에는 페어링 분리, 4분 30초 후에는 2단 분리 등과 같은 단계를 거쳐서 대기권에 진입합니다. 누리호가 발사되기 이전에 예측을 미리 합니다. 시뮬레이션하는 겁니다. 누리호가 몇 분 후에는 어떤 단계로 접어들 것인지 말입니다. 이걸 예측하고는 실제로 발사되면 예측대로 가는지 안 가는지 확인합니다.

누리호가 대기권에 진입하는 것은 발사 시점에서는 미래의 일입니다. 미래의 일인데, 어떻게 그걸 알 수 있을까요? 그건 바로 과학 덕분입니다. 과학의 힘으로 정확하게 운동량을 분석할 수 있는 거죠. 과학적 법칙으로 우리는 미래의 일을 예측할 수 있습니다.

**계절의 법칙이나 과학의 법칙과 같이 우리 인생의 미래를 예측할 수 있는 어떤 법칙이 있을까요? 있다면 그것은 무엇일까요?**

## 로제 떡볶이 : 생각이 미래를 결정한다

미래에 대한 어떤 법칙을 이야기하기 이전에, 또 하나 생각해야 할 것이 있습니다. 지금 어떤 사람이 강의를 듣고 있다고 칩시다. 강의는 12시쯤 끝나고, 점심을 먹어야 합니다. 갑자기 지난주에 친구와 먹었던 로제 떡볶이가 생각이 납니다. 지나치게 맵지도 않고 느끼하지도 않아서 맛있게 먹었던 기억이 납니다. '그래, 오늘 점심은 로제 떡볶이야.' 그렇게 점심은 로제 떡볶이로 결정을 했습니다. 그리고 두 시간 후, 그 사람은 로제 떡볶이를 먹고 있습니다.

그 사람은 왜 로제 떡볶이를 먹고 있을까요?

그것은 두 시간 전에 로제 떡볶이를 먹어야겠다고 생각을 했기 때문입니다. 그 사람이 로제 떡볶이를 먹겠다는 생각을 했기 때문에, 미래에 그것이 이루어진 겁니다.

**이처럼 미래는 어떤 법칙으로 오기도 하고요, 어떤 생각으로 오기도 합니다.**

## 02 미래 예측 : 음양오행론, 명리학, 점

요즘 사주보는 가게가 많아졌습니다. 사주를 명리학이라고 하는데, 최근 20년간 비약적인 발전이 이루어졌습니다. 명리학 열풍이라고 해야 할까요? 중년들은 은퇴 후에 제2의 사회생활로서 명리학을 많이 준비합니다. 그래서 평생교육원에 명리 관련 강좌도 많이 개설되었습니다. 또, 요즘은 명리를 보러 가는 일반인도 명리학적 기초가 상당합니다. 명리 상담에 전문 용어가 오고 갑니다. 어쭙잖은 실력으로는 명함도 못 내밉니다.

그래서 고객의 다양한 니즈에 부합하고 정확도를 높이기 위하여, 소위 타로점이나 주역점 등도 같이 취급합니다. 그런데 사주와 점은 분야가 완전 다릅니다. 미래를 예측하는 것은 같지만, 원리는 별개입니다.

**사주는 바로 '법칙'에 근거하는 것이고요, 점은 '생각'에 근거하는 것입니다.**

먼저 법칙에 해당하는 음양오행론부터 이야기해 보겠습니다.

## 음양오행론의 이해

세상은 일정한 패턴으로 움직입니다. 승부 세계에서도 그 패턴, 흐름을 종종 볼 수 있습니다. 비슷한 실력의 선수가 하는 당구나 탁구 같은 경기를 보면 점수 차가 많이 벌어져 곧 경기가 끝날 것 같은데 다시 접점을 이루는 장면을 자주 봅니다. 거의 이겼다고 생각했는데, 또 언제 그랬냐는 듯이 역전되기도 합니다. 왜 그럴까요? 바로 기운이 번갈아 가면서 오기 때문입니다.

나에게 맞는 좋은 기운만 한없이 오는 것도 아니고, 나에게 나쁜 기운만 끝없이 오는 것도 아닙니다. 좋은 기운과 나쁜 기운이 번갈아 가면서 오니까, 짧으면 몇십 분 만에, 길면 몇십 년 만에 흥망성쇠가 바뀌게 됩니다. 우리 조상들은 이 법칙을 발견했습니다. 그리고 그 각각의 기운에 이름표를 붙였습니다. 이게 바로 음양오행론입니다.

음양오행론은 동양사상의 근간입니다. 특히, 유교 문화권에서는 우주 생성의 철학적 기반으로 음양오행론을 사용하고 있습니다.

음양오행론에서는 세상은 음과 양의 두 가지 기운으로 이루어져 있고, 이 두 가지 기운은 다시 다섯 가지의 기운을 만들어 낸다고 봅니다. 이들 다섯 가지 기운은 서로 끌어당기고 밀어내면서 끊임없이 움직이는데, 그 움직임이 일정한 패턴이 있습니다. 그래서 그 패턴만 알아내면 미래를 충분히 예측할 수 있다고 보는 것이지요.

## 음양은 무엇일까요?

세상에는 두 가지 기운이 있습니다. 뭔가 확산하고 팽창하려는 기운과 뭔가 수축하고 응고하려는 기운입니다. 확산하고 팽창하려는 기운을 양이라고 하고, 수축하고 응고하려는 기운을 음이라고 합니다. 그래서 이 세상 모든 것을 다 음양으로 구분할 수 있습니다.

예를 들어서 여름과 겨울 중에서 어느 게 양이고 어느 게 음일까요? 여름에는 모든 것이 다 활발하고 겨울에는 모든 것이 다 수축합니다. 여름은 양이고 겨울은 음입니다. 한낮은 양이고 밤은 음입니다. 태양은 양이고 달은 음입니다. 소년과 노인 중에서는 누가 양일까요? 누가 더 활발하게 움직일까요? 활발하게 움직이는 것이 양입니다. 같은 의미로, 남자가 양이고 여자가 음입니다.

자동차가 달리려면 속도를 낼 수도 있어야 하고, 속도를 줄일 수도 있어야 합니다. 속도를 내는 것이 엑셀러레이터라고 하고, 속도를 줄이는 것을 브레이크라고 합니다. 어느 것이 양의 역할이고, 어느 것이 음의 역할일까요?

물질뿐만 아니라, 모양이나 추상적인 개념조차도 모두 음양으로 설명할 수가 있습니다. 예를 들어서, 시작은 양이고 끝은 음입니다. 기쁨은 양이고 슬픔은 음입니다. 교만은 양이고 겸양은 음입니다.

그럼, 여기서 질문을 해 보겠습니다.

양이 좋습니까?
음이 좋습니까?

그런 것은 없습니다. 양이 좋고 음이 좋고, 이런 것은 없습니다. 양이 좋은 것도 아니고 음이 좋은 것도 아닙니다. 반대로 양이 나쁜 것도 아니고 음이 나쁜 것도 아닙니다. 하나만 있을 수 없습니다. 두 개가 항상 같이 있어야 합니다. 이렇게 모든 우주의 기운은 음과 양 두 가지로 나누어져 있습니다.

음양의 두 기운에는 어떤 패턴이 있습니다. 그건 바로 양은 음으로 가려고 하고, 음은 양으로 가려고 하는 것입니다. 낮은 곧 밤이 되고, 밤이 곧 낮이 됩니다. 여름이 곧 겨울이 되고 겨울이 곧 여름이 됩니다. 활발한 것은 그 극점을 지나서 다시 잠잠해지려고 하고, 잠잠한 것은 다시 움직이려 합니다. 이 두 가지 기운을 그래프로 나타내면, 바로 파동의 모양이 됩니다.

 양(陽): 확산/팽창
음(陰): 수축/응고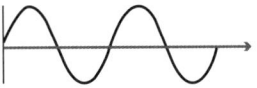

음양은 이렇게 올라갔다가 내려오고, 확산했다가 수축하는 과정들을 반복합니다. 이것이 음양의 성질입니다. 그 모양을 역동적으로 그린 것이 바로 태극도입니다. 우리나라 태극기의 가운데 모양 또한 음양을 표현한 태극도입니다.

## 오행은 무엇일까요?

오행이란 다섯 가지 기운을 말합니다. 이 다섯 가지 기운은 음양에서 나옵니다. 음과 양은 각각 두 가지 기운으로 이루어져 있습니다. 양의 기운도 두 가지이고, 음의 기운도 두 가지입니다. 그러면, 네 가지인데, 왜 다섯 가지 기운이 있다는 걸까요? 그 한 가지는 양도 아니고, 음도 아닌 기운입니다. 양의 기운에서 음의 기운으로 넘어가는 과정에서, 팽창도 하지 않고 수축도 하지 않는 정지된 상태, 그 기운을 하나 더 보탠 것입니다.

양을 확산·팽창의 기운이라고 할 때, 이 양이 확산하는 과정은 크게 2가지로 나눕니다. 그냥 밋밋하게 팽창하는 것이 아니라, 쑥 올라서 팡 터지는 모양이랄까요? 불꽃놀이 보신 적 있죠? 뭔가 쑥 올라갔다가 하늘에서 팡 터집니다. 이것과 마찬가지로, 양의 기운도 뭔가 쑥 성장을 하다가 끝에서 팡 터지는 그런 성질이 있습니다. 그래서 이 두 가지를 구분한 것입니다. 쑥 올라가는 기운을 목(木)이라고 하고, 팡 터지는 기운을 화(火)라고 이름 지었습니다.

이렇게 팡 터진 양의 기운은 일정 시간이 지나면 더는 팽창하지 않은 채 가만히 머무르고 있습니다. 그렇다고 수축을 시작하는 것도 아닙니다. 늘어남도 없고, 줄어듦도 없습니다. 이렇게 늘지도 않고 줄지도 않는 이 기운을 토(土)라고 이름을 지었습니다.

그러다가 서서히 수축이 되기 시작합니다. 기운이 다시 모입니다. 음의 기운으로 바뀐다는 말입니다. 그런데 수축도 두 단계가 있습니다. 수렴했다가, 응축되는 겁니다. 즉, 모였다가 압축되는 것입니다. 그래서 이 음의 기운도 두 가지로 나눕니다. 수렴하는 기운을 금(金)이라고 이름 짓고, 응축하는 기운을 수(水)라고 이름 지었습니다.

음양의 두 가지 기운이 이렇게 '목-화-토-금-수'의 다섯 가지 기운으로 나누어집니다. 이것을 오행이라고 하는데, 이 기운을 고대 인류가 발견한 겁니다. 대단하지 않나요? 아무런 관측 장비도 없이 이런 법칙을 발견했다는 사실 말입니다. 목, 화, 토, 금, 수, 어디서 많이 봤죠? 어디서요? 네, 바로 요일입니다. 서양은 Monday, Tuesday 이렇게 부르고, 중국은 星期一, 星期二 이렇게 부릅니다. 우리는 목요일, 화요일, 토요일 이렇게 부릅니다. 태양계 행성의 이름도 오행을 따서 지었습니다. 수성, 금성, 화성, 목성, 토성이라고 부릅니다. 이렇게 오행으로 표현된 단어가 생활 곳곳에 있는 것을 확인할 수 있습니다.

### 오행의 작용

이 다섯 가지 기운은 자기들끼리 서로 끌어주기도 하고, 서로 배척하기도 합니다. 자석의 N극끼리 또는 S극끼리는 서로 배척을 하고, N극과 S극은 서로 끌어당기는 것과 같습니다. 오행이 서로 도와주는 것을 상생이라고 합니다. 도와준다고 생각해도 되고 시간의 흐름이라고 생각하셔도 됩니다. 봄이 가면 여름이 옵니다. 여름이 가면 가을이 오듯이, 목이 화로 바뀌고, 화가 토가 되고, 토는 금으로 됩니다. 금은 수가 되고, 수는 다시 목으로 됩니다. 마치 계절이 돌고 돌 듯이 말입니다. 근데, 참 공평합니다. 어떤 기운이든 한번은 도와주고, 한번은 도움을 받습니다. 내내 도와만 주는 기운도 없고, 내내 도움만 받는 기운도 없습니다. 자연은 공평한 것 같습니다. 그래서 자연을 닮으라고 하는 건가요?

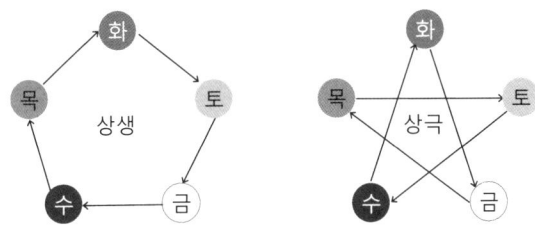

오행의 상생과 상극

다섯 가지 기운들이 서로 막 도와주기도 하지만, 서로 밀어내기도 합니다. 서로 밀어내는 것을 상극이라고 합니다. 한 기운이 다른 기운을 제압하는 겁니다. 이것 또한 공평합니다. 모든 기운은 한번은 때리고 한번은 얻어맞습니다. 한번은 왕이고, 한번은 도망자 신세입니다. 일방적으로 얻어맞기만 하는 기운도 없고, 일방적으로 때리기만 하는 기운도 없습니다. 사실 이 오행의 움직임은 바로 우리 인생입니다. 어떤 경우는 싸우다가 어떤 경우는 화해했다가 반복합니다. 어떤 기운이 들어오면 서로 부딪혔다가 싸우고, 또 다른 기운이 들어오면 화해하고 도와줍니다. 싸우다가 화합하는 이런 모습들이 삼라만상에 나타나는 겁니다.

모두 기운의 장난입니다. 기운의 움직임입니다. 친구 관계도 마찬가집니다. 어떤 친구들하고는 이유도 없는데 좀 친하고, 어떤 친구들하고는 이유도 없이 좀 불편한 것이 다 오행의 작용입니다. 오행의 기운이 서로 배척하고 서로 화합하기 때문입니다. 나는 나무입니다. 근데, 주위에 온통 쇠밖에 없습니다. 그러면 인생이 편안하겠습니까? 고단하겠습니까? 좀 고단하겠지요. 눈치 보는 인생입니다. 살려면 어쩔 수 없이 눈치를 봐야 합니다.

나는 나무입니다. 근데, 주위에 나를 도와주는 물도 있고, 내가 도와주는 불도 있습니다. 나를 견제하는 쇠도 있고, 내가 뿌리내릴 흙도 있습니다. 적당히 있을 거 있고, 없을 거 없습니다. 이러면 인생이 편안하겠습니까? 고단하겠습니까? 훨씬 편안할 겁니다. 이렇게 오행의 기운으로 사람의 운명을 판단하는 것이 바로 사주입니다. 명리학입니다.

## 명리학 : 미래 예측의 학문

음양오행론을 기반으로 미래를 예측하는 지구상의 유일한 학문이 하나 있습니다. 그게 바로 명리학입니다. 명리학은 목숨 명(命), 이치 리(理)로 된, 사람의 목숨을 연구하는 학문입니다. 사람의 길흉화복을 연구하는 학문입니다.

**명리학은 인문학과 굉장히 가깝습니다. 감히 말씀드리지만, 인문학의 최고봉이라고 할 수 있습니다.**

왜 그럴까요?
명리학은 고귀한 것은 고귀한 대로 가치를 부여하고, 통속적인 것은 통속적인 대로 가치를 부여하기 때문입니다.

명리학은 원래는 성인(聖人)의 학문입니다. 성인께서 내리신 학문입니다. 명리학은 깨달음의 학문이고, 세상사 이치이기도 합니다. 도(道)로 통하는 문입니다. 그래서, 명리학은 고귀한 학문입니다. 성인께서 명리학을 왜 내렸겠습니까? 내년에 우리 아이가 대학갈지 못 갈지, 부동산을 살지 말지, 이런 거 알아보라고 명리학을 세상에 내놓았겠습니까? 아닙니다. 공자님은 나이 오십을 지천명(知天命)이라고 했습니다. 오십이 되면 자기의 명을 알 수 있다는 겁니다. 명리학은 자신의 명을 알 수 있는 학문입니다.

문제는 명리학의 학문적 깊이가 심오하여 쉽게 이해하기가 어렵다는 것입니다. 가끔 명리학을 다 안다는 듯이 큰소리치는 사람도 있습니다. 그럼, 그 사람에게 한번 물어보십시오. 다른 사람 운명은 차치하고, 자기 자신의 운명을 얼마나 정확하게 맞추는지 말입니다. 그래서 사주를 보러 가면 정확하지 않을 수도 있습니다. 이건 이해하셔야 합니다.

그럼, 사주보러 갈 필요가 없는가요? 현재의 길흉화복을 점치는 명리학은 잘못된 건가요? 그건 아닙니다. 세상 사람들의 힘든 마음을 위로하는데, 명리학만 한 게 또 어디 있겠습니까? 사람들에게 희망을 주고, 위로하고, 자기 자신을 반성하고, 순리에 따르도록 하는 데 명리학만 한 것이 없습니다.

## 60간지

음양과 오행의 기운이 지구에서, 그리고 지구 바깥에서 지금도 돌고 있습니다. 이렇게 기운이 돌고 도는데, 옛사람들이 가만히 관찰하면서 어떤 패턴을 발견합니다. 지구 바깥, 즉 태양계에서도 어떤 기운이 확산, 팽창, 수축, 응고의 과정을 거치고 있고, 지구 안에서도 어떤 기운이 확산, 팽창, 수축, 응고의 과정을 거치고 있더란 말입니다. 그것을 관찰해보니 하늘은 하늘대로 10가지 기운(갑을병정무기경신임계)이 돌고 돌고, 땅은 땅대로 12가지 기운(자축인묘진사오미신유술해)이 돌고 도는 것을 발견하였습니다. 하늘에 있는 10가지 기운과 땅에 있는 12가지 기운이 마치 톱니바퀴 돌아가듯, 차례차례 맞물려서 돌아갑니다.

이 패턴을 분석해보니, 60번에 한 번씩 반복이 되는 겁니다. 그러니까, 60가지의 기운이 차례대로 돌고 돌아 60번을 다 돌면 다시 처음부터 그 기운이 또 돌고 돕니다. 마치, 초침이 한 바퀴 도는 것과 비슷합니다.

**이 세상이 이런 규칙으로 돌아가는 것은 기적입니다.
정말로 아름다운 기적입니다.**

자, 이제 이 60가지 기운을 누군가에게 설명해야 합니다. 그러려면 60가지 기운에 이름을 붙여야 합니다. 하늘의 이름인 천간과 땅의 이름인 지지를 차례대로 붙여 나가서 60가지 기운의 이름을 지었습니다. 이것을 간지(干支)라고 하고요, 60개니까 60간지라고 합니다.

**60간지는
60년에 한 번씩 돌아옵니다,
60달에 한 번씩 돌아옵니다.
60일에 한 번씩 돌아옵니다.
60시간에 한 번씩 돌아옵니다.**

이것뿐만 아닙니다. 무한의 확장입니다. 시간이 작은 쪽으로도, 무한이고 시간이 큰 쪽으로도 무한입니다. 즉, 시간이 작은 쪽으로는 60분에도 한 번씩 돌아오고, 60초에 한 번씩 돌아옵니다. 시간이 큰 쪽으로는 60년마다 이 기운이 또 돌고 돌아서 3,600년에 한 번씩 돌아옵니다. 3,600년마다 한 번씩 돌고 돌아 216,000년마다 한 번씩 돌고 돕니다.

그런데, 너무 작은 시간이나 너무 큰 시간은 우리가 알기가 어렵습니다. 직관적으로 알 수 있는 것은 대략 시간, 일, 월, 년 정도입니다. 그래서 특별히 시간, 일, 월, 년에서 현재의 기운이 무엇인지를 알아보는 것이 바로 명리학입니다.

### 사주팔자

지금이 2022년 10월 13일 오후 4시 30분이라고 합시다. 그러면, 이 시간에도 연월일시 각각의 간지가 돌고 있습니다.

2022년은 임인,
10월은 경술,
13일은 기해,
오후 4시 반은 임신입니다.

이 네 가지 기운은 매 순간 기운이 변할 때마다 기운끼리 서로 도와주기도 하고, 서로 싸우기도 합니다. 이때 만약 어떤 사람이 태어났다면, 그 사람은 평생 이 기운의 움직임에 영향을 받습니다. 이 기운의 움직임을 파악하는 것, 그것이 바로 명리학입니다.

명리학을 사주라고 부르기도 합니다. 사주 보러 가자, 사주가 좋다, 사주가 바뀌나 등 사주라는 단어를 우리는 많이 씁니다. 왜 사주(四柱)라고 할까요? 사주의 뜻이 무엇일까요? 사주라는 말은 뭔가 심오한 뜻이 있는 게 아닙니다. 사주는 그냥 '네 가지 기둥'이라는 뜻입니다. 연월일시라는 네 기둥이라는 말입니다.

사주(四柱): 시 일 월 년

통상 연월일시의 간지는 오른쪽에서 왼쪽으로 씁니다. 옛날에는 오른쪽에서 왼쪽으로 글을 썼습니다. 명리학 고전에 나와 있는 사주가 모두 이렇게 쓰여 지금도 우리도 위의 사주를 읽을 때 임인을 년으로, 경술을 월로, 기해를 일로, 임신을 시로 읽습니다.

흔히들 '팔자 고친다. 팔자가 사납다' 이런 말을 합니다. 왜 팔자(八字)라고 할까요? 이것 역시 심오한 뜻은 없습니다. 팔자는 그냥 여덟 개의 글자라는 뜻입니다. 사주에 글자가 몇 개 있습니까? 여덟 개죠. 그래서 팔자라고 하는 겁니다.

매 순간, 사주팔자는 돌아가고 있습니다. 과거에도 있었고, 현재에도 있고, 미래에도 있습니다. 사람이 있어도 돌아가고 있고, 없어도 돌아가고 있습니다.

아기가 태어나서 처음 하는 일이 무엇일까요? 엄마 배에서 나와서 탯줄을 끊는 순간, 첫 번째 해야 하는 일은 스스로 호흡을 하는 것입니다. 아기가 응아 소리를 지르며 첫 호흡을 합니다. 그 순간 돌아가고 있던 우주의 기운이 아기에게 들어갑니다. 아기는 태어났을 때의 그 기운대로 살아가는 겁니다. 어떤 기운을 가지고 태어났는지만 알면 아기가 어떻게 살아갈지 알 수 있습니다. 이런 식으로, 태어난 때의 기운을 분석하는 것, 이것이 바로 명리학입니다.

## 삼라만상은 내 마음의 그림자

삼라만상은 내 마음의 그림자라는 말이 있습니다. 이 세상은 모두 내 마음에서 나왔다는 말입니다. 다른 말로 하면, 내 안에 이미 삼라만상이 갖추어져 있다는 겁니다. 이게 무슨 말일까요? 저도 처음에는 이 말이 무슨 말인지 몰랐습니다. 그러다 명리를 공부하면서 어느 날 불현듯 깨달았습니다.

일간인 '기'가 바로 나입니다. 나머지 일곱 글자는 나의 가족이고 직장이고 재물이고 건강이고 삼라만상입니다. 그런데, 애당초 이 사주는 누구 사주입니까? 바로 내 사주입니다. 나를 제외한 이 일곱 글자도 사실 바로 나입니다. 왜냐하면, 내 사주이니까요. 그러니까 내 아내도 바로 나이고, 내 직장도 바로 나입니다. 내 자식도 바로 나이고, 재물복이나 건강도 모두 바로 나에게서 비롯됩니다.

**이 세상이 바로 나입니다.**
**삼라만상이 바로 나입니다.**

예를 들어, 내 사주에 있는 아내의 모습이 좋지 않다고 가정해 봅시다. 소위 아내 복이 없다는 겁니다. 그런데 현실의 내 아내도 썩 마음에 안 듭니다. 미운 짓만 골라서 합니다. 왜 그럴까요? 아내는 자기 역할을 충실히 하는 겁니다. 내 사주의 대본대로 아내는 살아가고 있습니다. 그러니 아내를 보고 뭐라고 이야기할 것이 없습니다. 아내가 내 마음에 들도록 기도해도 잘 안 됩니다. 그 이유는 내 사주가 그렇기 때문입니다. 이걸 깨닫고 나면, 세상을 원망할 것이 아무것도 없습니다. 이게 명리학의 힘입니다. 명리학을 배우면 원망과 불만이 사라지게 됩니다.

## 명리학을 대하는 우리의 자세

그럼 명리학을 대하는 우리의 자세는 어떠해야 할까요? 저는 수양의 관점과 미래에 대한 준비 관점에서 명리학은 우리에게 큰 도움을 준다고 생각합니다.

먼저, 수양의 관점입니다. 앞에서 이야기했듯이, 세상의 모든 일은 다 나로 인하여 생긴다는 사실을 명심해야 합니다. 삼라만상은 내 마음의 그림자입니다. 눈앞에 나타나는 모든 것은 다 내 사주 때문임을 인정하는 겁니다. 그러면, 세상을 뭐라고 할 수 없습니다. 세상을 원망할 필요도, 이유도 없습니다. 이것이 명리학을 세상에 내놓은 성인의 진짜 뜻이 아닐까 생각합니다.

그다음은 미래의 길흉화복을 미리 감지하고 대비하는 관점입니다. 명리학이 족집게가 되는 것은 여러모로 어려울 수 있습니다. 그렇지만, 미래의 길흉화복을 미리 감지하고 대비하는 정도는 충분히 명리학의 도움을 받을 수 있습니다.

명리학은 일기예보입니다. 겨울이 올지, 여름이 올지 그 정도는 정확하게 예측합니다. 3개월 후에 추워질지, 더워질지 알 수 있습니다. 추워진다면 미리 외투도 사고 보일러도 준비하고 그렇게 대비하면 되고, 더워진다면 짧은 옷을 사고 에어컨도 점검하고 그렇게 대비하면 됩니다. 명리학을 활용하면 인생은 분명 깊어지고, 편안해집니다.

## 생각에 근거한 미래의 예측 : 점(占)

명리학은 음양오행론이라는 법칙에 근거하여 미래를 예측하는 학문이라고 했습니다. 반면, 점은 생각에 근거하여 미래를 예측하는 것입니다. 비슷한 것 같지만, 완전 별개의 분야입니다.

앞에서 로제 떡볶이 이야기해 드렸습니다. 내가 무언가를 먹고 있다면, 그걸 먹고 싶다는 생각이 있었기에 가능했다는 이야기입니다. 어떤 생각을 하면 그것이 실현되는 어떤 미래가 생겨납니다. 이것은 무엇을 의미할까요? 그것은 미래의 내 모습은 현재의 내 생각에 달려있다는 겁니다.

**콩 심을 생각을 합니다. 3개월 후 콩을 수확합니다.
팥 심을 생각을 합니다. 3개월 후 팥을 수확합니다.**

그런데 문제가 하나 있습니다. 그것은 자기가 지금 무엇을 생각하는지 잘 모른다는 겁니다. 왜냐하면, 생각에는 의식적인 것도 있지만 내가 모르는 잠재의식도 있기 때문입니다. 내 미래의 실현은 나의 의식에서 나오는 것이 아니라, 나의 잠재의식에서 나옵니다.

예를 하나 들어보겠습니다. '나는 돈을 벌고 싶다'라고 생각합니다. 이러한 생각이 잠재의식으로 갈 때는 '아, 나는 돈이 없는 사람이구나'라고 바뀝니다. 그러니까 내가 아무리 돈을 벌고 싶다고 생각해도 내 잠재의식에서는 돈이 없다는 생각만 강화됩니다. 그래서 좀처럼 잘 사는 환경으로 바뀌지 않습니다. 사람들은 절이나 교회에서 자식이 잘되도록 기도합니다. 하나님, 부처님, 제발 우리 아이가 잘 되게 해주세요. 이렇게 기도하는 것은 좋을까요? 나쁠까요?

**우리 아이가 잘 되게 해달라는 기도는 현재 우리 아이가 뭔가 결핍되어 있다는 것을 의미합니다.**

따라서 위의 기도는 내 잠재의식에 아이가 결핍이 있는 것으로 인식되도록 하여, 결핍된 환경을 더 창출하게 됩니다. 부모가 자식을 위하여 기도하는 것은 좋은 일입니다. 그러나 기도하는 방법에 따라 잠재의식에 긍정적인 것이 전달되기도 하고, 부정적인 것이 전달되기도 합니다.

주역점이나 타로점은 내 잠재의식이 현재 어떤 상태인지, 내 잠재의식은 과연 무슨 생각을 하는지 알아보는 겁니다. 이것이 점의 원리입니다. 그렇기에 점은 명리학하고는 완전히 다릅니다.

점의 원리를 생각해 보면, 주역점이나 타로점은 점치는 사람의 내공이 중요하다는 것을 알게 됩니다. 내공은 곧 도력을 말합니다. 세상을 바꿀 도력 있는 큰스님이나 도통한 사람은 점을 잘 볼 수밖에 없습니다. 생각만으로도 세상을 바꿀 힘이 있기 때문입니다. 그럼, 보통 사람은요? 일반적으로 점치는 사람은 어떨까요? 아마 맞기도 할 겁니다. 그러나 참고하는 선에서 점을 보면 좋겠습니다. 희망을 가지고 열심히 살아가는 동력으로, 점은 참고만 하면 좋을 것 같습니다.

참, 한가지 빠졌습니다. 내가 로제 떡볶이를 먹고 싶다고 생각만 하고, 식당에 가지 않게 되면 어떻게 될까요? 당연히 로제 떡볶이를 못 먹게 됩니다. 그러니까 실천을 해야 한다는 것은 전제 조건입니다. 돈을 벌고 싶다는 생각을 하면서 실제로 돈을 벌려고 노력하면 그때는 돈을 벌 수 있습니다. 노력은 몸을 움직이기 때문에 더 강력하게 잠재의식을 변하게 만듭니다. 다만, 여기서 제가 강조하는 것은 미래의 첫 출발은 생각에서 시작된다는 것입니다. 이 점을 유의하시고, 노력이 가미되면 그 실현을 상당히 이룰 수 있다는 점을 이해하셔야 합니다.

IV 미래

# 03 무엇이 길흉인가?

### 동물원의 비버 이야기

　비버라는 동물이 있습니다. 생긴 것은 수달과 비슷하게 생겼지만 설치류입니다. 쥐의 일종이지요. 북아메리카에 사는 큰 쥐입니다. 주로 강 한가운데, 나무로 만든 집에서 생활합니다. 이빨이 아주 세기 때문에 큰 나무를 이빨로 쓰러뜨려서 그 나무를 강 한가운데 쌓습니다. 그러면 댐처럼 물이 많이 고이게 됩니다. 그 고인 물 한가운데 나무를 쌓아서 집을 만듭니다. 나무로 쌓았기 때문에 밖에서는 안으로 못 들어갑니다. 오직 물속을 통해서만 집안에 들어갈 수 있습니다. 이런 식으로 천적이나 침략자로부터 자기를 지키고 은신합니다. 그렇기에, 비버에게는 집이 아주 소중합니다. 집 짓는 데 많은 시간을 할애합니다.

　문제는 동물원에 사는 비버입니다. 동물원에 갇힌 비버는 운동량이 적을 수밖에 없습니다. 그래서 체내에 지방이 많이 끼게 되고, 소위 너무 살이 쪄서 새끼를 낳다가 많이 죽는다고 합니다. 그래서 사육사는 고육지책으로 동물원에 지어둔 비버의 집을 부숴버립니다. 그것도 매일 말입니다. 비버는 망연자실하게 쳐다보다가 다시 집을 짓습니다. 하루종일 집을 새로 짓습니다. 다음 날 아침, 사육사는 또 집을 부숴버립니다. 매일 그 일을 반복합니다. 집을 소중하게 여기는 비버의 본능을 이용해서 운동을 시키는 겁니다. 그래야만 비버가 건강해지니까요. 그래야만 새끼를 무사히 낳으니까요.

자, 그러면 비버의 관점에서 다시 생각해 봅시다. 비버는 사육사가 자기 집을 부수는 이유를 알 수가 있을까요? 당연히 알 수가 없습니다. 사육사가 비버의 집을 부수는 진정한 이유는 비버를 살리기 위한 겁니다. 비버에 대한 애정, 다른 말로 하면 사랑입니다. 그러나, 이것을 알 리가 없는 비버는 날벼락 맞았다고 생각할 겁니다. 사육사가 자기를 괴롭힌다고 생각할 겁니다. 총만 주면 바로 사육사를 쏴 죽이고 싶을 겁니다. 세상에 대한 분노가 생기고, 사는 게 짜증과 스트레스입니다.

하늘도 무심하시지, 아이고 내 팔자야!
내가 전생에 무슨 죄를 많이 지었길래.

참 많이 듣는 말입니다. 참 많이 하는 말입니다. 우리 인간사도 마찬가지입니다. 시련이 참 많습니다. 뭔가 안 풀리고, 세상에 모든 행운은 나를 비껴간다는 느낌을 받을 때가 있습니다.

**우리에게 닥친 시련은 우리를 살리기 위한 시련일 수도 있습니다.**

마치 비버의 경우처럼 말입니다. 우리는 우리에게 닥친 시련이나 고단함을 이해할 길이 없습니다. 그래서 신의 섭리라고 말하는 겁니다. 이해할 길이 없기에, 그냥 믿는 겁니다. 이것 또한 나를 살리기 위함일 거야, 기독교에서 말하는 오직 주님의 뜻대로!

## 오직 사육사의 뜻대로

'오직 주님의 뜻대로' 이 말은 정말 정말 아름다운 말입니다. 주님 대신에 부처님이나 관세음보살님을 넣어도 됩니다. '오직 부처님의 뜻대로', '오직 관세음보살님의 뜻대로' 다 좋습니다. 하지만, '주님의 뜻대로'가 더 알려져 있으니까 아무래도 저작권은 주님에게 있는 것 같습니다. 비버의 관점에서는 이렇게 수정해야 합니다. '오직 사육사의 뜻대로!'

사육사가 비버를 살리기 위하여 그랬듯이, 우리에게 오는 고난이나 시련 또한 우리를 살리기 위해서 신이 우리에게 주는 선물이라고 생각해 보자는 겁니다. 선물이라고 생각하기 어려우면, 최소한 신의 사랑이라고 믿자는 겁니다. 왜냐고요?
믿는 것은 우리가 할 수 있는 일이기 때문입니다.

① 사람은 자기에게 닥친 고난과 시련을 원망하면서 평생을 고통스럽게 살 수도 있습니다.

② 사람은 자기의 불행을 '주님의 뜻'이라고 받아들이고, 편안하게 살 수도 있습니다.

물론, 생각을 바꾸는 것이 쉽지는 않습니다. 그러나 우리는 생각을 바꿀 수 있습니다. 왜냐하면, 그것은 우리가 할 수 있는 일이기 때문입니다.

## 희기동소 : 좋은 일과 나쁜 일은 한 곳에서 일어난다

사육사가 비버의 집을 매일 허무는 장면을 우리가 봤다고 칩시다. 아무것도 모르는 상태에서는 우리도 사육사가 나쁘다고 생각할 겁니다. 착한 비버를 괴롭히는 나쁜 사육사, 이렇게 말입니다. 그런데 알고 보니 사육사가 비버를 사랑한 겁니다. 사육사가 악한 줄 알았는데, 알고 보니 선합니다. 이걸 보고 나니, 우리가 세상을 볼 때 정말 조심해야 한다는 생각이 들었습니다. 눈에 보이는 선한 것이 선한 게 아니고, 눈에 보이는 악한 것이 악한 게 아니기 때문입니다. 항상 그렇지 않을 것이라는 가능성을 열어두고 판단해야 한다는 생각이 들었습니다.

희기동소(喜忌同所)라는 말이 있습니다. 기쁠 희(喜), 꺼릴 기(忌), 같을 동(同), 장소 소(所)입니다. 기쁜 일과 꺼리는 일은 같은 곳에서 발생한다는 뜻입니다. 어떤 좋은 일이 생기면 그것 때문에 안 좋은 일도 생길 수 있고, 어떤 안 좋은 일이 생기면 그것 때문에 좋은 일도 생길 수 있습니다. 이는 관점에 따라서 이렇게 해석할 수도 있습니다. 좋은 일이라고 생각한 것이 사실은 좋은 일이 아니다. 나쁜 일이라고 생각한 것이 사실은 나쁜 일이 아니다.

새옹지마(塞翁之馬)라는 말을 들어보셨을 겁니다. 중국의 북방에 한 늙은이가 살고 있었는데, 어느 날 키우던 말이 도망갔습니다. 며칠이 지나자, 도망친 그 말이 야생의 수십 마리 말을 데리고 나타난 겁니다. 그랬는데, 이번에는 아들이 그 야생말을 타다가 떨어져서 다리 불구가 되었습니다. 그로부터 얼마 후 전쟁이 일어나서 마을 청년들이 모두 징집되어 전쟁터에서 죽었는데, 그 아들은 징집되지 않아서 살았습니다.

　일반적인 관점에서, 말이 도망간 사건은 나쁜 일이었는데, 결국은 말 수십 마리가 생기는 횡재를 하게 된 겁니다. 말 수십 마리가 생긴 것은 좋은 일이기 하지만, 아들이 다치는 불행한 일이 생겼습니다. 아들이 다친 것은 나쁜 일이긴 하지만, 결국 그것 때문에 징집되지 않아서 죽음을 피했습니다.

　군인에게는 전쟁터가 희기동소입니다. 군인은 전쟁터에서 죽기도 하지만, 그것 때문에 월급을 받고 승진도 합니다. 의료 기술의 발전은 노인들에게 희기동소입니다. 꼭 좋다고만 할 수 없습니다. 오래 사는 것은 좋은데, 그만한 경제적 여유가 없으면 괴롭습니다.

　좋은 일이 오면 이것 때문에 생길 나쁜 일을 대비하고 조심합니다. 나쁜 일이 오면 이것의 이면에 있는 좋은 점을 찾고 위안을 얻습니다. 또는 '주님의 뜻'으로 맡기고 편안하게 대처합니다.

　**희기동소는 세상을 바라보는 관점입니다. 세상을 바라볼 때, 균형적으로 바라보게 합니다.**

## 04 미래 준비하기

왜 미래를 준비해야 할까요? 그 이유는 미래가 반드시 오기 때문입니다. 제 대학 시절을 생각해 보면, 그때는 미래를 생각해 본 적이 없었던 것 같습니다. 스무 살 시절에, 사오십 대의 제 모습을 한 번도 그려본 적이 없었습니다. 그 당시에는 20대는 다 저에게 형이고, 30대, 40대, 50대는 그냥 다 아저씨였고, 60대, 70대는 다 할아버지였습니다. 그 당시 제 눈에는 어른의 그 삶이 다 똑같아 보였습니다. 그 차이를 깨달을 만큼 지혜롭지 못하였고, 그렇다고 누가 가르쳐주지도 않았습니다. 그렇지만 저는 한 번도 그려본 적 없었던 30대, 40대, 50대를 다 겪었습니다. 지나간 삶을 후회하는 것은 아니지만 20대에 한 번쯤 미래의 내 모습을 그려보고 준비하는 삶을 살았으면 어땠을까 생각은 해 봅니다.

여러분은 다음 중 어떤 삶을 살겠습니까?
① 50살까지는 폼 나게 살고, 50살 이후에는 어렵게 산다.
② 50살까지는 어렵게 살더라도, 50살 이후에는 폼 나게 산다.

나이가 좀 든 사람은 거의 2번이라고 대답할 겁니다. 그럼, 20대는 어떨까요? 20대는 어떤 삶을 희망할까요? 대략 반반일 것 같습니다. 실제로 수업 시간에 대학생들에게 물어보니 반반쯤 되는 것 같았습니다. 인생은 정답이 없다고 합니다. 위의 질문에도 정답은 존재하지 않습니다. 하지만 여러 자료를 통해 나이와 행복에 대한 정보를 얻을 수는 있습니다.

나이가 들수록 행복지수는 높아질까요? 낮아질까요?

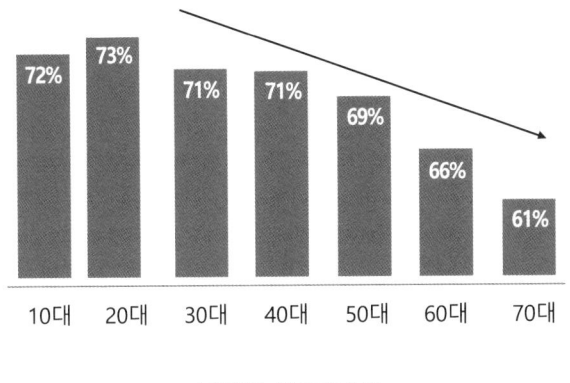

**나이별 행복지수**[15]

위의 표에서 보시다시피, 나이가 들수록 행복지수는 떨어지는 경향이 있습니다. 앞에서 살펴본 자존감과 비슷합니다. 자존감도 나이에 따라서 떨어지는 경향이 있었습니다. 그럼, 나이 들어도 행복할 수 있는 조건은 무엇일까요? 일단, 건강해야 하고, 적당한 재산도 있어야 합니다. 친구나 가족도 있어야 하고, 일이나 취미도 있어야 합니다. 정신적으로는 욕심을 줄이면 행복해질 수 있습니다. 구체적으로 한번 보겠습니다.

## 노년의 행복조건

노인이 스스로 행복을 느끼는 근거는 무엇일까요? 노인이 스스로 불행하다고 느끼는 이유는 무엇일까요? 아래는 2015년에 대한노인회에서 실시한 설문조사의 결과입니다.

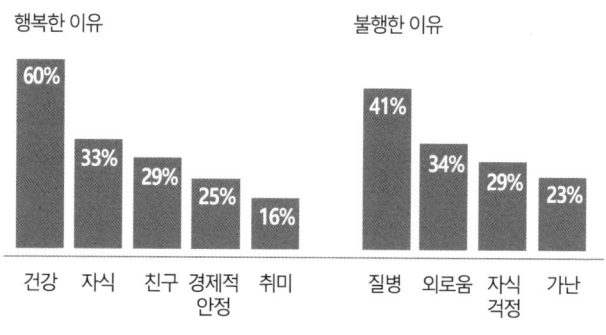

**노인의 행복/불행 이유16**

역시 첫 번째는 건강입니다. 행복을 느끼는 첫 번째 이유도 건강이고, 불행을 느끼는 첫 번째 이유도 질병입니다. 이건 뭐, 200% 공감이 되는 내용입니다. 두 번째는 자식입니다. 자식이 있어서 행복합니다. 반면, 자식 때문에 불행하기도 합니다. 세 번째는 친구입니다. 친구가 있어서 행복감을 느끼고요, 반대로 친구가 없다면 외로워서 불행을 느낍니다. 경제적인 요인은 네 번째입니다. 경제적으로 안정되어 행복하다고 느끼고요, 가난하면 불행하다고 느낍니다. 취미 생활은 최고 낮은 요인입니다. 위의 표를 보면 대략 방향이 나옵니다. 미래에 행복해지려면 어디에 투자해야 할까요? 건강, 관계, 경제적 안정, 취미 활동에 투자해야 합니다.

### 피해야 할 세 가지 : 소년 급제, 중년 이혼, 노년 무전

옛날 사람들은 인생에서 피해야 할 것으로 다음 세 가지를 꼽았습니다. 바로 소년 급제, 중년 이혼, 노년 무전입니다.

소년 급제는 젊은 시절에 출세하는 것을 말합니다. 혹시 조선 시대 과거에 합격한 선비들의 평균 연령이 얼마쯤 되는지 아십니까? 대략 한 35살 전후라고 들었습니다. 그러니까 이십 대 초반에 과거에 합격한다는 것은 매우 어려운 일입니다. 춘향전에 나오는 이몽룡은 10대 후반에 장원급제합니다. 소설이니까 그렇습니다만, 실제로도 매우 드문 사례입니다. 그만큼 어려운 소년 급제인데, 왜 인생에서 피해야 할 3가지 중에 하나로 여겼을까요?

옛사람들은 너무 이른 성공보다는 인생을 길게 보고 꾸준히 노력하는 게 중요하다고 생각했던 것 같습니다. 모두 그런 건 아니겠지만, 20대에 성공한 사람은 교만해지기 쉽고 세상 물정을 모르기 때문에 관리가 미숙합니다. 돈이나 사람 또는 자기 관리가 잘 안 됩니다. 그래서 결국 불행해지기 쉽기에 소년 급제를 경계한 것입니다.

중년 이혼은 예전과 지금이 조금 다릅니다. 예전에는 중년 이혼이 불행한 삶의 대표적인 경우였지만, 지금은 이혼했다고 해서 더 불행한 것은 아닙니다. 이건 뭐 여기서 별도로 언급할 내용은 아니고요, 문제는 노년무전입니다.

노년 무전은 노년에 돈이 없는 것을 말합니다. 이것은 옛날이나 지금이나 마찬가지입니다. 노년에 돈이 없으면 비참해집니다. 혹시 스웨덴 출신의 남녀 혼성 그룹인 아바(ABBA)를 아시나요? 한 시대를 풍미한 그룹입니다. 아바의 노래 중에서 「The Winner Takes It All」이라는 오래된 노래가 있습니다. 승자 독식을 이야기한 노래인데요, 멜로디가 너무 서정적이라서 도무지 가사와 어울리지 않았습니다. 어쨌든, 승자가 모든 것을 가져가고, 패자는 그저 작아진 모습으로 서 있고, 그것이 운명이라고 합니다. 저는 인생도 이와 비슷하다고 생각합니다. 인생은 노년 독식 같습니다.

**노년이 행복해야 비로소 자기 인생 전체가 행복한 겁니다.**

왜 그렇냐고요? 혹시 이런 사람 본 적 있나요?

나는 지금 불행해도 아무 문제 없어. 왜냐하면 예전에 행복했으니까. 50살 전까지 누구보다 행복하고 부유하게 살았기 때문에 지금 가난해도 난 괜찮아. 지금 외로워도 난 괜찮아.

이런 사람은 없습니다. 젊었을 때 아무리 폼나게 살았더라도 나이가 들어서 불행하다면 그 사람 인생은 불행한 인생입니다. 반대로, 젊어서 좀 불행하게 살았어도, 나이가 들어서 행복하다면 그 사람 인생은 행복한 인생입니다. 젊었을 때의 불우한 경험을 오히려 값진 추억으로 생각할 것입니다. 이것이 우리가 미래에 더 집중해야 하는 이유입니다. 미래는 반드시 옵니다. 그리고 그 미래는 현재 우리가 어떻게 사느냐에 따라서 달라집니다. 미래에 행복하려면 미래에 행복할 수 있는 환경을 지금부터 만들어가야 합니다.

**현재가 행복하다고 해서 미래 또한 행복해지는 것은 아닙니다. 현재가 행복하다고 해서 미래가 저절로 행복해지는 것이 아니기에, 미래에 행복하려면 현재에서 미래를 준비해야 합니다.**

그러면 이제 어떻게 미래를 준비해야 할까요?

## 어떻게 미래를 준비할까?

### 잘 살겠다는 목표 가지기

우선, 잘 살겠다는 목표가 있어야 합니다. 왜 목표가 있어야 합니까? 그 이유는 간단합니다. 로제 떡볶이를 다시 생각해 보십시오. 로제 떡볶이를 먹고 싶다는 생각이 있어야 로제 떡볶이를 먹게 됩니다. 이와 마찬가지로, 잘 살겠다는 생각이 있어야 잘 살 수 있습니다. 잘 살겠다는 생각이 없으면 잘 살 수가 없습니다. 거의 불가능합니다. 물론, 잘 살고 싶다는 것은 금전적인 것만을 말하는 것이 아닙니다. 자기가 이루고 싶은 꿈, 그걸 이루는 것을 잘 산다고 표현한 것입니다.

대부분 사람은 잘 살겠다는 생각을 안 하거나 못합니다. 잘 살겠다는 꿈도 없고 잘 살겠다는 미래를 그리지도 않습니다. 아니라고요? 잘 살겠다고 꿈을 항상 꾼다고요? 매주 로또를 산다고요?

나는 잘살고 싶다, 나는 공부를 잘하고 싶다, 나는 돈을 많이 벌고 싶다 이런 것은 목표가 아닙니다. 앞에서 잠깐 말씀드렸지만, 이런 식의 목표는 오히려 내 잠재의식에 부정적으로 각인되어 부정적인 현실이 나타날 가능성이 큽니다. 그래서 미래에 대해 생각할 때는 성공한 자기 모습을 그려야 합니다. 확신에 차 있어야 합니다. 저는 이러이러한 삶을 살고 있습니다. 아무 문제 없습니다. 감사합니다. 이렇게 말입니다.

이렇게 목표를 가지는 것이 쉬울까요? 절대 아닙니다. 어렵습니다. 왜냐하면, 자꾸 의심하기 때문입니다. 자기 자신을 의심합니다. 또 자기보다 유리한 환경의 사람을 보면 비교도 합니다. 남과 비교합니다. 자기를 의심하고, 남과 비교하고, 그래서 자기의 믿음을 온전하게 가져가지 못합니다. 대부분 사람은 잘 살겠다는 생각을 안 하거나 못한다고 하는 이야기가 바로 이 말입니다.

잘 살겠다는 목표를 가지면, 그 생각이 계속 유지되도록 노력하는 것이 중요합니다. 그렇게 노력하다 보면 습관이 생깁니다. 이러한 습관화를 통한 지속적인 반복으로 뇌를 속여야 합니다. 내 생각이 진짜인 것처럼 뇌를 속입니다. 그러면 내 잠재의식은 정확하게 내가 생각한 대로 이루어냅니다. 기적이 일어나게 됩니다. 이건 뒤에서 다시 한번 말씀드리겠습니다.

### 하루의 30%는 미래에 투자하기

두 번째, 자기 생활의 30%는 미래를 위해서 투자를 하는 게 좋습니다. 예전에는 미래를 위하여 현재를 희생하는 것을 미덕이라고 생각했습니다. 그러나, 지금은 조금 다른 것 같습니다. 카르페 디엠(carpe diem)이라는 말이 있습니다. 영어 표현은 'enjoy the present'입니다. 현재를 즐겨라. 이런 뜻입니다.

이 말이 우리 사회에서 유행한 것은 앞에서 언급한 것처럼 우리 사회의 인문학 열풍과 관련이 있습니다. 앞만 보고 달려온 기성세대가 자아 성찰과 힐링의 과정에서, 반성의 측면에서 유행을 탔던 말입니다. 현재 우리 사회는 미래에 대한 현재의 희생보다는 현재 그 자체의 삶을 즐기려는 경향이 강한 것이 사실입니다. 인생이라는 것은 어떤 나이든 간에 시간의 흐름 속에서 한번 지나가면 돌아오지 않습니다. 그래서 20대는 20대만의 온전한 삶을 살아야 하고, 30대는 30대답게 온전한 삶을 살아야 합니다. 40대든, 50대든, 60대든, 심지어 70대 이후도 마찬가지입니다.

하지만 현재에서 미래를 준비하고 대비하는 것은 여전히 아주 중요합니다. 미래를 위하여 현재를 희생할 필요까지는 없겠지만, 투자는 해야 합니다. 미래의 내 삶이 온전하지 못하면, 현재의 내 삶도 온전할 수가 없기 때문입니다. 현재 내 삶이 찬

란하면 이 찬란한 내 인생이 미래에도 계속 유지되도록 해야 하며, 현재 내 삶이 마음에 안 들면 미래는 마음에 드는 삶이 되도록 노력해야 합니다. 어떤 경우든 현재 내 생활에서 30% 정도는 늘 미래를 위하여 투자하는 것이 바람직합니다.

**현재 내 삶의 가치는 현재에서 매기는 것이 아니라, 미래의 내 삶에서 매겨집니다.**

### 도전해도 되는 나이

어떤 사람이 직장 생활을 힘들어합니다. 그래서 어느 날 퇴직을 결심합니다. 어릴 때 자기의 꿈을 이루기 위해서 말입니다. 어릴 때 그는 그림을 잘 그렸습니다. 그림에 소질이 있다는 이야기도 많이 들었습니다. 더 늦기 전에 화가의 길을 결심합니다. 어느 날 직장을 그만두고, 드디어 새 인생을 시작하려 합니다.

이건 도전입니까? 도피입니까?

도전과 도피의 차이는 뭘까요? 도전은 내가 더 가치 있는 사람이 되기 위해서, 어쩌면 그 선택이 더 힘들지는 몰라도 기꺼이 이루겠다는 각오로 달려드는 것을 말합니다. 도피는 현재가 힘들어서 피하겠다는 심정입니다.

아마도 화가의 길은 직장 생활보다 몇십 배는 더 힘들 겁니다. 그런데도 그걸 각오하고 그 길로 나서는 것, 이건 도전입니다. 직장 생활이 힘들다 보니, 좀 쉬운 거 없나? 찾습니다. 이건 도피입니다. 도전이 현실 도피의 수단이 되어서는 안 됩니다.

### 현재가 힘들어서 도피하는데, 그곳인들 쉽겠습니까?

새로운 시도를 시작할 때 그것이 도전인지 도피인지 본인은 잘 모르는 경우도 많습니다. 옆에서 보기에는 도피 같은데, 본인은 한사코 도전이라고 우깁니다. 그렇게 우기면서 도전을 합니다. 일 년이 채 되지 않아서 역시 또 후회하고 있습니다. 이 길은 내 길이 아니네, 이렇게 말입니다. 이게 반복되면? 이건 투자입니까? 소비입니까? 한 번쯤은 그럴 수 있다고 칩시다. 두 번, 세 번 반복되면 큰일입니다. 정말 조심하셔야 합니다. 그래서 어떤 도전을 할 때는 반드시 스스로 확인하시기 바랍니다. 이건 도전인가? 아니면 도피인가?

이렇게 말씀드리니까, 도전은 좋은 것이고 도피는 나쁜 것이다. 이런 이분적인 인식이 형성될 것 같군요. 그건 아닙니다. 도피가 나쁘다는 것은 아닙니다. 만약 현실이 너무 힘들어서 정말 버티기 어렵다면, 도피가 필요합니다. 도피가 좋은 것은 아니지만, 어쩔 수 없을 때는 도피해야 합니다. 인생은 한가지 길만 있는 것이 아니고 정답이 존재하는 건 더더욱 아닙니다. 다만, 도피를 인정하고 도피하시라는 겁니다. 그러면 스스로 내려놓기 때문에 큰 문제는 없습니다. 도피를 도전이라고 착각하면 후회할 가능성이 큽니다.

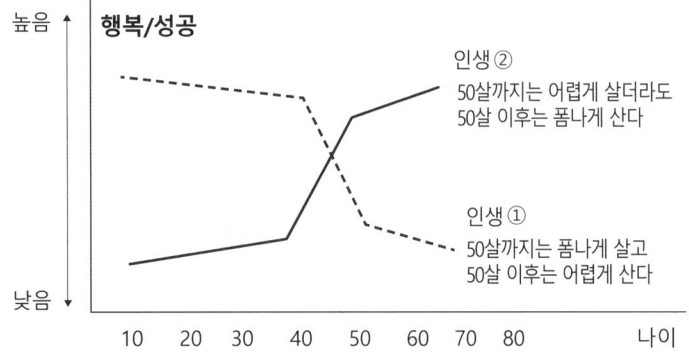

위의 그림은 앞에서 나왔던 내용을 그래프로 그려본 것입니다. 만약 인생이 ①과 ② 두 가지 선택만 있다고 한다면, 50살까지는 폼나게 살고 50살 이후는 초라하게 사는 ①보다는 50살까지는 어렵게 살더라도 50살 이후에는 폼나게 사는 ②를 선택하셔야 합니다.

만약 우리가 ②처럼 산다면 ②곡선에서 10대, 20대, 30대는 아래쪽에 있지만 이게 큰 문제가 되지 않습니다. 다시 말씀드리면, 현재는 좀 어려워도 더 나은 미래를 위하여 도전해도 되는 나이라는 겁니다. 그에 비해 나이가 든 사람이 어떤 새로운 사업에 도전한다면, 그게 나쁘다고는 할 수 없지만 전 재산을 거는 도전은 자제해야 합니다. 만약 실패하면 내일이 없기 때문입니다. 젊은 사람은 기회가 있습니다. 만약 실패해도 기회가 있습니다.

젊어서 조금 잘 살고 조금 못 살고는 크게 중요하지 않습니다. 인생을 길게 보면 몇십 년 후의 미래를 준비하는 삶이 훨씬 더 중요합니다. 그게 더 희망적입니다. 그래서 인생을 길게 볼 줄 아는 지혜를 가져야 합니다. 요즘 들어 인생이라는 것은 어떤 목표를 가지고 그 꿈을 달성하기 위하여 꾸준하게 노력하면 그것이 이루어지도록 설계되어 있다는 생각이 많이 듭니다. 열심히 살면 누구나 보상을 받을 수 있도록, 이 세상이 그렇게 프로그래밍 된 것 같습니다.

## 좁은 문이냐? 넓은 문이냐?

잘 살기 위해서 미래를 준비하는 것, 이건 바로 잘 살기 위해서 욕심을 내는 겁입니다. 그런데 여기서 인문학적인 질문이 떠오릅니다. 잘 살기 위해서는 욕심을 내야 할까요? 욕심을 버려야 할까요?

보통 인문학을 공부하거나 정신적인 가치를 추구하는 사람들은 마음을 비우고 청빈하게 살라고 합니다. 안빈낙도를 즐기며 자발적 가난과 무위자연의 삶을 추구하라고 합니다. 욕심을 내려놓으라 말합니다. 욕심을 내려놓은 삶으로 유명한 분이 법정 스님입니다. 그분의 무소유 사상은 현대인에게 많은 감명을 주었고, 삶의 지침서로서 손색이 없습니다. 성경에서도 부자가 천국에 들어가는 것은 낙타가 바늘귀에 들어가는 것보다 더 어렵다고 했습니다. 그래서 이것을 좁은 문이라 합니다. 청빈한 삶은 모든 종교에서 강조하는 것입니다. 정말 가슴이 뛰는 삶입니다. 인생에 정답이라는 게 있다면, 저는 이것이 거의 정답이라고 말할 수 있습니다.

문제는 이런 사상을 실천하고 사는 게 쉽지 않다는 것입니다. 특히 인간의 욕망을 긍정하고 물질적 가치를 중시하는 자본주의 사회에서는 더 힘듭니다. 자본주의 사회에서는 먹고 사는 것을 걱정하고, 비교하고 비교당하고, 과도한 경쟁 속에서 늘 타인을 의식하고 삽니다. 이런 환경에서 정신적 가치를 추구하고 스스로 만족하게 살려면 대단한 지혜가 필요합니다. 상당한 내공이 필요하다는 겁니다. 앞에서 그리스 철학자 디오게네스를 이야기했습니다. 알렉산더 대왕을 보고도 '비켜라, 햇빛 가린다'라는 정도가 되어야 이런 삶이 가능합니다. 서울역에서 노숙자로 살든, 시골에서 농사지으며 살든, 당당하게 살 수 있는 정신적 수양을 많이 쌓아야만 청빈의 삶을 살 수 있습니다.

그런데, 생각해 보십시오.
법정 스님처럼 사는 게 쉬울까요? 어려울까요?
디오게네스 같은 삶은 쉽겠습니까? 어렵겠습니까?

**욕심을 버리고 사는 일은 욕심을 내면서 사는 일보다 훨씬 어렵습니다. 욕심을 내면서 사는 삶도 힘들어하는 사람이 어떻게 욕심을 버리고 사는 삶을 잘 살 수 있겠습니까?**

욕심을 버리는 삶을 감당하기 어렵겠다 싶으면 차라리 욕심을 좀 내면서 열심히 사는 것도 괜찮습니다. 특히, 젊은 사람은 더 그렇습니다. 왜냐하면, 젊은 시절에는 열심히 살면 그 성과가 나타나기 때문입니다. 자칫, 시기를 놓치면 안 됩니다. 봄에

씨를 뿌려야 합니다. 자칫 허송세월하다가 봄에 씨앗을 못 뿌리면, 가을에 가서 씨를 뿌려봤자 늦습니다. 노년이 되면 열심히 살아도 그 성과가 나타나기 어렵습니다. 반대로, 욕심을 비우는 삶은 좀 더 나이가 들어도 가능합니다.

저는 인생의 정답은 정신적인 가치를 추구하는 좁은 문이라고 생각합니다. 하지만 한 치의 흔들림도 없이 좁은 문으로 들어가는 것을 못하겠다면, 우선은 넓은 문을 인정하고 여기서 시작해야 한다고 생각합니다. 좁은 문 이외는 정답이 아니라면서 그나마 넓은 문마저 무시하면, 우리는 우주의 시공간에 갇혀서 오도가도 못하는 신세가 될지도 모릅니다.

Ⅳ 미래

*Summary of Chapter*

## IV 미래

미래를 예측할 수 있는 법칙이 뭘까요?
그것은 바로 원인 결과의 법칙입니다.
콩 심은 데 콩 나고, 팥 심은 데 팥 납니다.

현재의 행복이 곧 미래의 행복을
보장하지는 않습니다.
그래서 현재의 일정 부분을 미래를 위하여
투자해야 합니다.
건강, 가족, 친구, 경제적 안정, 취미 등 이런 것이
바로 노년의 행복 조건입니다.

욕심을 버리고 사는 일은
욕심을 내면서 사는 일보다 훨씬 어렵습니다.
욕심을 버리는 삶을 감당하기 어렵겠다 싶으면
차라리 욕심을 좀 내면서 열심히 사는 것도
괜찮습니다.

욕심을 비우는 삶은
좀 더 나이가 들어도 가능합니다.

# 성공

## 성공의 주문을 알려줄게

01    성공의 기준은?
02    성공학 제1 법칙 :
        생각대로 세상이 이루어진다
03    성공학 제2 법칙 :
        콩 심은 데 콩 나고 팥 심은 데 팥 난다
04    성공학 제3 법칙 :
        생각만으로는 안 된다. 최선을 다해라
05    성공을 부르는 주문

# 01 성공의 기준은?

이번 강의 주제는 성공입니다. 이번 시간에는 성공의 기준과 성공학의 법칙, 성공을 부르는 주문 등에 관하여 이야기해 보겠습니다.

성공이 무엇일까요? 먼저 사전을 찾아보니, 국어사전에는 '목적하는 바를 이룸'이라고 되어 있고, 영어사전에는 '사회적 부나 명예 등을 이루는 것'이라고 되어 있습니다. 국어사전은 너무 성의가 없는 것 같습니다. 마치 퇴근을 앞둔 사람이 귀찮아서 대충 적어서 제출한 느낌이고요, 영어사전은 너무 돌직구를 날려서 오히려 민망합니다. 정신적 가치 추구 뭐 이런 이야기 했다가는 돌 맞을 분위기입니다. 어쨌든 성공이라는 것은 자기가 원했던 것을 이루는 것을 말합니다.

여기서 한 가지 명백한 사실을 발견하게 됩니다. 즉, 성공이 자신이 원하는 것을 이루는 것이니 성공에 대한 일률적인 기준은 없다는 것입니다.

사람마다 원하는 게 다 다르고, 사람마다 가치관이나 추구하는 이상도 다 다릅니다. 그래도 보편적인 기준은 있을 겁니다.

그게 무엇인지 한번 살펴봅시다. 인터넷에 떠도는 성공과 관련한 이야기가 있습니다. 풍자적 내용이니까 그냥 웃으시면 됩니다.

    10대 : 성공한 아버지를 뒀으면 성공
    20대 : 학벌이 좋으면 성공
    30대 : 좋은 직장에 다니면 성공
    40대 : 2차 쏠 수 있으면 성공
    50대 : 공부 잘하는 자녀 있으면 성공
    60대 : 아직 돈 벌고 있으면 성공
    70대 : 건강하면 성공
    80대 : 아내, 남편이 밥 차려주면 성공
    90대 : 전화 오는 사람 있으면 성공
    100세 : 아침에 눈 뜨면 성공

과연 무엇이 성공의 조건일까요? 성공의 조건은 개인별로도 다르겠지만, 세대별로도 차이가 있습니다.

## 베이비붐 세대의 성공이란?

지금 50~60대의 베이비붐 세대는 대체로 성공을 '돈을 많이 벌어 물질적으로 풍요로운 삶을 사는 것'이라고 했습니다. 잡코리아에서 2021년에 조사한 세대별 성공적인 인생에 대한 견해 조사를 보면 베이비붐 세대는 44.2%가 물질적 풍요를 성공이라 생각합니다.[17]

베이비붐 세대는 1955~1963년 사이에 태어난 사람을 말합니다. 태어났을 때 최빈국이었다가, 지금은 선진국에서 사는 세대입니다. 우리나라에서 가장 많은 부를 축적한 세대이기도 합니다. 저도 이 언저리 세대이기는 합니다만, 약간 안타까운 생각이 듭니다. 물론, 다 그런 것은 아니지만, 이 세대의 사람은 태어나서 지금까지 돈 벌고 일한 기억밖에는 없는 것 같습니다. 자기 자신이 무엇을 할 때 행복한지, 가치 있는 삶에 대한 자아비판이나 성찰 없이, 공동체 가치를 실현하는 삶보다는 물질적 가치를 더 추구하고 살았습니다. 뒤를 돌아볼 여유조차 없이, 그렇게 내몰렸던 것 같습니다.

### 보물찾기의 삶

베이비붐 세대의 삶은 보물찾기와 비슷합니다. 초등학교 때 소풍을 가면 보물찾기를 합니다. 선생님이 미리 여기저기에 숫자가 적힌 쪽지를 숨겨 놓습니다. 돌 밑에 숨겨 놓기도 하고, 낙엽 아래, 나뭇가지 위에, 다양한 곳에 숨겨 놓습니다. 보물찾기를 시작하면 아이들이 다니면서 그 쪽지를 찾습니다. 나중에 쪽지를 가져오면 그 번호에 맞는 상품을 줍니다. 학용품일 수도 있고, 빵이나 콜라 같은 음식일 수도 있고, 운동화와 같은 고급 상품일 수도 있습니다. 어떤 아이가 많은 상품을 탈까요? 어떤 아이가 고급 상품을 탈까요?

첫째는 부지런해야 합니다. 부지런하지 않으면 숨겨둔 쪽지를 찾을 수 없습니다. 그래서 성실, 노력 이것이 기본입니다.

그 이전의 세대와의 차이점은 그 이전 세대는 부지런해도 쪽지가 없었습니다. 나라가 너무 가난했기 때문에 종일 돌아다녀도 쪽지가 없었습니다. 지금 세대도 비슷합니다. 마음에 드는 일자리가 너무 없어서 종일 돌아다녀도 쪽지가 별로 없습니다. 그런데, 이 세대는 운이 좋은 세대입니다. 경제 성장과 함께 성장한 세대이기 때문입니다. 본인이 부지런만 하기만 하면 쪽지를 찾을 수 있는 세대였습니다. 물론, 아무리 쪽지가 많아도 본인이 안 움직이면 쪽지를 못 구합니다. 이건 동서고금의 진리입니다. 그런 점에서 이 세대는 열심히 살았습니다. 운만 좋은 것은 아니었습니다.

둘째는 감각이 있어야 합니다. 멀리서 쪽지가 숨겨져 있을 장소를 예측하고, 확률적으로 가능성이 많은 장소부터 먼저 뒤져야 합니다. 물론, 워낙 쪽지가 많았던 세대니까 감각 없이 돌아다녀도 기본은 합니다. 하지만 사업 수완 혹은 돈 냄새를 맡는 동물적인 감각이 있으면 쪽지를 아주 많이 모읍니다. 물론 어느 시대든 이런 감각을 가진 사람은 제한적입니다. 그래서 이 세대들은 대체로 쪽지를 고만고만 모았습니다. 쪽지를 아주 많이 모은 큰 부자는 그렇게 많지 않습니다.

셋째는 운입니다. 자기가 주운 쪽지가 무슨 경품인지 모릅니다. 나뭇가지 위에서 떨어질 뻔하면서 힘들게 쪽지를 찾았는데, 겨우 연필 한 자루입니다. 가다가 우연히 쪽지를 주었는데, 그게 바로 운동화였습니다. 이런 거 보면 큰 부자는 하늘이 내린다고 했는데, 큰 쪽지도 하늘이 내리는 게 틀림없습니다. 보통 보물찾기는 점심 먹고 소풍이 끝나기 직전에 합니다. 한바탕 보물찾기를 끝내고 손에 경품 들고 룰루랄라 즐겁게 집으로

갑니다.

50~60대 베이비붐 세대는 열심히 보물을 찾았습니다. 그래서, 이제는 집에 보물이 좀 있습니다. 재산도 좀 모았고, 여유도 있습니다. 이런 사람들에게 물어봅니다. 인생에서 성공이 뭡니까? 그러니까, 100명 중에서 44명이 '돈을 많이 벌어서 풍요로운 삶을 사는 것'이라고 대답했습니다. 지극히 당연한 대답입니다. 자기가 살아온 방식에서 크게 못 벗어납니다.

베이비붐 세대가 유의해야 할 것이 하나 있습니다. 그것은 바로 내 자식은 생각이 조금 다르다는 겁니다. 그럴 수밖에 없는 것이, 자식 세대는 부모 세대와 완전히 다른 환경에서 살고 있습니다. 삶의 환경이 완전히 다릅니다. 그러니 성공에 대한 관점이 다른 게 정상 아니겠습니까?

## 청년이 생각하는 성공이란?

2019년 4월, 진학사에서 전국 17~34세 청년 452명을 대상으로, 청년이 생각하는 성공의 기준에 대하여 설문조사를 하였습니다.[18] 그랬더니, 절반 가까이가 '나만의 취향과 개인 활동'을 성공의 기준으로 잡았습니다. '남들과 다른 길을 걷는 도전적 삶'이 약 15% 정도였고, '행복한 결혼과 가정'은 약 13% 수준입니다. '풍족한 돈', '안정적인 직장', '명예와 사회적 지위' 등은 각각 10%를 넘지 못하며, 다 합해도 20%가 채 되지 않았습니다.

| | |
|---|---|
| 나만의 취향과 개인 활동 | 48.7% |
| 남들과 다른 길을 걷는 도전적 삶 | 14.7% |
| 행복한 결혼과 가정 | 13.1% |
| 풍족한 돈(경제력) | 9.9% |
| 안정적인 직장 | 4.5% |
| 명예와 사회적 지위 | 1.6% |
| 사랑과 연애(결혼 제외) | 1.6% |
| 기타 | 5.9% |

한국은 자본주의 역사가 짧고, 지금은 여러 세대가 섞여 있습니다. 지금 50~60대 이상은 어려서 경제적 빈곤을 느꼈던 세대이기 때문에, 돈이 좀 있어야 성공이라는 생각이 강합니다. 이 세대가 현재 우리나라를 정치적으로 경제적으로 쥐고 있으니까, 우리나라 정서를 주도하고 있다고 보면 됩니다. 그래서 우리 사회는 특히 다른 나라보다 돈을 더 강조하고 있습니다. 보물찾기에 성공했기 때문에 여전히 보물찾기가 전부라고 생각하고 있습니다.

지금 우리나라의 가장 큰 문제인 저출산도 이러한 돈 중심의 사회 문화적 구조에 기인합니다. 저출산 현상은 50~60대 이상의 기성세대가 만든 작품입니다. 그런데 이 문제를 또 돈으로 해결하려고 합니다. 그러니까 해결이 안 되는 겁니다. 돈보다 더 중요한 가치가 있다는 것이 사회적으로 확산이 되고 공감이 되어야 합니다. 그런 의미에서, 위에서 보여주는 청년들의 성공에 대한 인식은 매우 다행스럽다고 생각합니다. 결국, 대한민국의 미래는 청년에게 있다는 것을 느끼게 됩니다.

## 국가별 중산층 기준

　일반적으로 중산층은 그 시대와 사회를 안정적으로 살아가는 계층입니다. 그들의 생각이 그 사회에서 추구하는 성공에 대한 척도가 됩니다. 아래 표는 한국과 주요 선진국의 중산층 기준을 나타낸 표입니다. 물론, 이 기준이 전부를 나타내지도 않고, 맞는지 틀리는지는 정확하지 않습니다. 하지만 직관적으로 봐도 많이 틀린 내용은 아닌 것 같습니다.
　현재 우리 사회에서는 특히 기성세대 중심으로 많은 사람이 '돈을 많이 벌어 물질적으로 풍요로운 삶을 사는 것'을 성공의 기준으로 보니까 말입니다. 그런데 다른 선진국과 비교하면 달라도 너무 다릅니다.
　프랑스는 공분에 참여하고 약자를 돕는 것이 중산층의 역할이라고 했습니다. 중산층은 자기 혼자 잘 먹고 잘사는 것이 아니라, 이 사회가 정의롭도록 지키는 역할을 한다는 겁니다. 영국도 마찬가지입니다. 불의, 불평, 불법에 의연하게 대처할 수 있는 계층이 바로 중산층이라 했습니다. 미국 또한 마찬가지입니다. 이처럼 선진국의 중산층은 자신만 잘 사는 것이 아니라 사회가 잘되도록 일정한 역할을 하는 것을 중요하게 여긴다는 것을 알 수 있습니다. 같은 논리로, 자신뿐만 아니라 다른 사람을 도울 수 있을 때 성공으로 봅니다. 우리 사회 또한 지금의 물질적 가치 추구 일변도에서 점점 공생의 가치로 바뀌고 있어 그나마 긍정적으로 보입니다.

## 국가별 중산층 기준[19]

| 국가 | 중산층 기준 | 근거 |
|---|---|---|
| 한국 | 1. 부채 없는 아파트 30평 이상 소유<br>2. 월 급여 500만 원 이상<br>3. 자동차는 2,000cc급 이상 중형차 보유<br>4. 예금액 잔고 1억 원 이상 보유<br>5. 해외여행 1년에 1회 이상 다닐 것 | 직장인 대상 설문조사 |
| 프랑스 | 1. 외국어를 하나 정도는 할 수 있어야 할 것<br>2. 직접 즐기는 스포츠가 있어야 할 것<br>3. 다룰 줄 아는 악기가 있어야 할 것<br>4. 손님을 집에 초대했을 때 자신 있게 할 수 있는 요리가 있을 것<br>5. 공분에 의연히 참여할 것<br>6. 약자를 도우며 봉사활동을 꾸준히 할 것 | 퐁피두 대통령이 '삶의 질'에서 정한 중산층의 기준 |
| 영국 | 1. 페어플레이할 것<br>2. 자신의 주장과 신념을 가질 것<br>3. 독선적으로 행동하지 말 것<br>4. 약자를 두둔하고 강자에 대응할 것<br>5. 불의, 불평, 불법에 의연히 대처할 것 | 옥스포드 대학에서 제시한 중산층의 기준 |
| 미국 | 1. 자신의 주장에 떳떳할 것<br>2. 사회적인 약자를 도울 것<br>3. 부정과 불법에 저항할 것<br>4. 테이블 위에 정기적으로 받아보는 비평지가 놓여 있을 것 | 미국 공립학교에서 가르치는 중산층의 기준 |

## 성공적 삶이란?

성공적인 삶은 사람마다 다 다릅니다. 나만의 취향과 개인 활동이 성공적인 삶이 될 수도 있고, 약자를 돕고 봉사하는 삶 또한 성공적인 삶이 될 수 있습니다. 경제적 안정과 가족과의 행복 또한 성공적인 삶이 될 수도 있고, 높은 사회적 지위 또한 성공이라고 볼 수 있습니다. 따라서 자신의 가치관에 맞게 성공에 대한 개념을 스스로 정립해야 합니다. 자신이 설정한 목표를 이루어내는 것, 그것이 바로 성공입니다.

**성공이란**
**성공에 대한 개념을 자신의 가치관에 맞게 스스로**
**정립하고, 자신이 설정한 목표를 이루어내는 것!**

## 02 성공학 제1 법칙 : 생각대로 세상이 이루어진다

**성공학 제1의 법칙은 바로 생각대로 세상이 이루어진다는 사실을 믿는 것입니다.**

이것은 기독교나 불교 등 많은 종교에서 강조하고 있는 내용입니다. 오죽하면 성공학이라는 학문 분야도 있겠습니까? 새삼스럽지는 않습니다. 그런데 정말 그렇게 믿어지는가요? 생각대로 세상이 이루어진다고는 하는데, 실제로는 우리의 직관과도 맞지 않고, 살아오면서 경험적으로도 맞지 않습니다. 덥석 믿기가 망설여집니다. 만약 이게 맞는다면, 왜 나는 원하는 대학에 못 들어갔을까요? 왜 첫눈에 반한 그녀와 사귀지 못했을까요? 실상은 생각대로 이루어지는 것이 아니라, 생각과 다르게 이루어지는 것 같습니다.

과연, 세상은 생각대로 이루어지는 겁니까?

### 선원은 왜 얼어 죽었을까?

1950년대에 이런 일이 있었다고 합니다. 포르투갈의 리스본에서 포도주를 운반하는 화물선의 냉동 창고에서 얼어 죽은 한 선원을 발견하였습니다. 이 화물선은 전날 스코틀랜드에서 출발하여 아침에 포르투갈의 리스본에 도착하였습니다. 그런데 문제는 한 선원이 동료 선원이 여전히 냉동 창고 안에 있다는 사실을 잊어버리고 그 문을 잠가버린 것입니다.

냉동 창고에 갇혔다는 것을 알게 된 선원이 계속해서 문을 두드립니다. 하지만 아무도 오지 않습니다. 냉동 창고 안에는 어느 정도 식량이 있었지만, 냉동 상태에서 자신이 오래 버티지 못할 것을 알고 있었습니다. 시간이 흐르면서, 몸이 점점 얼어붙기 시작했습니다. 이 선원은 자신이 고통스럽게 죽어가는 과정을 생생하게 냉동 창고 벽에 적어두었습니다. 그렇게 이 선원은 몸이 꽁꽁 언 채로 얼어 죽었습니다.

다음 날 배가 리스본에 도착한 다음에야, 사람들은 냉동 창고 안에서 꽁꽁 얼어 죽은 선원을 발견하였습니다. 그런데 사람들은 놀라 기절할 뻔했습니다. 그 이유는 바로 냉동 창고 안의 온도가 상당히 높았기 때문입니다. 실내온도는 영상 19도였습니다. 거의 실온인 겁니다. 통상 포르투갈에서 스코틀랜드로 포도주를 실어 나를 때는 냉동 상태로 가지만, 돌아올 때는 포도주가 없기에 냉동 전원을 꺼버립니다. 심지어 창고의 공간도 널찍했습니다. 공기도, 음식도 충분했습니다. 그런데 이 선원은 온몸이 꽁꽁 얼어있었습니다. 누가 보더라도 극심한 추위에 얼어 죽은 사람의 모습이었습니다.

그렇다면 선원은 왜 얼어 죽었을까요?

몸에 있는 한기는 어디서 온 것일까요?

선원의 몸에 붙어 있는 얼음(?)은 선원의 생각에서 나왔다고 밖에 말할 수 없습니다. 이런 것을 보면, 생각이 물질을 바꾸고, 생각이 세상을 바꾸는 게 맞는 것 같습니다.

그럼, 다시 경험론으로 돌아가겠습니다. 왜 생각을 해도 이루어지지 않는 걸까요? 다시 로제 떡볶이 이야기를 해 보겠습니다. 오늘 점심은 로제 떡볶이를 먹겠다고 생각합니다. 그리고는 두 시간 후, 로제 떡볶이를 먹었습니다. 생각하니까 이루어집니다.

그러나 안되는 것도 있습니다. 예를 들면 오늘 저녁에는 공부해야지 생각합니다. 그런데 저녁에 놀았습니다. 공부를 안 한 겁니다. 생각한 대로 이루어지지 않았습니다. 이런 일은 왜 생겼을까요? 그것은 너무나 간단합니다. 하지 않았기 때문입니다. 아무리 생각을 해도 하지 않으면 이루어지지 않습니다. 생각만 해서는 생각대로 세상이 이루어지지 않습니다.

## 의심 없는 믿음

**생각대로 이루어지려면, 의심이 없는 믿음이 필요합니다. 의심하는 순간 날아갑니다.**

한 치의 의심도 없는 상태가 유지되어야 합니다. 그러면 됩니다. 한 치의 의심이 없는 상태가 가능합니까? 네, 가능은 한데, 매우 어렵습니다. 어려운 이유는 바로 이성의 작용 때문입니다. 자꾸 이성적으로 생각해 본다는 말입니다. 이걸 분별심이라고도 합니다.

'나는 천재다'라고 한 치의 의심도 없이 믿으면 나는 천재가 됩니다. 근데, 이성이 자꾸 딴지를 겁니다. '야! 네가 천재라는 게 말이 돼' 또는 '아무리 그래도 그렇지, 내가 천재라고 믿는다고 어떻게 천재가 되냐' 등의 생각이 조금이라도 드는 순간, 천재는 십 리 밖으로 날아갑니다. 천재가 안 됩니다. 그러면 또 이렇게 합리화합니다.
"봐! 안 맞잖아. 생각대로 안 된다니까."

앞의 선원은 한 치의 의심도 없었습니다. 여기는 냉동 창고이고, 자기는 얼어 죽는다는 생각에 대해서 말입니다.

가짜 약을 특효약이라고 주면, 그것을 먹으면 병이 나을까요? 실제로 병이 낫는답니다. 그러한 효과를 플라시보 효과라고 합니다. 우리 말로는 위약 효과라고 합니다. 가짜 약 효과라는 뜻입니다. 역사적으로 가장 대표적인 예가 원효 대사의 해골 물입니다.

## 원효가 깨달은 것은 무엇일까?

원효의 해골 물 일화는 너무나 유명해서 여기서 새삼 언급하기가 민망합니다만, 생각이 현실을 창조한다는 일체유심조 사상의 첫 사건이므로 여기서 언급을 안 할 수가 없습니다. 원효는 신라 시대의 촉망받는 승려였습니다. 그 당시 중국은 당나라였는데, 국교가 불교일 정도로 불교가 아주 성행하던 시기였습니다. 그래서 원효도 불교 공부를 더 하기 위하여 의상과 함께 당나라로 유학을 떠났습니다.

가는 도중 어느 날, 비가 오고 날이 어두워져 한 치 앞도 보이지 않던 차에, 마침 동굴이 있어서 거기서 두 사람은 잠을 청하였습니다. 자다가 목이 말라서 깨보니 주위에 바가지 안에 물이 있었습니다. 원효가 그 물을 벌컥 마셨는데, 물맛이 너무 달고 시원했습니다. 그렇게 푹 자고, 다음 날 아침이 되자 주위를 살필 수 있게 되었습니다.

주변을 보니 충격과 공포 그 자체였습니다. 동굴인 줄 알았는데 동굴이 아니라 무덤이 반쯤 파헤쳐진 것이고, 원효가 마셨던 물은 해골에 담겨있던 썩은 물이었습니다. 그 순간 원효는 구토하기 시작하였습니다. 정신없이 구토하다가 문득 깨달았습니다. 그는 유학을 포기하고 다시 신라로 돌아와서 그 이후 우리나라 최고의 고승 중의 한 명이 되었습니다.

원효가 깨달은 것은 무엇일까요?

## 일체유심조(一體唯心造)

원효가 깨달은 것은 바로 마음이 세상을 지어낸다는 것입니다. 이것을 일체유심조라고 합니다. 일체는 모든 것을 말하고, 이는 오직 마음이 만들었다는 겁니다. 다른 말로 하면, 삼라만상은 내 마음의 그림자, 이렇게도 표현합니다. 우리가 보는 이 세계는 내 마음이 만들어냈다는 뜻입니다.

그러면 질문 하나 해보겠습니다.

원효가 마신 물은 맑고 청정한 물입니까? 아니면 해골에 담긴 더럽고 썩은 물입니까?
① 맑고 청정한 물이었다
② 더럽고 썩은 물이었다

정답이 눈에 확 들어오십니까? 혹시나, 싶어서 3번도 만들어 봤습니다.
③ 본래는 더럽고 썩은 물이었지만, 원효가 맑고 청정한 물로 착각을 했기 때문에, 어쨌든 정답은 맑고 깨끗한 물이었다

위 질문의 정답은 1번입니다. 언뜻 보면 3번이 정답 같습니다. 그러나 3번은 정답이 아닙니다. 3번은 뉴턴 물리학적 사고의 산물일 뿐입니다. 정답은 1번으로, 원효가 마신 물은 처음부터 끝까지 맑고 청정한 물이었습니다. 그러니까, 처음부터 끝

까지입니다. 저는 이 사실을 그때 원효가 깨달았지 않았을까 싶습니다. 만약 원효가 이미 깨달은 분이었다면, 아마도 그다음 날 아침 그 자리에는 썩은 해골 물 대신에 깨끗한 바가지 물이 있었을 겁니다. 썩은 해골 물은 어디서 왔겠습니까? 썩은 해골 물은 뭐 하늘에서 뚝 떨어졌겠습니까?

이것 역시 원효의 마음이 부른 겁니다.

생각대로 세상이 이루어진다는 것은 '마음 편하게 먹으면 일이 잘 풀린다'라는 생활의 지혜 차원의 수준이 아닙니다. '비록 마음에는 안 들어도 좋게 생각하면 좋아진다'라는 도덕적 잠언 수준은 더더욱 아닙니다. 마찬가지로 일체유심조라는 말은 '세상만사가 내가 마음먹기에 달렸다'라는 수준이 아닙니다.

**일체유심조는 생각대로 실제로 물질적으로 나타나는 것입니다.**

예수님이 '빵이 나와라'라고 하면 빵이 나오고 '물고기 나와라'라고 하면 물고기가 나오는 수준을 말합니다.

저녁때가 되자 제자들이 예수께 와서 "여기는 외딴곳이고 시간도 이미 늦었습니다. 그러니 군중들을 헤쳐 제각기 음식을 사 먹도록 마을로 보내시는 것이 좋겠습니다"하고 말하였다. 그러나 예수께서는 "그들을 보낼 것 없이 너희가 먹을 것을 주어라"하고 이르셨다. 제자들이 "우리에게 지금 있는 것이라고는 빵 다섯 개와 물고기 두 마리뿐입니다"하고 말하자 예수께서는 "그것을 이리 가져오너라" 하시고는 군중을 풀 위에 앉게 하셨다. 그리고 빵 다섯 개와 물고기 두 마리를 손에 들고 하늘을 우러러 감사의 기도를 드리신 다음, 빵을 떼어 제자들에게 주셨다. 제자들은 그것을 사람들에게 나누어주었다. 사람들은 모두 배불리 먹었다. 그리고 남은 조각을 주워 모으니 열두 광주리에 가득 찼다. 먹은 사람은 여자와 어린이들 외에 남자만도 오천 명가량 되었다.

『성경』에 나오는 내용입니다. 갈릴리 호수 근처에서 오천 명이 넘는 사람들을 예수님이 빵 5개와 물고기 2마리로 다 먹였다는 이야기입니다. '초자연적인 일로써 가능한 일이다' 또는 '과학적으로 말도 안 된다' 등의 이야기가 있지만 저는 이 내용이 사실이라고 믿습니다.

일체유심조는 바로 생각이 물질을 창조하는 수준을 의미합니다. 그래서 온전히 믿는 것은 정말 중요합니다. 그런데 왜 잘 안될까요? 의심과 분별심이 나오는 순간, 오묘한 비밀의 거울은 깨어지고, 인과와 과학의 바퀴가 구르기 시작합니다. 그러면 빈 광주리에서 빵이나 물고기가 나오기가 만무합니다. 그래서 모든 종교에서는 온전한 믿음을 강조하고 또 강조합니다.

## 03 성공학 제2 법칙 : 콩 심은 데 콩 나고 팥 심은 데 팥 난다

성공학 제2 법칙은 바로 "콩 심은 데 콩 나고 팥 심은 데 팥 난다." 이겁니다. 그러면 사람들이 피식 웃습니다. 이거 누가 모르냐고. 성공학 법칙이라기엔 너무 시시하다고 합니다. 그렇습니다. 너무 당연한 말인데, 사람들은 잘 모릅니다. 자기가 얼마나 엉터리로 살고 있는지 말입니다.

**많은 사람은**
**콩을 심어놓고 팥을 기다리고,**
**팥을 심어놓고 콩을 기다립니다.**

공부는 하지 않고 성적 잘 나오기를 바랍니다. 일은 하지 않고 돈 벌기를 바랍니다. 마음공부는 하지 않고 마음 편하기만 바랍니다. 운동은 안 하고 건강하기를 바랍니다. 자기는 남에게 주는 것도 없으면서, 남이 자기한테 뭐 안주나 생각합니다. 자기는 별로 잘난 것도 없는데, 자기보다 훨씬 좋은 배우자를 만나기를 바랍니다. 나쁜 짓을 하고도 잘 살기를 바랍니다. 이런 겁니다. 성공의 공식은 너무 쉬운데, 그 공식대로 사는 사람은 적습니다.

그래서 생각이 중요합니다. 자기 생각대로, 자기 의지대로, 한 치의 오차도 없이 씨줄과 날줄로 내 인생의 천이 만들어지기 때문입니다.

참, 한가지 유의하셔야 할 것이 있습니다. 그것은 콩을 심어야 콩이 난다는 사실입니다. 다시 한번 강조하지만, 콩을 심겠다는 생각만으로는 콩이 나지 않습니다. 실천이나 행동이 없는 생각은 공허합니다. 매일 이불 안에서 '나는 서울대 갈 거야' 생각만 해봤자 서울대 못 갑니다. 책상에 앉아서 공부해야만 서울대 갑니다. 온전하게 믿으면 가능하지 않나요? 의심과 분별심을 완전히 버리면 서울대 가지 않나요? 틀린 말은 아니나, 행동이나 실천이 바로 온전한 믿음의 거름입니다. 이 차이점은 아셔야 합니다.

## 제임스 앨런 : 원인 결과의 법칙

콩이 나오려면 콩을 심어야 하고, 콩을 심으려면 콩을 심겠다는 생각을 해야 합니다. 생각만 해서는 콩이 나지 않지만, 생각은 콩이 나오는 첫 번째 조건입니다. 이와 같이 생각의 중요성을 설파한 철학자가 바로 제임스 앨런(James Allen)입니다. 대중에게 그렇게 널리 알려진 것은 아니지만, 제임스 앨런은 20세기 최고의 신비주의자로 뽑힙니다.

1864년, 제임스 앨런은 영국에서 태어나서 어릴 때 아버지를 따라 미국으로 갔습니다. 아버지는 사업에 실패해서 1878

년에 파산했습니다. 그의 나이 불과 14살 때입니다. 그다음 해 아버지가 죽자 어린 나이에 가족을 부양하기 위하여 일하였습니다. 그 후 결혼하고, 한때는 영국의 이름있는 대기업의 간부로 근무하였습니다. 38세 때, 그는 현재의 삶을 청산하였습니다. 그리고 새로운 영적인 삶을 시작하였습니다. 돈을 벌고 소비하는 데 모든 것을 바치는 경박한 행위가 의미 없는 삶이라는 것을 깨닫게 되었기 때문입니다.

그는 인생은 단순한 수학 계산 문제라고 했습니다. 예를 들면, 1 더하기 1은 얼마입니까? 2입니다. 마찬가지로, 콩을 심으면 무엇이 납니까? 바로 콩입니다. 인생이라는 것은 수학 문제를 풀 듯이 명쾌하다는 말입니다. 그럼, 인생의 수학적 원리가 무엇일까요? 그는 그것을 바로 '원인 결과의 법칙'이라고 하였습니다. 어떤 원인이 있으면, 반드시 그에 맞는 결과가 생긴다는 겁니다. 이것을 한 장의 천에 비유합니다. 한 장의 천은 씨줄과 날줄의 완벽한 조화로 만들어진다고 말입니다.

## 맥스웰 몰츠 : 사이코-사이버네틱스

맥스웰 몰츠(Maxwell Maltz)가 쓴 『성공의 법칙』은 1960년 출간된 이후 무려 3,000만 부 이상 팔린 성공학의 교과서입니다. 삼천 부도 아니고 무려 삼천만 부, 베스트셀러 중의 베스트셀러입니다. 이 책은 거의 모든 자기계발서의 원전이라고 평가받기도 합니다.

사이코-사이버네틱스(Psycho-Cybernetics)라는 단어는 몰츠가 창시했습니다. 이것은 정신적 자동유도장치라는 의미입니다. 인간의 뇌는 미사일의 자동유도장치와 같아서, 자신이 목표를 정해 주면 그 목표를 향해 자동으로 유도해 나간다는 개념입니다.

몰츠는 성형외과 의사로 수많은 환자의 상담과 수술을 하면서, 잠재의식에 깔린 잘못됐거나 검증되지 않은 믿음 때문에 인식이 왜곡되어 자기 자신을 부정적으로 보는 사람들이 많다는 사실을 발견했습니다. 그래서, 사람들에게 절실한 것은 외모의 교정이 아니라 부정적으로 왜곡된 내면의 자아 이미지를 바꾸는 마음의 성형 수술이라는 사실을 깨닫고 진정한 변화를 위한 성공 실천 프로그램을 창안하는 데 몰두하였습니다.

마음의 성형 수술을 하려면 상상력을 동원해야 합니다. 자신의 잠재의식에 실패가 아니라 성공을 입력해 줍니다. 늘 성공하는 상상을 해야 한다는 겁니다. 그러면 그에 맞추어 삶이 자동 유도된다고 주장합니다.

뇌는 현실과 상상을 구별하지 못한다고 합니다. 몰츠는 잠재의식도 마찬가지라고 주장합니다. 잠재의식은 다섯 살 아이라서 농담과 진담을 구별하지 못하며, 상상적 결과와 실제 결과를 구별하지 못한다고 합니다. 하나의 생각을 계속 주입하면, 실제로 잠재의식이 그대로 받아들이고 그대로 행동합니다. 그리하면 그런 세상이 만들어진다는 겁니다.

## 네빌 고다드 : 하나님이 주신 선물

생각이 세상을 창조한다는 사상은 지금은 그래도 많이 보편적이나 20세기 중반까지도 낯선 개념이었습니다. 일부 종교 분야에서는 꾸준히 강조해왔습니다만, 대체로 초자연적인 현상으로 여기면서 사람들은 크게 신경 쓰지 않았습니다. 보통 사람은 어림도 없고 도인이나 초인만 가능하다고 생각한 거죠. 그런데 이런 사상을 세상에 내놓은 사상가가 있습니다. 바로 네빌 고다드입니다.

우리의 의식이 현현되어 나온 것이 우리의 세상이기 때문에 우리 각자를 둘러싼 환경과 지금 처한 상황들 그리고 삶의 조건들은 개개인이 가지고 있는 특정한 의식의 상태들이 바깥으로 단지 그려져 나온 것뿐입니다. 우리가 세상을 바라보고 있는 의식상태에 따라 우리 자신의 모습을 보게 됩니다. 내부의 마음구조를 바꾸지 않고 외부세상을 바꾸려는 이는 헛된 노력을 하는 것입니다.[20]

그대의 의식이 의식 자체의 모습으로 바깥세상을 표현한다는 것을 이해했다면 그대 주위의 사람들도 그대의 의식으로부터 그려져 나온 것이란 것을 알게 될 것이다. 그때 그대가 원망하고 미워하던 사람들을 지금의 모습 그대로 용서하게 된다. 반드시 모든 것이 자신에 대한 관념 그대로 표현된 것뿐임을 이해하여야 한다.[21]

마음의 상태가 비추는 대로 외부세계가 만들어지고 있는 것이 삶이라면, 완벽함이 나타나기 위해서는 우리 자아를 변형시키는 길밖에 없습니다. 외부에서 도움을 구하지 마십시오. 우리가 눈을 들어서 우러러보고 있는 산도 나의 내부에 존재하는 것입니다. 그래서 모든 현상을 설명할 수 있는 유일한 실체이자 유일한 기초로서, 우리가 시선을 향해야 하는 곳은 우리 자신의 의식입니다. 자신 안에 가지고 있는 것만을 외부세계에 가져다주는 이 법칙의 정의에 완벽하게 기대야 합니다.22

1905년에 태어난 네빌 고다드는 1930년에 본격적으로 강연을 합니다. 그의 강의의 핵심은 상상이 현실을 창조한다는 겁니다. 바로 생각대로 세상이 이루어진다는 것입니다. 성공학은 『성경』에 뿌리를 두고, 네빌 고다드가 불을 지폈습니다. 고다드는 '자기의 생각대로 세상을 바꿀 수 있는 것'을 법칙(The law)이라고 말하고, 이것은 하나님이 주신 선물이라고 말했습니다. 삶의 강풍이 너무 세기 때문에 하나님이 이 치트키를 주신 거라고 말입니다.

"Power overwhelming" 또는 "Show me the money" 등의 치트키를 써서 이 인생이라는 게임에서 위안을 얻고 성공의 길로 가라고 말입니다. 수고하고 무거운 짐을 진 자들아, 다 내게로 오라. 내가 너희를 쉬게 해주리라. 어떻게 말입니까? 바로 이 치트키를 사용하거라. 생각이 곧 현실이 되니, 매 순간 너의 생각에 집중하거라. 이렇게 말입니다.

하지만, 네빌 고다드는 여기서 끝나지 않았습니다. 사람은 상상의 힘을 이용해서 자신의 환경을 바꿀 수 있지만, 이것은 영원하지 않다고 했습니다. 그래서, 설령 상상력을 이용해서 큰 부를 얻거나 유명해지거나 이런 일을 할 수는 있지만, 그것이 사람의 존재 목적은 아니라는 겁니다. 사람이 존재해야 하는 진정한 목적은 바로 약속(The Promise)을 성취하는 것이라고 말했습니다.

이 부분은 정말 전율이 도는 부분입니다. 그러니까, 인생의 목적은 돈 벌고 명예 얻고 잘 사는 이런 식의 성공에 있는 것이 아니라는 말입니다. 산다는 것은 너무 힘든 일이기에 우리가 잘 살려고 노력하고 실제 잘 사는 것은 매우 중요하지만, 인생은 그게 전부가 아니라는 말입니다. 저는 이게 바로 기독교에서 말하는 좁은 문이라고 생각합니다. 불교식으로 말하면, 윤회의 사슬을 끊은 것을 말합니다.

제임스 앨런이나 네빌 고다드는 깊은 울림이 있는 철학자입니다. 존경 안 하려야 존경 아니할 수 없는 영혼입니다.

## 04 성공학 제3 법칙 : 생각으로만 안 된다
### 최선을 다해라

### 기운 공책

세상을 살다 보면 운이 좋을 때도 있고, 운이 나쁠 때도 있습니다. 크게 보면, 대운(大運)이라고 해서 몇십 년 만에 운이 바뀌기도 하고, 세운(歲運)이라고 해서 한해 한해 운이 달라지기도 합니다. 운은 대체로 돌고 돕니다. 운이 좋을 때도 있고, 운이 나쁠 때도 있습니다.

그런데, 인생의 승부는 운이 좋을 때 결정되는 것이 아니라, 운이 나쁠 때 결정되는 경우가 많습니다. 운이 좋을 때 공격적으로 나가는 것도 중요하지만, 운이 나쁠 때 어떻게 지키느냐가 더 중요합니다. 왜냐하면, 운이 나쁠 때 뭔가를 해두지 않으면, 막상 운이 돌아와도 할 수 있는 게 별로 없기 때문입니다.

포커와 같은 카드 게임에서도 마찬가지입니다. 포커 게임에서 실력이 대등한 경우라면 패가 안 뜨면 좀처럼 이기기 어렵습니다. 그럴 경우는 자금 관리를 해야 합니다. 최대한 버티고 보수적으로 운영해야 합니다. 까닥하다가는 한 방에 다 날릴 수 있습니다. 그때 많이 잃지 않고 최대한 버텨야 운이 돌아와서 패가 뜨기 시작하면 다시 돈을 딸 수가 있습니다. 만약, 운이 안 좋을 때 무리했다가는 운이 돌아오기도 전에 홀라당 다 털립니다.

**뭔가를 대비하는 시기는 운이 안 좋을 때입니다.**

운이 안 좋다고 해서 술 마시고 허송세월 보내면 운이 좋아진들 할 게 별로 없습니다. 기껏 소주 마시다가 맥주 좀 마시게 되나요? 그래서 운이 안 좋을 때 해야 할 일이 바로 기운 공책입니다. 기운 공책은 기도, 운동, 공부, 책 읽기 이 네 글자의 줄임 말입니다.

### 기도

기도는 불안한 내 마음을 가라앉히고, 늘 자성과 반성하는 생활을 하도록 해줍니다. 마음의 위안도 얻게 해줍니다. 운이 안 좋을 때는 정신적인 스트레스도 심합니다. 정신적인 치유책으로 기도는 매우 좋은 방법입니다.

### 운동

운동도 운이 나쁠 때 반드시 해야 하는 일입니다. 운이 좋아서 사회적으로 왕성한 활동을 하게 되면 통상적으로 운동하는 시간을 줄입니다. 운이 좋지 않을 때는 오히려 시간적인 여유는 있습니다. 이때 꼭 운동해야 합니다. 몸이 건강해야 마음도 건강해집니다.

### 공부

공부는 자기계발입니다. 자기 자신을 업그레이드하는 겁니다. 자격증도 좋고 학위도 좋습니다. 그냥 관심 분야의 공부도 좋습니다. 어쨌든, 공부는 자기 자신을 업그레이드하는 소중한 무기입니다. 앞으로는 평생 공부해야 할 시대가 왔습니다. 나이 탓하면 자기만 손해입니다.

### 책 읽기

책 읽기는 왜 필요할까요? 운이 안 좋은 사람의 공통적인 특징이 있습니다. 그건 바로 남의 말을 잘 듣지 않습니다. 옆에 있는 친구가 조언해도 듣지 않습니다. 그냥 자기 생각대로 해 버립니다. 그리고는 후회합니다. 왜냐하면, 대부분 그 결과가 좋지 않기 때문입니다. 바른 판단력을 놓치지 않으려면 책을 많이 읽어야 합니다. 꼭 책이 아니더라도, 여러 매체를 활용해서 많이 배워야 합니다.

이렇게 운이 안 좋은 시기에는 인내력을 가지고, 꾸준한 자기 관리와 자기 자신을 업그레이드해놓아야 합니다. 그래야 운이 돌아오면, 그것을 발판 삼아서 다시 도약할 수 있습니다.

**성공하려면 언제든 최선을 다해야 합니다. 그러나 굳이 따지자면 운이 나쁠 때 노력을 더 해야 합니다.**

## 성공한 사람은 남들이 도와준다

사람을 만나다 보면 도와주고 싶은 사람이 있습니다. 특히, 젊은 사람일수록 더 그렇습니다. 젊은 사람이 인생을 진지하게 생각하면서 주어진 일을 열심히 하고 꿈과 희망으로 사는 모습을 보면, 쳐다보는 자체가 그냥 흐뭇하면서 뭔가 도와주고 싶은 마음이 듭니다.

반대로, 도와주고 싶은 생각이 안 드는 사람도 있습니다. 자기 일 제대로 안 하고, 게으르고, 꿈도 희망도 없고 닥치는 대로 삽니다. 어리석고 지혜도 없어 보이고, 의지마저 없는 채, 힘없이 늘어진 사람을 보면 도와주고 싶은 생각이 안 듭니다.

성공한 사람들은 혼자 되지는 않습니다. 항상 남들이 좀 도와줍니다. 남들이 자기를 도와주도록 바라는 것은 아니지만, 내가 열심히 살면 누군가가 나에게 힘이 되어 줄 수도 있습니다. 그런 조그만 계기가 큰 성공의 기틀이 되기도 합니다. 꿈을 크게 세우고, 항상 그 꿈이 이루어진다고 믿으며, 현재 자기가 하는 일에 최선을 다하게 되면, 그러한 노력은 우주를 삼천 번 돌아서 그러한 세계를 이루어냅니다.

## 05 성공을 부르는 주문

### 생생하게 상상하기

베트남 전쟁에 참전했던 한 미국 군인의 이야기입니다.[23] 미 해군 조종사 잭 샌드(Jack Sands) 대령은 베트남 전쟁에서 총상을 입고 포로수용소에 감금되었습니다. 그는 7년 동안 한 평 남짓한 감옥에서 지냈습니다. 다른 사람과 접촉이나 교류도 없이 독방 신세를 진 겁니다. 비록 포로 신세이기는 하나, 전쟁 중의 상황이라서 언제 죽을지 알 수 없습니다. 열대 정글의 질병으로 죽을 수도 있습니다. 누구와 이야기할 수도 없고, 그야말로 절망적인 상황이었습니다. 보통 사람 같았으면 견디지 못하고 절망감으로 죽을 수 있었습니다.

그러나 그는 좁은 감옥에서 새파란 하늘과 탁 트인 푸른 잔디의 골프장을 그렸습니다. 아주 생생하게 머릿속으로 완벽한 골프 코스를 그렸습니다. 그리고는 첫 홀부터 18홀까지 천천히 걸으면서 한 샷, 한 샷, 정성껏 공을 쳤습니다. 골프장의 경관과 바람결을 느끼면서, 골프채에 공이 맞는 짜릿함과 공이 날아갈 때의 모습을 상상하면서 즐겼습니다. 잔디를 밟는 촉감을 느끼면서, 좁은 갈대 길을 걸을 때는 손으로 갈대를 만지는 촉

감까지 느끼면서 그 기쁨을 만끽했습니다. 그렇게 그는 7년 동안 매일 골프를 쳤습니다. 하루에 4~5시간, 상상 속에서 18홀을 돌았습니다.

포로가 되기 전의 그의 실력은 평균 100타 정도의 평범한 골퍼였습니다. 그런데 놀랍게도 그가 석방되어 8년 만에 친 첫 라운드에서 74타를 기록하였습니다. 골프 연습은 고사하고 7년간 신체적인 활동도 거의 할 수 없는 감금 상태였는데, 상상 속 연습만으로 20타를 줄인 겁니다.

만약 그가 '골프를 잘 치게 해주십시오'라는 마음으로 골프를 쳤으면 그렇게 되었을까요? 아닐 겁니다. 그는 이미 상상 속에 완벽한 골퍼였습니다.

첫 홀에서 티샷을 준비합니다. '이 홀은 우측으로 굽은 홀이라서 페어웨이 좌측으로 보내야 해. 굳이 거리를 낼 필요가 없으니, 그립을 가볍게 쥐고 천천히 휘두르자.' 그렇게 스윙을 합니다. 공이 스윗 스팟에 정확하게 맞고, 그 공은 창공을 날아서 원했던 지점으로 정확하게 떨어집니다. 가상의 동반자가 브라보! 박수를 보냅니다. 자신도 웃으면서 화답하고 기분 좋게 페어웨이를 향해서 걷습니다. 골프화에 밟히는 잔디의 촉감을 느낍니다. 기분이 좋습니다. 이렇게 상상으로 라운딩을 합니다. 잘 치고, 잘 맞는 상상만 합니다. 그것도 아주 생생하게 말입니다.

## 나의 꿈 기록하기

자기의 성공한 모습을 생생하게 그리는 좋은 방법은 글로 옮기는 것입니다. 일기도 좋고, 기록장도 좋습니다. 블로그도 좋고 어디든, 뭐든 좋습니다. 요즘은 녹음만 하면 텍스트로 전환되는 앱도 있습니다. 자기의 생각과 꿈을 수시로 적습니다. 그리고 가끔 꺼내서 읽어봅니다. 처음에는 쓸 게 별로 없을 겁니다. 왜냐하면, 막연하게 성공을 꿈꾸었기 때문입니다. 나는 성공하고 싶다. 대략 이 정도입니다. 구체적으로 어떤 모습으로, 어떻게 성공을 해야 하는지는 잘 생각을 안 합니다. 만약 일기장에 적어 봤는데 몇 장을 적으니까 더 쓸 게 없다면, 그건 아직 내가 생생하게 꿈을 그리고 있지 못하다는 겁니다.

**현재의 내 모습은 과거에 내가 꾸었던 꿈이고,**
**미래의 내 모습은 지금 내가 꾸고 있는 꿈입니다.**

일기장에 지속으로 내 꿈을 쓴다는 것은 좋은 습관입니다. 왜냐하면, 지속으로 일기를 쓰는 그 자체가 바로 자기의 뇌를 속이는 과정이기 때문입니다. 일기를 쓴 것을 읽으면서 뇌가 또 속고, 뇌가 속는 그 과정을 반복하다 보면, 뇌는 어느 것이 진짜고 어느 가짜인지 구별을 못 합니다. 그래서 현실로 실현하게 됩니다.

### 셀프 토킹(Self-Talking)

셀프 토킹(Self-Talking)도 아주 좋습니다. 셀프 토킹이란 나의 꿈을 나에게 말하는 겁니다. 생각할 때마다 혼자 중얼거립니다.

나는 잘 될 거야.
나는 괜찮아.
내가 성공하는 것은 너무나 당연한 거야.
나는 열심히 살고 있잖아.
내 인생은 즐거워.

이와 같은 셀프 토킹도 아주 좋은 방법입니다.

불교에서는 이와 비슷하게 염불이라는 게 있습니다. 주문을 외우는 겁니다. 근데, 주문이라는 게 뭐 특별한 게 아닙니다. 그냥 자기가 하고 싶은 꿈을 말로 하는 겁니다. 계속 반복해서 말하는 겁니다. 『반야심경』으로 예를 한번 들어보겠습니다.

## 아제 아제 바라아제

『반야심경』은 한문으로 260자도 안 되는 짧은 경전이지만 대승불교의 깊은 진리를 함축했다는 경전입니다. 불교 의식에서 거의 모든 법회에서 독송하고 있습니다. 기독교로 치면, 「주기도문」 정도라고 할 수 있습니다. 일반적으로 잘 알려진 '색불이공 공불이색 색즉시공 공즉시색'이라는 말도 이 경전에서 나옵니다.

이 경전은 한 마디로 어떤 주문을 소개하는 경전입니다. 그 주문의 이름은 '반야바라밀다'입니다. 이 주문이 얼마나 위대한 주문인고 하면, 과거, 현재, 미래의 모든 부처님이 모두 이 주문에 의지해서 최상의 깨달음을 얻었다고 합니다. 이 주문은 우주에서 가장 신비한 주문이고, 가장 밝은 주문이고, 무엇과도 견줄 수 없는 주문이라고 합니다. 이 주문만 외면 온갖 괴로움이 없어지고 진실하게 되어 다시는 허망함에 빠지지 않는다고 합니다.

저는 처음에 깜짝 놀랐습니다. 도대체 이런 주문이 어디에 있다는 말인가? 손오공이 '수리수리 마수리'라고 주문을 외면 72가지 둔갑술로 무엇이든지 변신할 수 있다고 하던데, 이 주문은 그것과는 비교도 할 수 없는 강력한 주문이겠구나. 엄청 떨리는 마음으로, 그 주문을 보았습니다. 그 주문은 다음과 같았습니다.

아제아제 바라아제 바라승아제 모지 사바하

이걸 우리말로 번역하면 대략 이렇습니다.

간다. 간다. 저 피안의 세계로 간다.
저 깨달음의 세계로 간다.

저는 그때만 해도, 주문이라는 것은 스승에서 제자로, 비밀리에 전수되는 뭐 그런 줄 알았습니다. 주문만 외면 황소가 파리로 바뀌고, 입에서 불이 나오고, 도사가 되고 뭐 그런 줄로 알았습니다. 주문만 외면 모든 것이 다 이루어지는, 그야말로 마법의 치트키인 줄 알았습니다.

근데, 주문의 뜻이 너무 황당했습니다. 그냥 하고 싶은 것을 말로 내뱉은 겁니다. 예를 들면, 엄마가 되고 싶으면, '나는 엄마다. 나는 엄마다. 나는 아이에게 자상한 엄마다.' 이러는 겁니다. 만약 내가 대통령이 되고 싶으면, '나는 대통령이다. 나는 대통령이다. 나는 위대한 대통령이다.' 이러하단 말입니다. 그런데 경전에는 이러한 주문으로 모든 부처님께서 법을 이루었고, 온갖 괴로움이 다 없어진다고 했습니다. 이거, 사기 아닌가? 솔직히 처음에는 그랬습니다.

그 당시는 정말 황당했는데, 지금은 이게 주문의 진정한 모습이라는 것을 믿게 되었습니다. 이러한 주문은 지금까지 앞에서 이야기했던 것과 정확하게 일맥상통합니다. 주문은 생생하게, 반복적으로 자기의 꿈을 셀프 토킹하는 겁니다. 그게 주문입니다. 여러분도 자기의 주문을 하나 만들어 두십시오. 이런 건 어떻습니까?

아무 문제 없습니다!
No problem!
메이꽌시(没关系)!

*Summary of Chapter*

## V 성공

성공적인 삶은 사람마다 다 다릅니다.
자신의 가치관에 맞게 성공에 대한 개념을
스스로 정립하고, 자신이 설정한 목표를
이루어내는 것, 그것이 바로 성공입니다.

생각대로 세상이 이루어집니다.
생각대로 이루어지려면, 의심이 없는 믿음이 필요합니다.
의심하는 순간 날아갑니다.
콩 심은 데 콩 나고 팥 심은 데 팥 납니다.
생각만으로는 안 됩니다. 최선을 다해야 합니다.

주문의 진정한 모습은
자기가 이루고 싶은 소원을
지속적으로 말로 외는 것입니다.
주문은 생생하게, 반복적으로 자기의 꿈을
셀프 토킹하는 겁니다.

여러분의 인생 주문은 무엇입니까?

# 미디어와 편견

## 우리는 왜 진실을 못 볼까?

01  세상에 관심 가지기
02  세상을 바르게 이해하기 : 미디어 리터러시
03  진실을 왜곡시키는 편견

## 01 세상에 관심 가지기

 이번 강의의 주제는 미디어와 편견입니다. 미디어는 세상을 보는 창이라 할 수 있습니다. 하지만 우리는 미디어를 제대로 보지 않고 많은 편견을 가지고 봅니다. 그래서 이번 시간에는 세상에 관심을 가져야 하는 이유와 세상을 바르게 이해하기, 미디어 리터러시, 진실을 왜곡시키는 편견에 대해 하나하나 살펴보겠습니다.

 현재 우리나라는 저출산과 고령화의 몸살을 앓고 있습니다. 저출산 문제는 심각합니다. 2022년 한국의 합계출산율은 0.78을 기록했습니다. 경제협력개발기구(OECD) 38개 회원국 가운데 1명도 안 되는 유일한 나라이고, OECD 평균의 절반에도 못 미치는 수준입니다. 고령화 속도도 엄청나게 빨리 진행되고 있으며, 이러한 결과로 인구 감소가 시작되면서 그 후유증이 곳곳에 나타나고 있습니다.
 정치적으로도 정치적 이념 갈등이 심해서 바람 잘 날이 없습니다. 경제적으로는 불안합니다. 물가가 올라가고 금리도 올릴 수밖에 없습니다. 부동산 가격은 내리고 금리가 오르니, 가계 부채가 도마 위에 올랐습니다. 일본과 같은 장기 침체를 걱정해야만 합니다. 세대 간 갈등도 여전하고, 젠더나 다문화 이슈 등이 여전히 해결해야 하는 과제입니다. 국제적으로는 러시아-우크라이나 전쟁이 장기화되고 있습니다. 지구 온난화와 환경오염으로 몸살을 앓고 있습니다.

생각만 해도 골치가 아픕니다.

그럼에도 우리는 이러한 사회 현상에 관심을 가지고 살아야 합니다. 왜 그럴까요?

## 개인과 사회의 관계

사회나 국가는 늘 개인에게 이익이 되는 방향으로 의사결정을 할까요? 개인의 합이 사회 또는 국가이니까, 사회나 국가는 당연히 개인에게 유리한 쪽으로 의사결정을 해야 합니다. 그런데 문제는 항상 그렇지는 않다는 것입니다. 때로는 개인의 이익에 반하는 결정도 합니다. 사회나 국가의 의사결정이 정당하다면 개인이 받아들일 수가 있으나, 정당하지 못하다면 개인은 이의 제기를 해야 합니다.

부당한 국가권력에 의하여 개인의 자유와 이익이 침해되는 사례는 역사상 많이 찾아볼 수 있습니다. 전체주의(totalitarianism)는 개인보다는 집단에 더 큰 비중을 두며, 개인에게 선택의 자유가 허용되지 않는다는 정치체제를 말합니다. 전체주의는 개인의 모든 활동은 오로지 전체, 즉 민족이나 국가의 존립과 발전을 위하여 존재한다는 이념 아래 개인의 자유를 억압합니다. 이탈리아의 파시즘 정치체제나 독일의 나치즘 정치체제가 대표적인 예입니다. 개인이 아무리 행복과 안녕을 추구하고 싶어도, 이러한 체제가 되면 그걸 보장받을 수가 없습니다.

그래서 개인은 우리 사회나 국가가 바람직한 방향으로 가는지 아니면 바람직하지 못한 방향으로 가는지 늘 확인해야 합니다.

**사회에서 일어나는 여러 가지 사건에 관해서 관심을 가지고 살아야 합니다. 그것이 결국 바로 나를 지키는 일이고, 나에게 이익이 되기 때문입니다.**

### 유발 하라리의 경고

2020년 3월 코로나 바이러스가 전 세계를 강타할 즈음에, 『사피엔스』의 저자로 유명한 유발 하라리(Yuval Harari)는 『파이낸셜 타임즈』에 「코로나 바이러스 이후의 세계(the world after coronavirus)」라는 기고문을 냈습니다. 여기서 하라리는 향후 몇 년 내에 인류는 중대한 선택을 해야만 하는 갈래 길에 서 있다고 했습니다. 그것은 바로 전체주의 감시냐 아니면 시민의식 강화냐입니다.

기술의 비약적인 발달로 현대 사회는 어느 시대보다 뛰어난 감시 체제를 구축할 수 있습니다. 코로나와 같은 비상사태가 이러한 감시 체제를 가속화 할 명분이 될 수 있습니다. 시민들을 감시와 통제로서 관리하는 것입니다. 전체주의적 감시는 위기 상황을 극복하는 데는 도움이 될지 몰라도, 결국 인권이 통제되고 시민권이 침해받는 사회를 만들 수 있습니다.

물론 인류는 시민의식으로 이러한 위기를 헤쳐 나갈 수도 있습니다. 하라리는 비누 경찰(The soap police)을 예로 듭니다. 시민들이 자발적으로 비누로 손을 씻으면서 코로나를 물리칠 수 있다고 말합니다. 과연 인류가 어디로 갈 것인지는 향후 몇 년이 매우 중요하다고 하라리는 말했습니다.

2020년 4월, 문화체육관광부에서는 코로나와 관련해서 일반 국민을 대상으로 인식조사를 하였습니다.[24] 그 당시 코로나 확진 판정을 받게 되면 집에서 스스로 격리를 해야 하는데, 가끔 확진자 중의 일부 사람은 마트 등에 다니면서 자가격리를 하지 않아서 사회적으로 큰 문제가 되었습니다. 그래서 정부는 코로나 자가격리 대상자에게 손목밴드를 착용하는 것에 대하여 찬반을 국민에게 물어보았습니다. 놀랍게도 찬성 비율이 80%였습니다. 국민 5명 중에서 4명은 찬성한다는 겁니다.

이것은 대단히 큰 문제라 볼 수 있습니다. 확진 판정을 받은 사람 중에서 자가격리를 어긴 사람은 극히 일부분입니다. 대부분은 자가격리지침에 따라서 자가격리를 하고 있었습니다. 그런데 코로나 자가격리 대상자 모두에게 손목밴드를 착용하도록 한다? 그것에 찬성하는 사람이 80%가 넘는다? 무섭게 느껴지는 지점입니다.

그 사람들이 잘하고 있는지 아닌지 어떻게 아냐, 통제하고 감시해야지, 이렇게 생각하는 것이 바로 전체주의의 시작입니다.

한스 로슬링이 쓴 『팩트풀니스』라는 책에서는 이런 반응의 원인을 공포본능에서 찾습니다. 공포에 휩싸이면 이성적 판단이 마비된다는 것입니다. 이처럼 어떤 위기 상황이 되면 이성적인 판단을 하기가 어렵습니다. 그러는 사이, 어, 어 하다 보면 어느새 전체주의 국가가 탄생할 수도 있습니다. 오늘날 민주사회에서도 얼마든지 전체주의 국가나 독재자가 나올 수 있습니다.

### 침묵의 대가

독일의 목사인 마르틴 니묄러는 아래와 같은 시를 남겼습니다.

처음 그들이 왔을 때(First They Came)

나치가 공산주의자들을 덮쳤을 때
나는 침묵했다
나는 공산주의자가 아니었다.
그다음 그들이 사회민주당원을 가두었을 때
나는 침묵했다
나는 사회민주당원이 아니었다.

그다음 그들이 노동조합원을 덮쳤을 때
나는 아무 말도 하지 않았다
나는 노동조합원이 아니었다.
그다음에 그들이 유대인에게 왔을 때
나는 아무 말도 하지 않았다
나는 유대인이 아니었다.
그들이 나에게 닥쳤을 때는,
나를 위해 말해 줄 이들이,
아무도 남아 있지 않았다.

결국은 침묵했다는 말입니다. 시민들이 침묵하고 방조하니까 독재가 생겼다는 겁니다. 이런 시민들의 침묵을 전문적인 용어로 정치적 무관심이라고 부릅니다.

정치적 무관심이란 현대 민주정치에서 주권자인 국민이 정치 참여에 부정적이고 무관심한 것을 말합니다. 옛날에는 정치에 참여하고 싶어도 못했습니다. 정치 권력이 소수의 집권자에게 있기에 시민의 정치적 참여는 원천적으로 불가능했습니다. 하지만 오늘날은 민주정치 발전과정에서 선거권이 확대되어 모든 국민이 정치 참여를 할 수 있습니다. 이렇게 정치 참여가 가능한데, 정작 정치에 무관심해서 정치를 외면합니다. 왜 그럴까요?

먼저 정치권에서 보여주는 모습이 마음에 안 들기 때문입니다. 국가 현안이나 여러 가지 난제에 대하여 여야가 힘을 합쳐서 대응해도 모자랄 판에 맨날 싸우는 모습을 보면 염증을 느낍니다. 도덕성이나 전문성이 떨어지는 정치인을 보면 한심하다 못해서 깊은 한숨이 나옵니다.

또, 정치를 이해하기가 너무 어렵다는 것도 정치적 무관심의 한 이유입니다. 현대 정치 과정의 거대화와 전문화 현상으로, 정당이 제시하는 정책을 이해하기가 어렵습니다. 예를 들어서 건강보험 제도를 개편하겠다고 하면, 뭘 알아야 의견을 내고 그에 맞는 정치인을 지지할 것인데 너무 복잡하고 난해합니다. 이러한 것들이 정치를 무관심하게 만듭니다.

마지막으로, 현대인은 고단합니다. 삶에 스트레스가 많습니다. 고단하기에 집에서는 휴식이 필요합니다. 정치에 신경 쓸 여유가 없습니다.

이런저런 이유로 국민이 정치에 무관심하게 되면 그 피해는 고스란히 국민이 보게 됩니다. 부도덕하거나 무능한 정치인이 양산되어 정치권의 부정부패가 더 심해지고, 결국 민주주의는 더 후퇴하게 됩니다. 민주주의가 후퇴하면 바로 우리의 삶이 피폐화되고 통제됩니다.

결론은 간단합니다. 우리 사회가 발전하고 우리의 민주주의가 존속하려면 정치와 사회에 관심을 가져야 한다는 말입니다. 누가 말입니까? 바로 나입니다. 바로 내가 정치에 관심을 가져야 합니다. 나 하나쯤이야, 이런 생각이 가장 위험합니다.

**정치를 외면한 가장 큰 대가는
가장 저질스러운 인간들에게 지배당한다는 것이다**

플라톤이 한 말이라고 합니다. 플라톤이 정확하게 이렇게 말한 것은 아닌데, 후세 사람들이 조금 각색했다고도 합니다. 어쨌든, 정치를 외면하면 안 된다는 점에서는 옛날이나 지금이나 매일반입니다. 그래서 정치나 우리 사회의 일들을 외면하지 말고 관심을 가져야 하며, 나아가서 시민의식을 가진 건전한 민주 시민이 되어야 합니다.

## 독일인의 시민의식

시민의식을 가진 민주시민은 어떤 사람일까요? 독일에서 겪었던 제 지인의 사례를 한번 보겠습니다.

2020년 3월, 코로나가 전 세계를 강타할 그즈음의 일입니다. 그때 제 지인의 딸이 독일에 있을 때인데, 이런 경험을 했다고 합니다. 독일인의 시민의식을 엿볼 수 있는 좋은 사례라고 생각해서 소개해 봅니다.

오늘 열흘 만에 잠깐 장을 보러 나갔어. 슈퍼에 가서 계산하려고 줄을 섰는데 지금 슈퍼마켓에서도 1미터씩 띄워서 줄 서서 기다리는 게 규칙이거든. 그래서 멀찍이 줄에 서서 기다리는데 갑자기 줄에 있던 한 50대 남자가 나보고 웅얼웅얼 뭐라고 하는 거야.

"뭐라고요?" 하고 들어보니까 나보고 "코로나" 이러는 거야. 그래서 이 사람이 뭘 오해했나 싶어서, "아, 네! 지금 코로나 때문에 거리 두고 줄 서 있는 중이에요." 이렇게 대답했더니 돌아온 말, "너 중국인이지, 코로나는 중국인 때문이다."

너무나 어이가 없어서 큰소리로 "지금 뭐라고요??" 이랬더니 이 사람이 실실~~ 웃으면서 "아냐? 아, 아닌가?" 넌 태국인인가? 흐흐흐." 이러는 거야. 그 순간 너무 화가 나서 엄청 큰 소리로 "야! 이거 인종차별이거든!"이라고 버럭 외치고, "넌 그럼 어디서 왔는데? 인종 차별자!"라고 소리 질렀지.

뒤에서 줄 서서 기다리고 있던 여자 한 분이 그 남자를 보고, "당신 지금 인종 차별적인 말한 것 맞다"라고 따지며 내 편을 들어주었고, 그러는 사이 내 차례가 되어 계산대에 물건 올려놓고 계산하는데 소란을 알아차린 점장이 와서 나한테 저 남자가 대체 무슨 말을 했느냐고 묻더라고. 그래서 내가 "저 남자가 코로나 바이러스는 중국 잘못이라고 했다. 난 심지어 중국인도 아니다. 난 한국인이다." 이렇게 말했지.

그랬더니 점장 얼굴이 새파래지더니 당장 안전요원을 부르고 그 남자를 슈퍼마켓에서 쫓아냈어. 점장은 겉보기에 20대로 보이는 젊은 여자분이었는데 정말 칼같이 차분하고 강하게 대응하더라.

바로 "시큐리티!"하더니 그 남자한테 가서 "우리 슈퍼마켓에 당신 같은 사람은 있을 자격이 없다. 당장 나가줬으면 한다. 코로나 사태는 이 손님과 아무런 상관이 없는 일이다. 당신이 한 말의 증인과 목격자도 있으니 당장 나가라"하고 안전요원을 시켜서 끌어내더라. 근데 그 남자는 끝까지 상황을 이해 못 하고 "아니? 왜? 뭐가? 왜?" 이러면서 어리둥절한 표정을 지으면서 결국은 끌려 나갔어.

산 물건을 가방에 다 주워 담고 나오려는데 계산대에 있던 여직원이 고개를 절레절레 흔들더니 나한테 좋게 웃으면서 "그래도 좋은 하루 보내세요. 죄송해요." 이러더라. 난 "감사합니다"라고 말하고 나오는데, 안전요원도 고개를 절레절레 흔들면서 "죄송해요. 너무 깊게 생각하지 말고 좋은 하루 보내세요." 이렇게 말해주더라. 그래서 기분 좋게 집에 왔지.

독일은 지금 사재기도 없고 슈퍼마켓도 말짱해. 기본으로 시민의식이 깨어있고, 사람들이 좀 침착하고 패닉은 없어. 그리고 인종차별에 대해서 이렇게 예민하고.

무관심하면 안 됩니다. 그러기 위해서는 세상을 바르게 이해해야 합니다. 세상을 바르게 바라보는 힘이 필요합니다.

## 02 세상을 바르게 이해하기
## : 미디어 리터러시

그럼 세상을 어떻게 이해해야 할까요? 세상을 바르게 이해하는 방법은 무엇이 있을까요? 세상을 바르게 이해하고 싶어도, 그것을 방해하는 요인이 두 가지 있습니다. 첫 번째는 나의 외부에 있습니다. 그것은 바로 미디어입니다. 두 번째는 나의 내부, 즉 내 안에 있습니다. 그것은 바로 편견입니다.

### 바른 이해를 막는 방해 요인

미디어(media)는 정보를 전송하는 매체라는 뜻입니다. 우편, 전보, 신문, TV, 전자우편, 케이블방송뿐만 아니라, 유튜브, 페이스북, 트위터 등과 같은 SNS도 모두 포함됩니다. 미디어는 세상을 바라보는 창이라 할 수 있습니다. 좀 더 정확히 말하면 미디어는 세상을 바라보는 거의 유일한 창입니다. 미디어는 우리한테 뭔가를 전달해주기 위해서 존재하고, 우리는 미디어를 통하여 세계를 인식하고 이해합니다.

어떤 사건이 하나 생겼다고 합시다. 그 사건의 진실은 A입니다. A가 진실입니다. 그런데 우리는 미디어를 통하지 않고는 그 사건을 알 수가 없습니다. 직접 경험한 사건이 아니라면 우리는 어떤 사건에 대해 미디어를 통해서만 알게 됩니다.

미디어에는 정치적 속성이 있습니다. 이것을 '미디어의 정치성'이라고 하는데, 바로 자기의 필요에 따라, 자기 입맛으로 각색해서 보여주는 것을 의미합니다. 이렇게 자기 입맛대로 각색해서 보여주는 것을 '프레이밍 효과'라고 합니다. 미디어는 사건의 진실인 A를 그대로 보여주지 않고, 자기가 각색한 B나 C를 보여줍니다. 그래서 우리는 A를 보지 못하고, B 또는 C밖에 볼 수 없게 됩니다.

**미디어 리터러시는 A를 볼 수 있는 능력을 말합니다. 비록 우리 눈에는 B나 C로 보이지만, 그 이면의 진실인 A를 볼 수 있는 능력을 말합니다.**

그런데 문제가 하나 더 있습니다. 비록 사건의 진실인 A를 접했다고 하더라도 우리 내부에 있는 어떤 편견 때문에 진실을 제대로 보지 못하는 경우가 많습니다. 그 편견은 본능에서 옵니다. 한스 로슬링은 『팩트풀니스』에서 이러한 본능을 10가지로 나누어서 설명하고 있습니다. 이러한 편견이 굳어지면 확증편향이 됩니다.

이것을 그림으로 표현하면 다음과 같습니다.

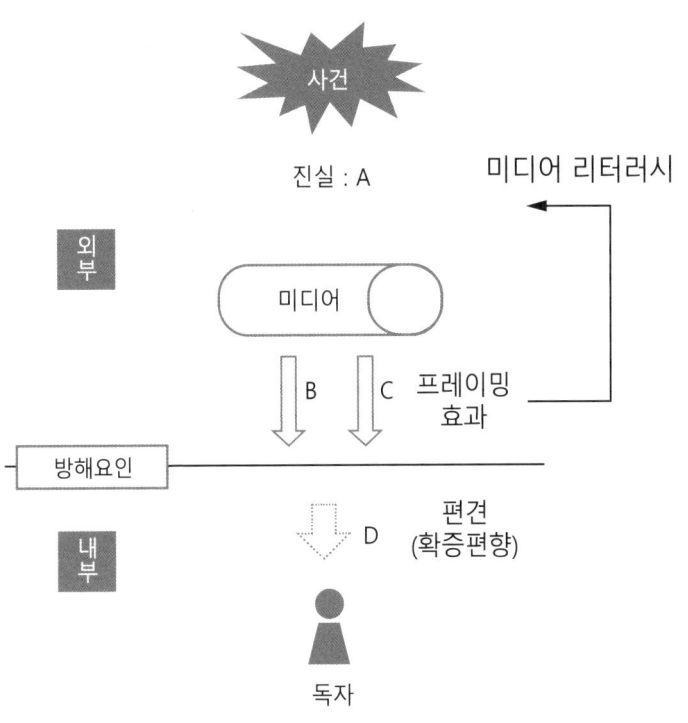

**미디어와 편견**

 세상을 바르게 이해하기 위해서는 내 몸 바깥과 내 몸 안에 존재하는 이러한 방해 요인을 알고 휘둘리지 않도록 노력해야 합니다. 하나씩 보도록 하겠습니다.

## 미디어의 정치성

"넌 참 정치적이야." 우리가 흔히 하는 말입니다. 근데, 이건 무슨 뜻이죠? 정치적이라는 것은 어떤 뜻인가요? 그것은 바로 목적성이 있다는 말입니다. 어떤 목적을 위하여 행동한다는 말입니다. 어떤 목적을 위하여 행동하는 경향이 심하게 나타나면 우리는 정치적이라고 말을 합니다. 이와 마찬가지로 미디어의 정치성이란 바로 미디어가 어떤 목적을 위하여 행동한다는 의미입니다.

2009년 1월에 용산4구역 철거현장에서 화재가 발생하였습니다. 그때 철거민과 전국철거민연합 회원들이 재개발 보상문제와 관련하여 해당 건물에서 농성 중이었고, 경찰의 진압에 철거민들이 화염병과 새총형 투석기 등 각종 무기로 저항하는 과정에서 화재가 발생한 것입니다. 총 7명이 사망하고 24명이 부상한 대참사였습니다.

문제는 이 사건에 대한 언론의 보도 태도였습니다. 어떤 언론은 '불법 과격 시위에 대한 공권력의 적법한 대응이며 화재의 책임은 철거민 쪽에 있다'라고 보도했고 어떤 언론은 '경찰의 과잉 진압이 화재의 책임'이라고 보도했습니다. 똑같은 사건에 대해서 언론은 서로 다르게 보도한 겁니다.

이게 바로 미디어의 정치성입니다. 언론은 과연 진실을 보도하는 걸까요? 적어도 공신력 있는 언론기관이라면 최소한 가짜

뉴스는 만들어내지 않습니다. 그렇다고 이런 언론들이 진실을 보도한다고 말하기도 어렵습니다. 어떤 사건의 진실은 하나만 있는 것은 아닙니다. 여러 개의 진실 중에서 일부만 보도할 뿐입니다. 왜냐하면, 그것만 믿도록 하기 위해서입니다.

**언론은 거짓을 보도하지도, 그렇다고 진실을 보도하지도 않습니다. 언론은 중립적이지 않습니다. 정치적일 수밖에 없습니다.**

언론은 어떤 사건에 대하여 자신의 정치성에 맞게, 어떤 관점에서 어떤 내용을 부각할지를 결정합니다. 이것을 프레이밍 효과라고 부릅니다.

## 프레이밍 효과

프레이밍 효과란 어떤 이슈나 쟁점을 보도할 때 특정한 측면을 더 두드러지게 강조하고 정교화하는 반면, 다른 측면은 배제하거나 단순화함으로써 특정 이야기 구조로 만들어내는 것을 말합니다.

프레임(frame)은 틀, 액자를 말합니다. 어떤 도시가 있다고 칩시다. 그 도시에는 부자들이 사는 고급스러운 고층 아파트가 즐비하고, 또 한편은 빈민들이 사는 허름한 주택가도 있습니다. 다른 나라 기자가 와서 이 도시를 취재한다고 칠 때, 고급스러운 고층 아파트만 찍어서 그걸 자기 나라에 소개할 수도 있고, 허름한 빈민가 주택가를 찍어서 그걸 자기 나라에 소개할 수도 있습니다. 어느 곳을 찍느냐에 따라서 도시에 대한 시청자의 생각은 달라질 수 있습니다. 아, 이 도시는 잘 사는구나 또는 이 도시는 못 사는구나, 이렇게 말입니다.

어느 것을 선택하느냐, 그 선택에는 의도가 있습니다. 예를 들어서, 그 도시에 대하여 우호적인 감정을 가진 기자라면 잘 사는 쪽을 홍보할 것이고, 적대적인 감정을 가졌다면 못 사는 쪽으로 홍보를 할 겁니다. 그 목적과 의도는 여러 가지입니다. 어쨌든, 여러 가지 중에서 내가 부각하고 싶은 것만 부각하는 것, 그것을 프레이밍 효과라고 합니다.

이러한 프레이밍 효과를 알아보기 위하여 미국의 행동경제학자이자 심리학자인 트버스키(Amos Tversky)와 카너먼(Daniel Kahneman)은 어떤 실험을 하였습니다.[25] 이 실험에서 미국은 600명의 사망자가 예상되는 새로운 질병에 대비하고 있다는 상황을 가정하였습니다. 그리고 첫 번째 집단에게 두 가지 방법을 제시하고 어느 것을 선택할지 물어보았습니다.

A 방법 : 600명 중에서 200명을 구할 수 있다
B 방법 : 600명이 모두 생존할 가능성은 1/3이고,
  한 명도 생존 못 할 가능성은 2/3이다

조사 결과, 무려 72%가 A 방법을 선택하였습니다. 그런데, 사실 A와 B는 같은 방법입니다. 말만 다르게 표현했을 뿐입니다. 50:50이 나와야 하는데, 어떻게 표현하느냐에 따라서 이렇

게 달라진다는 겁니다.

또 다른 집단에게는 또 다른 두 가지 방법을 제시하고 어느 것을 선택할지 물어보았습니다.

C 방법 : 600명 중에서 400명이 죽게 될 것이다
D 방법 : 아무도 죽지 않을 가능성은 1/3이고
　　　　모두 사망할 가능성은 2/3이다

조사 결과, 무려 78%가 D 방법을 선택하였습니다. 사실 A, B, C, D는 모두 같은 방법입니다. 표현만 다르게 했을 뿐입니다. 같은 방법이니까 결과가 같게 나와야 하는데, 이처럼 표현을 어떻게 하느냐, 또는 대안을 어떻게 제시하느냐에 따라서 결과가 달라집니다. 사람들은 다르게 반응하는 것입니다.

### 통찰 : 본질을 바라보는 힘

아래 그림은 피카소(Picasso)의 「소의 연작」이라는 작품입니다. 인문학자 박웅현의 『여덟 단어』라는 책에 나오는 내용입니다. 최고 위쪽에 있는 그림은 실제 소의 모습입니다. 이러한 완전한 소의 모습에서 불필요한 것을 지워나가기 시작합니다. 최고 아래 그림은 불필요한 것은 다 지우고, 더 지우면 소의 모습이 사라지기 때문에 소의 최소한의 모습을 그린 것입니다. 이게 본질입니다.

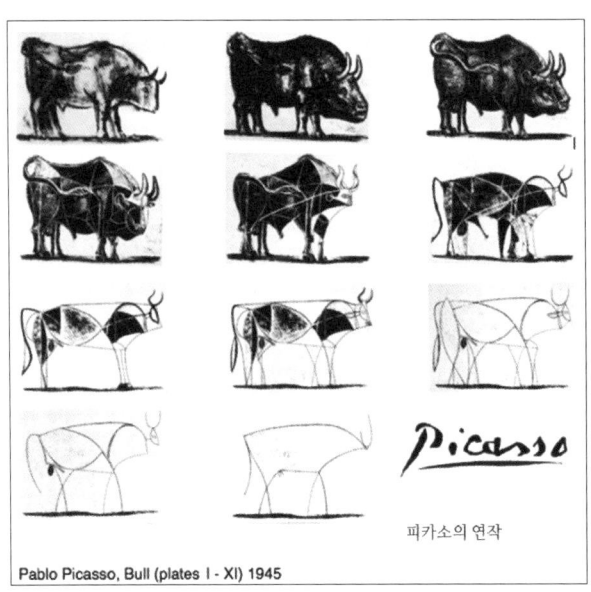

피카소의 연작

Pablo Picasso, Bull (plates I - XI) 1945

소라는 동물이 복잡해 보이고 그림이 어렵게 보이지만, 결국 몇 개의 선으로 표현할 수 있습니다. 이 선들이 바로 소의 본질입니다. 우리는 과연 처음 그림의 소를 보고, 마지막 그림의 몇 가지 선으로 그 본질을 찾아낼 수 있을까요?

어떤 사물의 본질을 바라보는 힘, 그것을 통찰(insight)이라고 합니다. 통찰은 무엇일까요? 예를 들어보겠습니다. 요즘은 도시마다 하천이 잘 정비되어 있어서 손쉽게 강가로 갈 수가 있습니다. 강가에 가 보면 백로인지 왜가리인지, 왜가리과에 속하는 새가 물가에 있는 것을 볼 수 있습니다. 오! 멋집니다. 왜가리가 있으니까 강변이 더 운치가 있고 분위기도 좋습니다. 그런데 왜가리는 거기에 왜 있는 걸까요? 왜가리는 사람들에게 멋진 풍경을 제공하기 위해서 거기 있는 것이 아닙니다. 먹고 살려고 거기 있습니다. 물고기를 잡아먹으려고 말입니다. 왜가리를 보는 순간, 아 저기 물고기가 있구나, 이렇게 생각하는 게 문제의 본질을 보는 겁니다. 그래서 어떤 사물의 본질을 볼 수 있는 능력, 그 힘이 바로 통찰입니다. 미디어 리터러시도 결국 통찰입니다.

## 미디어 리터러시

미디어의 왜곡된 정보를 보고도 그 이면에 있는 실체적 진실을 알아낼 수 있는 능력, 그것을 미디어 리터러시(media literacy)라고 합니다. 리터러시의 개념은 글을 읽고 이해하며 쓸 수 있는 문해 능력을 말합니다. 오늘날 미디어 리터러시는 미디어를 해석할 수 있는 능력을 말합니다. 미디어 정보 해독력이라고 하며, 미디어를 비판적으로 해독하는 능력이라는 뜻에서 비판적 리터러시라고도 합니다.

혹시 아래 그림을 본 적이 있으신가요? 인터넷으로 쉽게 볼 수 있는데, 미디어 리터러시를 설명할 때 나오는 그림입니다. 진실은 A가 B를 공격하고 있습니다. 그런데, 카메라 화면에 잡힌 모습은 B가 A를 공격하고 있습니다. 이것이 방송되면 어떻게 될까요? B를 비난하고 A를 동정할 겁니다. 이렇게 가해자와 피해자가 바뀌는 경우는 허다합니다. 옳은 정보를 구분하는 것이 바로 미디어 리터러시의 시작입니다. 어떻게 구분할 수 있을까요?

## 사실과 주장 구분하기

옳은 정보를 구분하는 가장 좋은 방법은 사실과 주장을 구분할 수 있는 능력을 키우는 일이라고 봅니다. 어떤 정치인이 어떤 주장을 합니다. 그러면 국민은 그것을 믿습니다. 그 주장에 대하여 맞다 안 맞다 논란이 일어납니다. 고발도 하고 소송도 합니다. 그러다가 이삼 년 지나서 그 주장은 사실이 아닌 것으로 밝혀집니다. 그러나 이제 그 주장이 사실인지 거짓인지 아무도 관심이 없습니다. 이미 피해를 본 쪽에서는 돌이킬 수 없는 상처를 입었습니다. 심지어 그 피해는 미래에도 계속됩니다. 왜냐하면, 이미 어떤 주장이 사실이라고 믿어버리면 설령 그것이 사실이 아니더라도 그냥 사실인 것처럼 믿어버리기 때문입니다.

분명 주장일 뿐인데, 사람들은 사실로 믿어버립니다. 그러니 이런 것을 이용하려는 정치인은 얼마나 편하겠습니까? 자기가 어떤 주장을 하면 그대로 믿어주는 국민이 있으니까 말입니다.

   정보를 제대로 받아들이기 위해서는 사실과 주장을 엄격히 구분해내는 능력이 필요합니다. 주장을 사실로 당연하게 받아들이지 않도록 말입니다. 미디어 리터러시는 시민사회에서 정말 중요하고 꼭 필요한 능력이고 덕목입니다. 미디어의 정치성을 깨닫고, 휘둘리지 않는 지성이 필요합니다.

## 03 진실을 왜곡시키는 편견

지금까지 진실을 받아들이는 데 방해하는 외부 요인이 무엇인지 알아보았습니다. 그건 바로 미디어이고, 이러한 미디어를 제대로 해석할 수 있으려면 미디어 리터러시를 길러야 한다고 했습니다. 하지만, 진실을 해석하는 데 방해하는 요인이 외부에만 있는 것이 아닙니다. 바로 우리 내부에도 존재합니다. 설령 미디어가 우리에게 정확한 정보를 준다고 하더라도, 우리에게는 어떤 본능이라는 게 있습니다. 이 본능 때문에 사실을 왜곡해서 받아들이게 됩니다. 먼저 확증편향(Confirmation Bias)에 대하여 알아보겠습니다.

### 확증편향

확증편향은 선입관을 뒷받침하는 근거만 수용하고, 자신에게 유리한 정보만 선택적으로 수집하는 것을 말합니다.

한 마디로, 자기가 보고 싶은 것만 보고 믿고 싶은 것만 믿는 것입니다. 정보의 객관성과는 아무 상관이 없습니다.

2003년에 데뷔한 타블로라는 가수가 있습니다. 스탠퍼드 대학교 학사와 석사 통합 과정을 졸업했습니다. 명문대학 출신이 가수를 해서 사람들의 이목을 받았고 상당히 인기도 좋았는데, 2009년에 타블로의 학력이 가짜라고 인터넷에 의혹을 제기하는 글이 올라왔습니다. 처음에는 대수롭지 않게 생각했는데, 나중에는 안티 카페까지 만들어졌습니다. 논란이 쉽게 사그라들지 않아 타블로는 재학 시절의 성적표와 학교의 공식 확인서를 공개했습니다. 그런데 의심을 가진 사람들은 그것 또한 가짜라고 주장했습니다.

이번에는 캐나다 시민증도 보여주고 스탠퍼드 학교에서도 다시 한번 타블로의 졸업 사실을 확인시켜 주었습니다. 그랬더니, 이번에는 시민증이 위조되었다. 졸업 사실도 위조라는 주장이 나왔습니다. 그들은 도무지 진실을 들을 생각을 안 하는 겁니다. 분명하게 사실을 제시해도, 믿고 싶지 않다는 생각에 받아들이려고 하지 않는 것입니다. 바로 확증편향에 갇힌 겁니다. 결국은 카페 운영자를 경찰에 고소하면서 사건이 일단락되었습니다.

인터넷 시대로 오면서, 인터넷이 확증편향을 강화하는 역할도 하게 됩니다. 필터 버블(Filter Bubble)이라는 말이 있습니다. 필터 버블이란 구글, 아마존닷컴, 페이스북, 유튜브 등의 인터넷 정보제공자가 이용자의 특성에 맞는 정보만을 지속 제공함으로써, 이용자는 이미 필터링 된 정보만을 접하게 되어 자기의 특성이 더욱 강화되는 효과가 나타나는 것을 말합니다.

유튜브 등의 알고리즘이 확증편향을 강화하기도 합니다. 예를 들어 어떤 사람이 유튜브에서 캠핑 정보를 찾았다고 합시다. 그러면, 그다음부터 캠핑 정보를 그 사람에게 계속 보여줍니다. 이 정도야 뭐 큰 문제가 없겠습니다만, 정치적 성향은 약간 다릅니다.

어떤 사람이 보수적인 성향이라면 유튜브에서 보수적인 성향의 동영상을 많이 시청할 겁니다. 그러면 유튜브 알고리즘은 이 사람에게 계속 보수적인 성향의 동영상만 보여줍니다. 이것은 진보적인 성향의 사람에게도 마찬가지입니다. 진보적인 사람에게는 진보적인 성향의 뉴스나 동영상을 계속 보여줍니다. 우리가 사건을 판단할 때는 중도적인 입장에서 바라봐야 하는데, 이런 식으로 자기의 성향만 더 강화되는 방향으로 정보를 접하게 되니 확증편향이 점점 심해질 수 있습니다.

**자기가 옳다고 생각하면 반대 증거가 아무리 드러나도 자기 믿음을 버리지 않습니다. 이게 확증편향의 무서운 점입니다.**

## 생존본능에서 오는 편견들

제 시골집에 야생 고양이가 한 마리가 있습니다. 겨울철에는 먹을 것이 부족할 것 같아서 올해부터 제가 사료를 사서 먹이를 주고 있습니다. 제가 자리를 비울 때는 자동 급식기에 사료를 넣어두면 하루에 한 번 일정한 시간에 사료가 자동으로 나와서 먹이를 줍니다. 그런데 이 고양이는 경계심이 강합니다. 그렇게 겨울 내내 먹이를 주는데도 제가 가까이 가면 획하고 도망칩니다. 이 고양이에게는 이것이 생존을 위한 본능입니다.

이 본능은 오래 생각하면 안 됩니다. 0.1 초 내에 모든 상황을 판단해야 합니다. 만약 제가 다가가는데 느긋하게 저를 쳐다보면서 저 사람이 나를 해칠까 안 해칠까 이렇게 오래 생각하다 보면 까딱하다가는 목숨을 잃을 수도 있습니다. 고양이가 내가 좋은 사람인지 나쁜 사람인지 어떻게 알겠습니까?

이처럼 생존을 위한 본능은 오래 생각하면 안 됩니다. 즉각적으로 판단해야 합니다. 원시시대부터 사람도 이렇게 살았습니다. 한 번에 딱 보고, 적이냐 친구냐 판단해야 합니다. 그렇게 못한 사람은 원시시대부터 수백 세대를 거쳐오면서 결국은 도태되었습니다. 지금 남아 있는 인류는 다르게 이야기하면 한 번도 죽지 않은 사람들의 후손입니다. 그렇게 우리 DNA에는 생존본능이 자리 잡고 있습니다. 이 생존본능이 삶의 많은 것을 지배합니다.

문제는 이러한 본능이 생존에는 유리할지 몰라도 현대인의 삶에는 걸림돌이 된다는 겁니다. 극히 짧은 시간에 무언가를 판단하려다 보니 실수를 하게 됩니다.

### 친구냐? 적이냐? 1초 만에 파악하려는 경향

우리는 생존을 위하여, 양극단만 생각합니다. 산에서 짐승을 만났습니다. 그럼, 딱 하나만 판단합니다. 저 녀석은 나를 해칠 것인가, 아니면 괜찮을까, 이것만 판단합니다. 해칠 것 같다 싶으면 냅다 도망칩니다. 괜찮다 싶으면, 비로소 다음 단계로 넘어갑니다. 가까이 가 볼까? 잡을까? 피할까? 등등

친구냐 적이냐의 구분이 애매한 것을 '개와 늑대의 시간'이라고 합니다. 해가 져서 어둑어둑한 상태에서, 멀리서 다가오는 것이 집에서 기르는 개인지 아니면 나를 해치러 오는 늑대인지 구분하기 어렵다는 뜻입니다. 문제는 우리 삶은 개도 아니고 늑대도 아닌, 그 가운데가 대부분이라는 겁니다. 명확하게 이건 개다, 명확하게 이거 늑대다, 이렇게 구분할 필요가 없는 중간쯤의 영역이 우리 인생에는 더 많다는 것입니다. 그래서, 굳이 개와 늑대를 구별할 필요가 없음에도 이러한 본능 때문에 아주 짧은 시간에 극단적인 상황만 생각하게 되고, 이러한 것들이 편견이 되어서 진실을 제대로 파악하기 어렵게 만듭니다.

### 나쁜 전개를 먼저 생각하려는 경향

생존을 위한다면 일단 나쁜 전개를 먼저 생각하는 것이 유리합니다. 만약, 내 생각대로 나쁘게 전개된다면 그에 맞춰서 대책을 세울 수 있기 때문입니다. 물론, 나쁘게 전개되지 않으면 그건 다행한 일입니다.

댐 옆에 마을이 있습니다. 이제 장마철이라서 큰비가 왔습니다. 그러면 댐이 넘칠지도 모른다는 생각에 사람들은 산으로 대피합니다. 더군다나 밤이라면 무척 귀찮습니다. 어렵고 귀찮게 피신했는데, 댐이 무너지지 않았습니다. 헛수고했지만 살아남았습니다. 헛수고한 이유는 혹시 댐이 무너질지 모른다는 나쁜 전

개를 생각했기 때문입니다.

그러기를 반복하다가, 마침 100번째 댐이 무너졌습니다. 99번까지는 괜찮았는데 말입니다. 사람들은 99번까지는 쓸데없는 헛수고를 한 겁니다. 산에 대피하지 않아도 되었는데 귀찮고 힘들게 대피했다는 말입니다. 밤에 비 맞으며 산에 올라가서 대피하는 것이 얼마나 고단하겠습니까? 이런 고생 덕분에 100번째 댐이 무너질 때 살아남았습니다. 그런데, 댐이 무너지지 않을 것이라고 긍정적으로 생각했던 사람은 그때 다 죽었습니다.

문제는 이런 부정적인 생각은 생존에는 유리하겠지만, 삶의 질을 떨어뜨린다는 것입니다. 비가 올 때마다 매번 산으로 피난 가는 사람들이 행복하겠습니까? 현대 사회에서는 생존을 걱정할 만한 일이 크게 일어나지 않습니다. 더는 생존을 걱정해야 하는 시대가 아님에도 이러한 부정적인 생각을 계속하게 되면 걱정, 위협, 스트레스, 초조 등을 유발하여 삶의 질을 떨어뜨립니다. 또한, 이러한 부정 본능은 사물을 객관적으로 보는 데 방해가 됩니다. 이 시대에는 이러한 본능이 오히려 삶의 질을 떨어뜨린다는 것을 인지하고, 나쁜 전개를 먼저 생각하려는 경향을 조금 줄이는 것이 현명한 선택입니다.

## 과거의 경험으로 미래를 예단하려는 경향

과거는 명확하고 미래는 불확실합니다. 그래서 사람들은 확실한 과거를 가지고 불확실한 미래를 예단하려고 합니다. 예전에 이렇게 했기 때문에 앞으로도 이렇게 할 것이다, 이렇게 생각하는 경향이 있습니다.

다음 표는 한스 로슬링(Hans Rosling)의 『팩트풀니스』에 나오는 표입니다. 2100년의 아동 인구수를 물으면, 대부분 사람은 A 또는 B라고 대답합니다. 그런데 정답은 C입니다. 정답을 맞힌 비율이 어떻게 될까요? 노르웨이 교사는 9%에 불과했고, 세계경제포럼 전문가조차도 26%를 넘지 못했습니다. 재미있는 것은 침팬지도 무려 33%는 맞춘답니다. 세 개 중에서 정답이 한 개니까 확률적으로는 33%라는 말입니다.

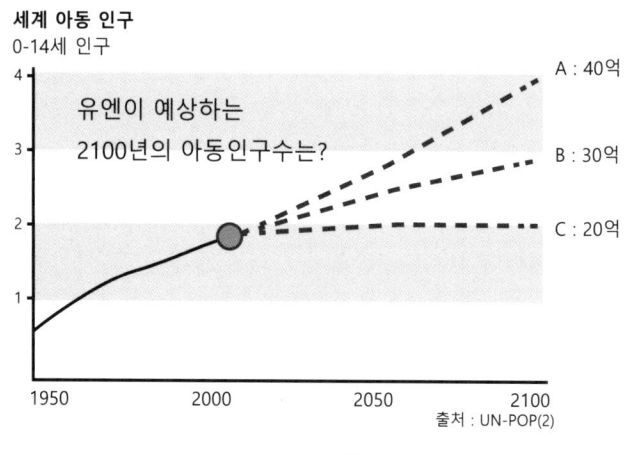

**직선 본능**26

이런 일이 왜 생길까요? 왜 확률보다 훨씬 낮은 선택을 하는 걸까요? 그 이유는 과거의 추세 때문입니다. 과거의 추세를 보면 그래프 모양이 A나 B가 될 것 같기 때문입니다. 이런 본능을 한스 로슬링은 '직선 본능'이라고 부릅니다.

주식에 실패를 거듭하던 어떤 투자자가 금융거래의 신이 있다는 것을 알고 천신만고 끝에, 산속에 숨어 사는 그를 만났습니다. 몇 년간 제자로서 열심히 배웠습니다만, 딱히 비법이라고는 없었습니다. 어느 날 주식 투자의 비법을 알려달라고 간청하자, 그는 종이 한 장을 넘겨 줍니다. 거기에는 'BLASH'라고 적혀있었습니다.

BLASH는 주식 투자에서 금과옥조로 여기는 단어입니다. 'Buy Low And Sell High'라는 뜻입니다. 낮을 때 사서 높을 때 팔아라 이 이야기입니다. 누구라도 이런 능력만 있으면 부자가 되는 것은 일도 아닙니다. 그런데 이게 정말 어렵습니다. 왜 어려울까요? 바로 직선 본능 때문입니다.

**미래도 직선일 것이라는 생각은 우리의 생각일 뿐입니다.** 현상 세계는 직선이 아니라 오르면 내리고 내리면 오르는 파동의 추세로 움직입니다. 음양의 이치가 그렇다는 말입니다. 오르는 것은 내리고, 내리는 것은 오르는 것이 더 일반적인 현상입니다. 여기서 벗어나야만 기회가 생깁니다.

주식이 어려운 것은 매수와 매도의 타이밍 잡기가 쉽지 않기 때문입니다. 주식이 많이 내려가면 사실은 사야 할 타이밍입니다만 투자자의 심리는 주식이 더 빠질 것 같아서 주저하거나 못 사게 됩니다. 반대로, 주식이 많이 올랐으면 팔아야 하는데, 역시 그 당시 심리는 주식이 더 오를 것 같아 팔기가 어렵습니다. 대부분의 투자자는 이런 본능을 가지고 있습니다. 생존을 위하여 그렇게 길들어졌기에 이 본능을 극복하기가 쉽지 않습니다. 주식 투자에서 돈 벌고 싶으면 반드시 이 본능에서 벗어나야 합니다.

### 공포감은 올바른 판단을 어렵게 한다

공포에 휩쓸리면 제대로 판단하기 어렵습니다. 옛말에 '자라 보고 놀란 가슴 솥뚜껑 보고 놀란다'라는 말이 있습니다. 저도 이런 경험이 있습니다. 예전에 경남 함양에 있는 괘관산을 등산한 적이 있었습니다. 아는 지인과 둘이서 올랐는데, 산은 외지고 사람들이 많이 찾지 않는 산이었습니다. 날씨도 흐렸고 전날 비가 많이 와서 미끄럽고 습했습니다. 두 시간 정도 걸어서 정상에 올랐는데, 정상은 조그마한 돌무덤이 있었고 조망이 썩 좋지는 않았지만 그래도 하늘이 보이는 곳이었습니다. 물론, 그날은 날씨가 흐려서 하늘이 침침했지만 말입니다.

그런데 그 돌무덤 위에 독사 두 마리가 똬리를 틀고 앉아 있었습니다. 그리 큰 뱀은 아니었는데, 날씨가 습하니까 몸을 좀 말려보겠다고 그곳에 있었던 모양입니다. 좀 놀라기는 했지만, 뱀은 더 놀랐는지 후다닥 달아나더군요. 이게 화근이었습니다. 하산길에 접어들어, 능선을 타고 내려오는데 숲은 침침하고 길은 좀 미끄러웠습니다. 그런데, 갑자기 제 옆으로 커다란 구렁

이 같은 뱀 한 마리가 쑥 내려가는 것이 아니겠습니까? 너무나 갑작스럽게 일어난 일이라서 깜짝 놀랐습니다. 비명을 지르며 자리에 주저앉다시피 했습니다. 바로 뒤에서 따라오던 지인이 덩달아 놀라며 무슨 일이냐고 물어보길래 뱀, 뱀이라고 했습니다. 정말 놀랐습니다. 지인은 자기는 뱀을 못 봤는데 무슨 뱀이냐고 하길래, 저기 저 뱀이라고 손으로 가리켰습니다. 근데 이상하게 그 뱀은 더 움직이지 않더군요. 지인은 막 웃으면서 '저건 몽둥이잖아' 그러더군요.

등산길 옆에 나무 몽둥이가 하나 있었는데, 제가 걷다가 그걸 툭 쳤나 모양입니다. 그 몽둥이가 움직이는 걸 보고, 순간적으로 뱀이라고 착각을 한 겁니다. 왜 이런 착각을 했을까요? 그 이유는 아까 정상에서 뱀을 봤기 때문입니다. 그게 내 잠재의식에 각인되어 있었던 모양입니다. 더군다나 독사니까, 위험하다는 생각도 했을 겁니다.

생존본능이 켜지면서 경계심이 잔뜩 생겼습니다. 이 산은 안전하지 못하다, 빨리 이 산을 벗어나자, 이런 생각들이 나도 모르게 잠재의식에 각인되어 있었나 봅니다. 그러다가 흘러내리는 몽둥이를 보고 순간적으로 생존본능이 발동하였습니다. 독사한테 물리면 죽는다, 그래서 깜짝 놀라면서 공포심이 생겨난 겁니다.

이성적으로 생각하면 말도 안 됩니다. 위험한 순간에 나를 도와줄 지인도 있었고, 두꺼운 등산화도 신고 있었고, 여차하면 병원에 가면 되니까 설령 그게 독사라고 해도 생각보다 위험하지는 않습니다. 그런데 생존본능의 일종인 공포본능이 생기면 아무 생각이 나지 않습니다. 공포에 휩싸이면 사실이 들어올 틈이 없기 때문입니다.

### 다급함은 일을 망친다

다급함 또한 바른 판단을 망치는 주요 요인입니다. 시간에 쫓기면 최악의 결정을 내릴 수 있습니다. 이런 본능을 알고, 영업사원이 물건을 팔 때나 다른 사람을 설득할 때 이런 기회는 다시 오지 않는다고 다급함의 본능을 자극합니다.

예전에 고속도로 휴게소에서 경품 당첨 사기가 유행했습니다. 일반적으로 고속버스가 휴게소에 머무는 시간은 약 15분 정도입니다. 그때 정차된 버스에 사기꾼들이 올라타서 경품 행사를 진행합니다. 물론 사기꾼처럼 안 보입니다. 양복을 근사하게 차려입고 꽤 신사 같습니다. 이 사람은 50만 원 상당의 고급 외제 명품 시계를 공짜로 준다고 말합니다. 시계를 수입하는 과정에서 뭐가 잘못되어 회사 홍보차 이런 이벤트를 하는 것이라고 제법 그럴듯하게 말합니다. 그리고는 종이쪽지를 나누어주고 즉석에서 당첨 번호를 부릅니다. 당첨된 사람에게 가서 진짜로 명품 시계를 줍니다. 그러면서 이 제품이 해외에서 온 것이기 때문에 세금 3만 원은 본인이 부담해야 한다고 하면서 3만 원을 달라고 합니다.

그때에야 비로소 뭔가 이상하다는 것을 느낍니다만, 차는 곧 떠나려고 하고 어쨌든 고급 시계가 생기니까 얼떨결에 3만 원을 줍니다. 차는 출발하고, 차 안에서 포장지를 열어보면 왠지

시계가 좀 이상한 것 같습니다. 아니나 다를까, 며칠도 안 되어 고장이 납니다. 만약 고속도로 휴게소가 아닌 다른 장소였으면 달랐을 겁니다. 사기꾼들은 다급함의 본능을 이용하여 이런 사기를 치는 겁니다.

　지금까지 우리 내면에 가지고 있는 편견을 이야기해 보았습니다. 이런 편견은 우리 모두에게 매우 익숙한 것들입니다. 왜냐하면, 생존본능과 관련이 있기 때문입니다. 그러나 이런 본능 때문에 우리는 종종 사실을 사실대로 보지 못합니다. 그래서 우리에게 이런 편견이 있다는 것을 이해하고, 향후 이러한 편견에서 벗어나서 사물을 바라보기 시작하면 세상을 좀 더 정확하고 바르게 볼 수 있을 겁니다.

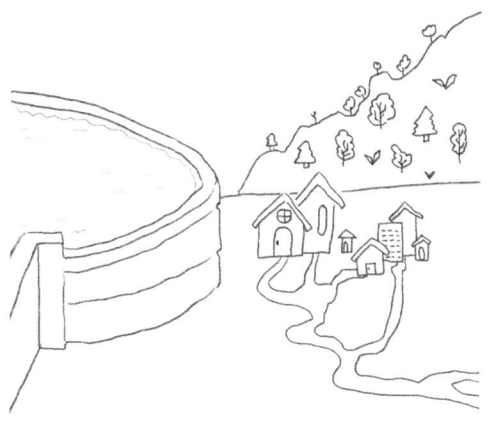

*Summary of Chapter*

## VI 미디어와 편견

우리는 세상에 관심을 가져야 합니다.
사회에 무관심하면 언제든
우리 삶이 불편해질 수 있습니다.

우리는 세상을 제대로 바라볼 수 있어야 합니다.
세상을 바르게 이해하려 할 때
방해하는 것이 두 가지가 있습니다.

첫째, 우리 외부의 미디어입니다.
미디어는 특정한 목적을 가지고 프레이밍 효과를 만듭니다.
우리는 미디어 리터러시를 통하여 세상을 바르게
해석할 수 있어야 합니다.

둘째, 우리 내부의 편견입니다.
생존본능에서 비롯한 여러 편견은
우리가 사실을 사실 그대로 보지 못하게 만듭니다.
우리에게 이런 편견이 있음을 인식하고 대상을 좀 더
정확하게 볼 수 있어야 합니다.

# VII 소통

## 너에게 다가가 기울여 듣기

01 　소통의 출발점 : 나에게서 찾는다
02 　타인에 대한 이해 : 공감
03 　소통의 3가지 방법 : 경청, 설득, 협상
04 　좋은 인간관계

# 01 소통의 출발점 : 나에게서 찾는다

이번 강의의 주제는 소통입니다. 우리는 누구나 소통을 원하지만 소통은 그리 쉽지 않습니다. 그래서 이번 시간에는 소통의 출발점을 찾고, 공감의 의미와 소통의 방법 등에 대해 말씀드려 보겠습니다.

## 대한민국은 갈등 공화국

소통은 개인적 소통과 사회적 소통으로 나눕니다. 개인적 소통이란 일반적으로 두 사람 이상이 서로 의미를 주고받으면서 점검하는 과정을 말합니다. 대인관계 개선이나 커뮤니케이션 강화에 필요합니다. 사회적 소통은 사회 문제나 가치관, 사회적 이슈 등에 대하여 해결되기를 바라면서 상대방을 설득하려는 시도를 말합니다. 사회적 소통은 극단적 대립이나 싸움으로 가지 않고, 대화와 협상으로 문제를 풀어나가는 기술을 말합니다.

대한민국은 갈등 공화국이라고 합니다. 2021년 6월, 영국 킹스 칼리지가 여론조사기관인 입소스는 세계 28개국의 시민

2만 3천 명을 대상으로 12개 갈등 항목에 대하여 갈등지수를 조사하였습니다. 이 12개 항목에는 빈부격차, 지지 정당, 정치 이념 등이 들어가 있는데, 한국은 그중 7개 항목에서 '심각하다'고 응답한 비율이 아주 높게 나왔습니다. 이를 근거로, 온라인 커뮤니티 등에서는 한국의 갈등지수가 세계 1위라고 합니다.

특히 빈부격차에 따른 갈등이 심각하다고 응답한 비율은 세계 평균 74% 대비 무려 91%에 달했습니다. 그 외 한국이 압도적 1위를 차지한 항목은 바로 성별과 나이였는데, 성별과 나이 갈등이 심하다고 대답한 비율이 28개국 평균은 40%대인데 반해 우리나라에선 둘 다 80%에 달할 정도로 2배 가까이 높았습니다. 한국의 갈등지수가 세계 1위가 맞는지는 모르겠습니다만, 상당히 심각한 수준임은 틀림없습니다.

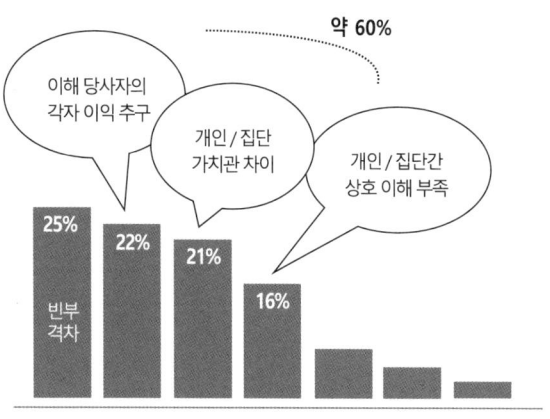

사회 갈등 원인27

한국의 갈등지수가 이렇게 높은 이유는 뭘까요? 한국행정연구원에서 2021년에 조사한 자료에서는 이러한 갈등의 원인을 상대방에 대한 이해 부족으로 들었습니다. 즉, 이해 당사자의 각자 이익 추구, 개인과 집단의 가치관 차이, 개인과 집단의 상호 이해 부족이 전체의 약 60%를 차지한 것입니다. 그러니까 다른 사람의 처지를 이해하지 못하기 때문입니다. 갈등은 여기서 생긴다고 합니다.

그럼 왜 다른 사람의 처지를 이해 못 하는 것일까요? 그것은 바로 내 생각은 옳고 다른 사람의 생각은 틀렸다고 생각하기 때문입니다. 나는 옳고 너는 틀렸다, 이렇게 생각하는 것이 바로 불통의 시작입니다.

## 반구제기(反求諸己) : 나로부터 시작한다

'내 생각은 옳고 네 생각은 틀렸다'에서 '내 생각도 하나의 생각이고 네 생각도 하나의 생각이다'라고 관점을 바꿀 필요가 있습니다. 예전에 법륜 스님께서 『즉문즉설』 강의할 때 이런 말을 했던 것이 기억납니다.

서울은 어디에 있습니까?
인천에서 보면 동쪽에 있고
춘천에서 보면 서쪽에 있습니다.
수원에서 보면 북쪽에 있고,

평양에서 보면 남쪽에 있습니다.

서울은 동서남북 어디에도 없습니다. 자기가 어디에 있는지에 따라서 다를 뿐입니다. 그런데 사람은 자기가 어디 있는지는 보지 못합니다. 그런 것은 생각하지 않고, 오직 서울만 쳐다봅니다. 인천에 사는 사람과 춘천에 사는 사람이 만나서 서울이 어디 있냐고 물으면 그 대답이 완전히 다릅니다. 근데, 누가 맞고 누가 틀렸습니까? 그런 것은 없습니다.

지난 몇 년간 우리 사회에 탈원전 찬반 논쟁은 뜨거웠습니다. 원자력 발전소를 계속 유지해야 하는지, 아니면 없애야 하는지 서로 의견이 부딪혔습니다. 2011년 일본 동부의 대지진과 쓰나미 여파로 생긴 후쿠시마 원전 사고 이후에, 원전의 안전성에 대한 불신과 대처 불가능의 대규모 재앙에 대한 두려움으로 이 논쟁이 가속화되었습니다.

탈원전을 찬성하는 이유도 일리가 있고, 반대하는 이유도 일리가 있습니다. 그러나, 절대적으로 어느 것이 옳은지를 판단 내릴 수는 없습니다. 물론, 이에 대해서 누구나 자기 생각이 있을 겁니다. 문제는 내가 옳고 상대방이 틀렸다고 생각을 하면 해결이 안 난다는 겁니다. 왜 그럴까요? 상대방도 나와 마찬가지로, 자기가 옳고 내가 틀렸다고 생각하기 때문입니다.

**소통은 내 생각도 하나의 생각이고, 상대방의 생각도 하나의 생각이라는 것을 인정하는 것입니다.**

엄마와 아들이 대화합니다. 이 엄마는 아들이 말을 딱 꺼내는 5초 만에 이미 판단을 내립니다. 바로 결론을 내렸습니다. 이게 옳은 거야. 아들이 틀렸어. 엄마는 웃으면서 아들의 말을 듣는 척합니다. 그러나 머릿속으로 온통 아들을 어떻게 설득할지만 생각합니다. 아들이 왜 이런 말을 하는지, 아들의 관점에서 이 문제를 쳐다볼 생각조차 하지 않습니다.

이해되시죠? 흔히 소통의 출발점은 배려, 포용, 존중, 차이에 대한 이해, 수용하는 자세 등이라고 합니다. 그러나 진짜 소통의 출발은 바로 자기를 돌아보는 것입니다. 이것을 한자성어로 반구제기(反求諸己)라고 합니다. 화살이 적중하지 않았을 때, 그 원인을 자기에게서 찾는다는 뜻입니다. 어떤 일이 잘못되었을 때 남을 탓하지 않고 자기 자신을 점검한다는 말인데, 소통에서도 바로 이러한 자세가 필요합니다.

만약 내가 어떤 사안에 대하여 A가 맞다고 생각하면, 왜 A를 정답이라고 생각하는지 자신의 위치를 먼저 돌아봐야 합니다. 서울이 동쪽에 있다고 생각한다면, 그것은 내가 지금 서쪽에 있기 때문입니다. 내가 지금 인천에 있어서 그렇다는 것을 먼저 깨달아야 합니다.

**남을 보지 말고, 자신을 먼저 보는 것, 이것이 소통의 시작입니다.**

## 02 타인에 대한 이해 : 공감

소통의 첫 단추는 인정이라고 했습니다. 나는 옳고 너는 틀렸다가 아니라, 나도 하나의 생각이고 너도 하나의 생각이라는 것을 인정해야 한다고 했습니다. 그다음은 타인에 대한 이해입니다. 타인에 대한 이해, 이것을 공감(Sympathy)이라고 합니다.

### 공감(Sympathy)

공감에 대하여 국어사전에는 '남의 감정이나 의견, 주장 등에 대하여 자기도 그렇다고 느끼는 것'이라고 정의되어 있습니다. 맞기는 맞는데, 뭔가 좀 부족해 보입니다. 영어로는 심퍼시(Sympathy)라고 하는데, 그 뜻은 'understanding and care for someone else's suffering'입니다. 저는 이 해석이 더 또렷하다고 느낍니다.

Sympathy에는 타인의 힘든 상태(someone else's suffering)와 정신적 동조(understanding), 행동으로 도와 주는 것(care for)이 포함되어 있습니다.

공감이란 현재 어려움을 겪고 있는 어떤 사람에 대하여 정신적인 동조뿐만 아니라 행동으로 도와주는 것을 의미합니다.

혹시 「Sympathy」라는 노래를 들어보신 적이 있습니까? 1970년대 영국의 4인조 록 밴드 희귀조(Rare Bird)가 부른 노래입니다. 가사 내용은 이렇습니다.

오늘 밤 침대에 올라가면
그리고 문을 잠그고 빗장을 지르면,
춥고 어두운 곳에 있는 사람들을 생각해 봐
그들에게 돌아갈 사랑이 충분하지 않아
그래서 동정심이 우리에게 필요한 거야, 친구

세상의 절반은 다른 절반을 미워해
세상의 절반은 모든 음식을 가지고 있고,
그리고, 나머지 세상의 절반은 굶주린 상태로
조용히 누워 있어
그들에게 돌아갈 사랑이 충분하지 않아
그래서 동정심이 우리에게 필요한 거야, 친구

Now when you climb Into your bed tonight
And when you lock And bolt the door,
Just think of those Out in the cold and dark
'Cause there's not enough love to go 'round
And sympathy Is what we need, my friend

Now half the world Hates the other half
And half the world Has all the food
And half the world Lies down and quietly starves
'Cause there's not enough love to go 'round
And sympathy Is what we need, my friend

저는 이 노래를 80년대, 거리의 레코드 가게 앞에서 우연히 들었는데 약간 애잔하면서도 호소력 짙은 목소리가 꽤 감동적으로 다가왔습니다. 지금이야 이 노래가 고전이지만, 고전이 괜히 고전이 아닙니다. 시대가 지나도 변하지 않는 그런 감동이 있습니다. 이 노래에서는 동정, 연민 이런 느낌이 느껴집니다. 영어로는 같은 'Sympathy'인데, 우리 말의 공감, 동정, 연민은 느낌이 조금씩 다릅니다. 전 공감이 더 어울린다고 생각합니다. 동정과 연민은 수직적인 느낌인데, 공감은 수평적인 느낌이라서 그렇습니다.

서양화가 브라이튼 리비어(Briton Riviere)가 그린 그림이 있습니다. 소녀와 개 한 마리가 나란히 앉아 있는 이 그림 제목 또한 「Sympathy」입니다. 왜 그림의 제목이 「Sympathy」일까요? 어린 여자애 한 명이 현관인지, 약간 구석진 곳에 앉아 있습니다. 눈빛을 보니 뭔가 좀 불만스러워 보입니다. 뾰로통한 것이, 화가 난 것 같기도 합니다. 아마도 엄마한테 혼이 났거나 아니면 가고 싶은 어디를 엄마 때문에 못 가서 속상해 보입니다. 그렇게 혼자서 속상해 있는데, 개 한 마리가 다가오니다. 이 집에서 함께 사는 큰 개입니다. 개는 소녀에게 다가가서, 소녀 옆에 앉아서 소녀의 어깨에 턱을 대고 귓가에 속삭입니다. '너무 속상해하지 마. 원래 엄마란 다 저런 거야.' 이렇게 개가 소녀를 위로하고 있습니다. 공감의 순간입니다.

Sympathy : 브라이튼 리비어, 1878

## 충조평판하지 않기

사람이 마음을 이야기할 때 절대 하지 말아야 할 것이 바로 '충조평판'이라고 합니다. 거리의 치유사라고 불리는 정혜신 의사가 한 말입니다.[28] 충조평판은 충고, 조언, 평가, 판단을 말합니다. 정혜신 의사에 따르면 사람은 나쁜 말에 상처받는 것이 아니라 옳은 말, 바른말에 찔려서 상처받는 경우가 더 많다고 말합니다. 그녀가 제시하는 공감 대화법은 다음과 같습니다.

"지금 마음이 어떠세요?"
"도대체 얼마나 힘들었던 거예요?"
"그랬군요. 다 때려치우고 싶을 만큼 지쳤군요. 당신이 그랬다면 뭔가 이유가 있었겠죠."
"맞아요, 당신의 마음은 항상 옳아요."

그런데 공감하는 것이 참, 쉽지 않습니다. 제 생각에는 젊은 세대가 나이 든 세대보다 공감 지수가 좀 더 높은 것 같습니다. 공감 능력은 천성적으로 타고난 것도 있지만, 혹 부족하더라도 교육과 훈련으로 나아질 수 있습니다. 그런데 기성 세대에게는 이런 공감을 개발하는 교육이 별로 없었습니다. 젊어서는 크게 필요성도 못 느꼈고, 굳이 배울 필요도 없었습니다.

성별로 보면 대체로 여자가 남자보다는 공감 지수가 높은 것 같습니다. 저도 아내와 이야기하다 보면 자주 지적을 당합니다. 말인즉, 아내가 무슨 이야기를 할 때 제가 자꾸 나름대로 해결책을 제시한다는 겁니다. 아내는 그냥 좀 들어만 달라고 합니다. 그냥 공감하면서 자기 이야기를 좀 들어주면 좋은데, 자꾸 해결방안을 제시하니까 화가 난다는 겁니다.

아내는 자주 이야기합니다. 대부분 여자는 자기가 이야기하면서 스스로 문제를 해결한다고 말입니다. 그냥 인내심 가지고 들어만 주면 대부분 문제는 다 해결이 되는데, 자꾸 충고하고 조언하고 평가하고 판단하는 말을 해서 공감은커녕 오히려 더 싸우게 된다는 겁니다. 처음에는 저도 화가 많이 났습니다. 내가 잘못한 것이 없다고 생각하였기 때문입니다. 오히려, 내가 도와주는데 왜 나에게 화를 내는지 전 더 화가 났습니다. 지금 생각해 보니, 이게 다 공감 능력이 떨어져서 그랬던 것 같습니다. 지금도 잘되지는 않지만, 그래도 많이 나아졌습니다.

그런데 살다 보면 타인에 대한 충고나 조언 등이 꼭 필요할 때가 있습니다. 옛말에 '충언역이 이어행 양약고구 이어병 (忠言逆耳利於行 良藥苦口利於病)'이라는 말이 있습니다.

**진심 어린 충고는 귀에는 거슬리나 행동하는 데 낫고,**
**좋은 약은 입에 쓰나 병 치료에 좋다는 말입니다.**

옛날 한나라를 건립한 유방의 이야기입니다. 항우보다 먼저 진나라 수도인 함양에 도착한 유방은 화려한 대궐과 수많은 명마, 산더미처럼 쌓인 금은보화, 그리고 아름다운 궁녀들에게 자신의 마음을 뺏기고 말았습니다. 이때 장량이라는 참모가 유방에게 가서 진언합니다.

"진나라가 가혹한 정치를 하였기에 천하의 원한을 사서 왕께서 이렇게 여기까지 오실 수 있었습니다. 빨리 백성을 위무해야 하는데 진나라 보물과 기녀에 눈이 쏠려 포악한 진나라와 다름없이 행동한다면 어떻게 되겠습니까? 본래 충언은 귀에 거슬리나 행동하는 데에 좋은 것이며, 좋은 약은 입에는 쓰나 병을 고치는 데 이롭습니다."

유방은 이 충성 어린 간언을 듣고 깨달아서 결국 천하 통일의 대업을 이루게 되었습니다. 이렇듯이, 때로 충조평판은 꼭 필요합니다. 사람의 힘든 마음을 이야기할 때 공감되지 않는 충조평판이 나쁘다는 것이지, 충조평판 그 자체가 나쁜 것은 아닙니다. 사람의 마음을 이야기할 때 공감되지 않는 상태에서의 충조평판은 조금도 귀에 들어오지 않습니다. 오히려 관계만 더욱 악화시킬 뿐입니다.

**충조평판이 나쁜 것이 아니라, 공감이 우선되어야 합니다.**

그런데도 꼭 필요한 경우가 아니라면 충고나 조언은 가급적 안 하는 것이 좋습니다. 고대 그리스 철학자 탈레스는 이 세상에서 가장 어려운 것이 무엇이냐는 질문을 받자 '자기 자신을 아는 것'이라고 대답했다고 합니다. 반대로, 가장 쉬운 것이 무엇이냐는 질문에는 '남에게 충고하는 것'이라고 했습니다. 그만큼 우리는 다른 사람을 충고하고 싶은 욕망에 쉽게 사로잡힙니다. 그렇기에, 남에게 충고하는 일은 될 수 있는 대로 안 하는 것이 좋습니다.

> 집안사람이 잘못이 있으면
> 사납게 성내지 말고 가벼이 넘기지도 말라.
> 그 일을 말하기 어렵거든 다른 일을 빌어
> 넌지시 일러 주고,
> 오늘 깨닫지 못하거든 내일을 기다려 다시 깨우쳐 주되
> 봄바람이 언 땅을 녹이듯이,
> 따뜻한 기운이 얼음을 녹이듯이 하라.
> 이것이 곧 가정을 다스리는 법도이다.

『채근담』에 나오는 내용입니다. 충고와 조언을 하더라도 한 번 정도 넌지시 이야기하고, 혹 알아듣지 못하면 기다렸다가 내일 다시 이야기하라고 합니다. 아랫사람에게도 봄바람이 언 땅을 녹이듯 부드럽게 처신하라는 말입니다. 참으로 좋은 말입니다.

집안사람이라고 하면 집안의 노복이나 종도 포함됩니다. 옛날 노예 사회에서는 노예가 말을 듣지 않으면 가두고 채찍으로 때리고 그럽니다. 그에 비해서, 얼마나 교양있는 선비의 처신인지 저절로 숙연해집니다.

여러분이 지금은 학생이고 사회 초년생일지라도, 세월이 지나면 승진해서 과장이 되고 부장이 되고 임원이 됩니다. 가정

에서는 아이들의 엄마, 아빠가 됩니다. 그때 아래 직원이나 자식을 대할 때 어떻게 하면 좋을지 기억해 둘만 합니다. 충고나 조언보다는 공감 중심으로 커뮤니케이션을 하고, 꼭 충고나 조언이 필요하다면 봄바람이 언 땅을 녹이듯, 부드럽게 하는 것이 어떨까요? 어떤 강압적인 태도보다 훨씬 더 효과적이라는 사실을 알게 될 것입니다.

# 03 소통의 3가지 방법 : 경청, 설득, 협상

## 경청(傾聽) : 내 몸을 상대에게 기울이다

경청의 사전적 의미는 상대의 말을 듣기만 하는 것이 아니라, 상대방이 전달하고자 하는 말의 내용은 물론이며, 그 내면에 있는 동기나 정서에 귀를 기울여 듣고 이해된 바를 상대방에게 피드백하여 주는 것을 말한다고 합니다. 맞습니다. 경청 태도는 참 중요합니다. 경(傾)은 '기울이다'라는 뜻입니다. '경사지다'라고 할 때 쓰는 말입니다. 그래서 내 몸을 상대방 쪽으로 기울이는 겁니다. 상대방에게 다가간다는 뜻입니다.

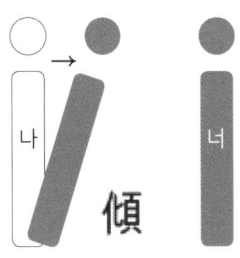

몸을 기울여
너에게 다가간다.

이러한 경청을 방해하는 것들은 어떤 게 있을까요?

첫째는 단정 짓는 겁니다. 상대방이 이야기를 꺼내면, 나는 이미 결론을 내립니다. 상대가 무슨 말을 할지 뻔합니다. 그러니, 뭐 더 들을 필요가 없습니다. 그냥 듣는 척만 합니다. 듣고 있는 것 같지만 실제로는 듣고 있지 않습니다. 화제가 시시하다고 단정하는 것도 마찬가지입니다. 관심이 있는 주제도 아니고, 딱히 이야기하고 싶은 주제도 아닙니다. 이런 식으로 미리 단정을 지으면 경청을 할 수가 없습니다. 경청하는 시늉만 할 뿐입니다.

둘째는 이야기의 내용을 비판하려고만 하는 자세입니다. 말꼬리를 물고 늘어지기도 하고요, 과도한 자기의 주장으로 지나치게 흥분하기도 합니다. 무엇이든 종합 정리하려고 하는 것도 일맥상통합니다. 이야기하다 보면 가끔은 주제에 벗어나기도 하고, 가끔은 정리되지 않은 채 이야기하기도 합니다. 그럴 경우라도 우선은 참을성 있게 들어야 합니다. 그러다 보면, 일관성이 없어 보이던 이야기가 정리되기도 하고, 필요가 없다고 생각하는 이야기는 스스로 철회하기도 합니다. 주제에서 벗어난 이야기나 정리되지 않는 이야기도 이야기입니다. 좀 더 참을성을 가져야 하는데, 그걸 못 참습니다. 경청을 방해하는 요인 중의 하나입니다.

셋째는 다른 곳에 주의를 집중하여 멍청하게 듣는 겁니다. 들으면서 딴생각하는 겁니다. 상대방 이야기를 집중해서 듣지 않고, 딴생각하는 이유는 여러 가지가 있습니다. 앞에서 이야기한 것처럼, 대화 내용이 재미없을 수도 있고 또 정말 다른 일 때문에 바쁠 수도 있습니다. 내가 지금 너무 바쁘거나 정신적인 여유가 없는 상태라면 차라리 다음 기회로 대화를 미루어야 합니다. 형편이 되지 않는데 무리하게 경청하려고 하다 보면, 부작용이 생깁니다. 집중하지 못할 수도 있고, 대화를 빨리 정리하려고 합니다. 결국, 아무런 도움도 주지 못합니다.

경청은 결국 상대방이 무슨 말을 하는지를 알아차리는 것입니다. 사람의 의중을 간파하는 식별 능력입니다. **효과적인 의사소통을 위해서는 잘 듣는 것이 최우선입니다.**

## 설득 : 내 의견에 동의하게 만들기

효과적인 의사소통에서 경청이 매우 중요하기는 하지만, 그렇다고 해서 무조건 상대방의 의견에 맞추거나 동의하라는 말은 아닙니다. 필요에 따라서는 상대방을 설득해야 할 때도 있고, 반대로 내가 의도치 않게 설득당하는 일도 있습니다. 내가 원하지 않는데 방심하다가 나도 모르게 설득당하게 되면 그것도 문제가 됩니다. 그래서 설득의 법칙을 연구한 것들이 많이 있습니다.

미국 애리조나주립대학교의 로버트 치알디니(Robert B. Cialdini) 교수는 그의 저서 『설득의 심리학』에서 설득의 심리적 경향을 6가지로 나누어서 설명하였습니다. 그중 몇 가지만 소개해보겠습니다.

## 공짜 샘플은 없다

첫 번째는 공짜 샘플은 없다는 겁니다. 어떤 것을 받게 되면 반드시 갚으려고 합니다. 큰 마트에 가면 시식 코너가 있습니다. 두부라든지 햄, 고기 같은 것을 맛볼 수 있잖아요. 그 시식 코너는 왜 있을까요?

그 시식 코너는 고객 서비스 차원에서 해주는 게 아닙니다. 시식 코너가 있으면 없을 때보다 매출이 더 올라가기 때문입니다. 왜 그럴까요? 맛이 있는지 없는지 몰랐는데, 먹어보니 맛이 있어서 샀다. 원래는 이 목적입니다. 그러나 꼭 그렇지도 않습니다. 당장은 꼭 필요한 것은 아니지만, 공짜로 먹었기 때문에 미안해서 사는 경우도 많습니다. 요지는 바로 이겁니다. 누구를 설득하려면 뭔가 조그마한 것이라도 줘라. 반대로, 설득을 당하지 않으려면 공짜를 바라지 마라.

## 권위는 힘이 세다

두 번째, 사람에게는 권위 있는 사람의 말을 맹목적으로 따르려는 경향이 있습니다. 특히, 불확실한 상황에서는 신뢰하는 사람의 말을 따르려고 합니다. 그래서, 직함이나 명함, 복장 등이 중요합니다. 똑같은 의사인데, 하얀 가운을 입고 이야기할 때와 청바지에 티셔츠 입고 이야기할 때 환자의 신뢰가 달라집니다.

공인중개사 사무실에 가 보면, 거기에 면허증과 자격증 이런 것들을 걸어둡니다. 요즘은 사주를 보러 철학관에 가봐도 자격증이나 학위 같은 것을 많이 걸어둡니다. 이 모든 것은 자신이 전문가임을 믿게 만드는 거죠. 성공적인 설득은 바로 내가 신뢰할 만한 전문가라는 것을 알려주는 것입니다.

### 한번 도와주면 계속 도와주게 된다

세 번째는 일관성입니다. 한번 도와주면 계속 도와주고 싶은 마음이 든다는 겁니다. 이게 정말 희한합니다. 정말 맞는 것 같습니다. 누구를 한번 도와주면 계속 도와줘야만 할 것 같습니다. 사람은 과거와 일치된 모습을 계속해서 하려는 경향이 있기 때문입니다. 이런 경향을 활용해서 우리가 남을 설득하려면 어떻게 하면 될까요? 바로, 한발 들이밀기 전략을 쓰는 겁니다. 우선은 작은 거라도, 일단 거래를 트는 겁니다. 그렇게 한번 거래를 트면 앞으로 계속 거래를 할 수 있습니다. 그러면서 점점 거래 규모를 키울 수 있습니다.

요즘 첫 가입 고객에 대하여 일정 기간을 할인해주는 프로모션 제도가 상당히 유행하고 있습니다. 이 모두는 바로 사람의 일관성 경향을 활용한 영업 전략입니다. 이런 프로모션은 상당히 유혹적입니다. 그러니 이게 정말 필요한 것인지 한 번 더 신중하게 생각해 보시기 바랍니다.

## 호감이 있으면 '예'라고 말하기 쉽다

사람은 자기가 호감을 두고 있는 것에 대하여 "예"라고 말하기 쉽습니다. 영어사전에 보면 'Good Cop Bad Cop'이라는 단어가 있습니다. 사람을 다루는데 회유와 협박, 당근과 채찍이라고 번역되어 있습니다. 이게 무슨 뜻인지 아시겠습니까?

캅(cop)은 경찰을 뜻합니다. 그래서 'Good Cop, Bad Cop'은 좋은 경찰, 나쁜 경찰이라는 뜻입니다. 어떤 범죄 용의자 한 명이 체포되어 경찰서에 들어왔습니다. 처음에는 우락부락한 형사가 들어갑니다. 이 형사는 자비가 없습니다. 막무가내입니다. 막무가내로, 이 용의자를 범죄자로 몰아붙입니다. 법 같은 거 없습니다. 때려 팹니다. 거의 반병신 만들어 버립니다. 그리고는 좀 있다가, 유순하게 생긴 형사가 들어갑니다. 자리에 앉아서 담배부터 권합니다. 고향이 어디냐고 물어봅니다. 인간적으로 대해줍니다. 관심도 많습니다. 수갑도 풀어주고, 고생 많다고 위로도 해줍니다. 엄마 이야기도 하고 가족 이야기도 합니다. 어깨를 다독거립니다.

이 용의자는 앞의 형사한테 두들겨 맞았습니다. 서럽기도 한 차에, 자기에게 호감을 보여주는 이 형사가 너무 고맙습니다. 그래서 이 형사에게 다 털어놓는다는 겁니다. 호감의 법칙을 이용해서, 범죄자의 자백을 받아내는 수법입니다. 이것을 'Good Cop Bad Cop'이라고 합니다.

호감의 법칙은 이와 같습니다. 누가 자기에게 칭찬을 하면 낯간지럽습니다. 그런데 기분은 좋습니다. 누가 자기에게 아부를 하면 아부인지 아는데도 즐겁습니다. 이런 호감의 법칙을 이용해서 누군가를 설득하려면 상대와 공통점을 찾는 것이 좋습니다. 고향이 같다든지, 학교가 같다든지, 취미가 비슷하다든지, 뭔가 공통점이 있으면 호감을 느낍니다. 그런 상태에서는 상대방을 설득하기가 매우 쉽습니다. 반대로, 설득당하지 않으려면 상품과 호감을 분리하는 습관이 필요합니다.

### 협상 : 조금씩 양보하기

협상이란 교환하고자 하는 것들을 서로 만족할 만한 수준에 이를 때까지 양쪽이 조정해 가는 과정입니다. 협상에 대한 부정적인 인식이 없지 않아 있는데, 사실은 그렇지 않습니다. 만약 협상이 없다면 사회는 금방 온갖 갈등으로 치닫게 될 것입니다. 그런 의미에서 협상은 적극적 갈등 해결 방법이라 할 수 있습니다.

사회적 갈등이란 두 사람 이상 또는 두 집단이 각자 이익을 추구하는 과정에서 상호 간의 이해관계 대립으로 나타나는 이익의 충돌을 의미합니다. 예를 들어서 현 정부에서 여성가족부를 폐지하겠다고 주장한다고 합시다. 그러면 일부 여성위원이나 정당에서 반대합니다. 그럼 일단 소통을 먼저 합니다. 내 생각과 상대방 생각을 들어보고, 경청도 하고 설득도 합니다. 그런데, 경청도 하고 소통도 하고 설득도 했는데, 해결이 안 납니다. 충돌밖에 없습니다.

이럴 때 협상은 해결의 실마리를 제공합니다. 협상이라는 것은 서로 일정 부분 양보하는 것입니다. 여성가족부를 폐지하는 대신에 비슷한 어떤 것을 만든다든지 해서 어쨌든 파국은 면할 수 있습니다. 상대방 모두가 만족하면 더할 나위가 없겠습니다만, 혹 썩 마음에는 안 들지라도 파국으로 가는 것보다는 낫습니다. 이게 협상입니다. 그래서 협상은 갈등을 관리하는 가장 효과적인 수단이라고 하는 겁니다.

협상은 타이밍이 중요합니다. 왜냐하면, 협상은 상호 간의 양보를 통하여 조정하는 것이기 때문에 협상의 결과는 항상 처음의 내 기대보다는 낮습니다. 여성가족부 폐지를 예를 들면, 여당은 조건 없이 그냥 폐지하려고 했고, 야당은 조건 없이 그냥 유지되었으면 했습니다. 그러니까 협상의 결과는 양자 모두의 처음 기대보다는 못한 겁니다. 그런데 왜 협상을 하고 나서 서로 웃으면서 만족하는 것일까요? 그 이유는 협상이 파국의 결과보다는 만족도가 훨씬 높기 때문입니다.

**협상은 당초 기대보다는 못하지만, 파국의 결과보다는 좋기 때문에 궁극적으로 높은 만족도를 얻게 됩니다.**

그러면 협상은 언제 하는 것이 만족도가 높을까요? 바로 파국이 보일 때입니다. 파국이 보이기 전까지는 협상이 살 안 됩니다. 내가 손해를 본다고 생각하기 때문입니다. 그러나 파국이 보이기 시작하면, 내가 다 잃기 때문에 이번에는 협상이 무조건 자기에게 이득이 됩니다. 그냥 처음부터 협상했으면, 시간도 절약하고 여러모로 좋았을 텐데 그때는 자기가 손해를 보는 것 같아서 협상을 안 합니다. 그러다가, 터지고 깨지고 소위 피를 좀 보고 나서 그때에야 비로소 협상합니다. 이게 참, 협상의 모순점입니다. 아이로니컬합니다.

## 04 좋은 인간관계

### 초연결관계의 사회

인간관계는 말 그대로 두 사람 이상이 만들어내는 개인적이고 정서적인 관계를 말합니다. 사람은 사회적 존재라고 합니다. 태어날 때부터 타인의 도움과 보호를 받는 의존적 존재이기도 합니다. 그렇기에, 다양한 사람과 상호작용을 맺어가면서 살아갈 수밖에 없습니다. 인간관계는 매우 중요합니다. 인간관계가 좋은 사람은 성공할 가능성도 큽니다.

**우리 사회는 갈수록 인간관계가 덜 중요한 사회로 가고 있습니다. 왜냐하면, 우리 사회가 고도로 시스템화되어 가기 때문입니다.**

'고도의 시스템화'는 개인주의의 발달과 인공지능과 같은 기술 발전으로 인하여, 갈수록 사회의 빈틈이 적어진다는 뜻입니다. 융통성의 여지가 그만큼 적어진다는 뜻이기도 하고, 어쨌든 필연적으로 타인의 영향을 덜 받는 사회가 될 거라는 겁니다. 이것을 다른 말로 '초연결관계'라고 합니다. 이것이 미래의 주요 특징적인 측면입니다.

**미래는 타인과의 관계보다는 자기의 개성과 실력을 더 가치 있게 생각하는 사회가 될 것입니다.**

어떤 회사에 취직했던 신입직원이 퇴사한다고 합니다. 이유가 무엇일까요? 연봉이 낮아서, 적성이 안 맞아서, 실제 업무가 달라서, 조직 적응이 안 되어, 인간관계가 나빠서 등등 여러 가지가 있을 겁니다. 실제로 2019년도 잡코리아에서 중소기업 신입직원을 대상으로 퇴사 사유를 분석한 결과, 인간관계는 다섯 번째였습니다.[29] 가장 큰 비중은 연봉이나 적성입니다. 물론, 중소기업 신입직원을 대상으로 했기 때문에 일반화하기는 어렵고, 또 자료마다 조금씩 다르기도 합니다. 그렇다고 하더라도 인간관계가 퇴사 사유의 1, 2위는 아닙니다. 이 이야기는 좋은 인간관계가 이 사회를 살아가는 필수적인 요건은 아니라는 뜻입니다.

**좋은 인간관계를 위해 노력은 하되, 안되는 걸 억지로 할 필요는 없습니다.**

만약 인간관계가 원활하지 않다고 생각하면 그 사람은 인간관계가 그다지 중요하지 않은 분야에서 일하면 됩니다. 인간관계는 성격과 같은 선천적인 요인이나 어릴 적의 환경에 영향을 많이 받습니다. 만약 어떤 사람이 인간관계가 원활하지 않으면 그것도 그럴만한 이유가 있는 겁니다. 성격이든 환경이든 영향을 받은 겁니다. 어느 날 갑자기 그렇게 되지 않습니다. 따라서 인간관계를 고치는 데도 그만한 자각과 노력, 시간이 필요합니다. 쉽지 않습니다.

우리 사회는 점점 개인의 가치와 다양성을 중시하는 사회가 되고 있습니다. 그와 함께 인간관계는 이래야 한다는 식의 획일적인 가치관도 영향력이 줄어들고 있습니다. 인간관계의 가치가 덜 중요한 사회로 가고 있습니다. 새로운 시대를 살고 있습니다.

### 인간관계가 좋아지는 방법

하지만 인간관계가 중요한 것은 사실입니다. 인간관계가 좋으면 아무래도 살아가는 데 유리하기 때문입니다. 그런 의미에서 인간관계가 좋아지는 방법에 대하여 같이 보도록 하겠습니다.

#### 거리 유지하기

인간관계를 잘 유지하는 방법은 무엇이 있을까요? 첫 번째는 거리를 유지하는 것입니다. 혹시 캠프파이어 해본 적 있으십니까?

모닥불 피워 놓고 둘러앉아서 기타도 치고 노래도 부르고, 밤새도록 이야기도 나눕니다. 그런데 왜 모닥불 주위로 빙 돌아서 앉아 있을까요? 그 이유는 더 가까우면 뜨겁고 더 멀면 춥기 때문입니다. 일정한 거리가 있어야 덥지도 않고 춥지도 않은 상태를 유지할 수 있습니다. 인간관계도 이와 마찬가지입니다. 너무 가까워도 안 되고 너무 멀어도 안 됩니다.

데일 카네기는 그의 저서 『인간관계론』에서, 인간관계의 핵심으로 친구를 만들고 적을 만들지 말라고 했습니다. 적을 안 만들고 친구를 만드는 것은 좋은데, 현실적으로 모든 사람과 친구가 될 수 없습니다. 친구는 상대방이 필요로 할 때 옆에 있어 주는 존재입니다. 모든 사람이 다 친구면 내가 너무 바쁩니다. 현실적으로 불가능합니다.

좋은 인간관계를 유지하는 사람의 주위에는 두 부류의 사람만 있습니다. 그건 바로 친구와 적이 아닌 사람, 이렇게 말입니다. 적을 만들지 말라는 말은 무조건 친구로 만들라는 말이 아니라, 적이 안 될 만큼의 관계를 유지하라는 겁니다.

혹시 불가근불가원(不可近不可遠)이라는 말을 들어보셨나요? 너무 가까이 있으면 실망하게 되고, 너무 멀리 있으면 서운하게 된다는 말입니다. 사람 사이에 적당한 간격을 두라는 뜻입니다. 『닦는 마음 밝은 마음』을 쓴 김재웅 씨는 '사람을 사귈 때는 소고삐 길이만큼 사이를 두고 사귀라'라고 말합니다.30

소에게 너무 가까이 가면, 날카로운 뿔에 상처를 입거나 좋다고 몸을 비비고 혓바닥으로 핥는 바람에 몸에 오물이나 침이 묻는다. 반면에 너무 멀면 고삐를 놓치어 도망간다. 도망간 소는 채소밭을 망치고, 잡으려 하면 손길이 닿기 전에 다시 도망가 버린다. 소고삐 길이만큼의 간격은 소를 다스리는 데 최적의 거리이다.

사람을 사귀는 것도 마찬가지이다. 너무 가까우면 탐진치를 닦지 못한지라 상대에게서 결점을 먼저 발견한다. 상대의 결점이 내 마음속에 든 나의 결점인 줄 모르고 상대만 나무란다. 상대도 마찬가지로 자신의 결점으로 나를 평가한다. 아이들이 너무 친해서 까불면 눈청에 눈물 난다는 말이 있다. 내 마음을 다스리지 못한 입장에서 남을 너무 가까이 사귀면 약한 마음인지라 좋을 때는 모든 것을 다 주고도 모자라 살점이라도 베어 주고 싶으나, 실큼해서 미워질 때는 죽이고 싶도록 미운 독이 올라온다. 좋아한다는 미명으로 바라는 마음을 연습하며 결과를 요구하게 되는 것이다.

너무 가까우면 등잔 밑이 어둡듯이 장점이 보이지 않고, 너무 멀면 장단점이 함께 보이지 않는다.

싸우고 이혼해서 헤어진 부부를 보면, 둘 사이가 원수가 되었습니다. 불구대천(不俱戴天)의 원수 사이가 되었습니다. 하지만 처음에는 안 그랬습니다. 처음 만나서 연애할 때는 서로 열렬히 사랑했습니다. 정말로 없으면 죽고 못 살 정도로 사랑한 사이였는데, 지금은 이혼하고 증오심이 가득 찬 채, 원수로 살아갑니다. 왜 그럴까요?

둘이 한집에서 살다 보니, 상대방의 단점이 보이기 시작합니다. 서로 단점을 지적합니다. 서로 단점만 지적하고 자기 단점은 안 바꿉니다. 이게 반복되니까 미워집니다. 사실, 단점이기보다는 서로 다른 겁니다. 결혼 전까지 서로 다른 환경에서 서로 다른 경험으로 살다 보니, 서로 다른 겁니다. 작은 생활 습관에서 삶을 바라보는 시각까지, 같은 것보다는 다른 것이 더 많습니다. 상대방을 지적할 것이 없습니다. 인정하고 맞추면 됩니다.

하지만 이것이 쉽겠습니까? 상대의 결점이 곧 내 마음속에 든 나의 결점인 줄 깨닫는 이 경지가 쉽게 오겠습니까? 그래서 인간관계를 잘 유지하려면 적당한 거리를 두는 것이 좋을 것 같습니다.

### 착한 사람 증후군 벗어나기

인간관계를 잘 유지하는 두 번째 방법은 바로 착한 사람 증후군에서 벗어나기입니다. '착한 아이 증후군', '착한 사람 콤플렉스'라 부르기도 합니다. 남의 말을 잘 들으면 착한 사람이라는 생각이 강박관념이 되어 버린 증상입니다. 꼭 말을 잘 듣는다는 것보다는 '착한 사람으로서의 이미지'를 유지해야 한다는 사고방식에 매인 상태를 의미합니다.

착한 사람으로 사는 것은 좋은 일입니다. 문제가 전혀 되지 않습니다. 문제는 속으로는 이게 아니다 싶으면서도 겉으로는 고분고분하게 남들이 원하는 대로 행동하는 것입니다. 착한 사람 증후군은 다른 말로 '자기주장 결핍증'이라고도 합니다. 이 사람들은 자기의 주장을 제대로 못 합니다. 이런 거 잘못 말했다가 누가 욕하면 어떻게 하지 이런 생각 때문에 자기의 주장을 못 합니다. 욕을 먹는다는 것은 자신의 착한 사람 이미지가 훼손되는 일이니까요. 착한 사람 증후군은 손해를 좀 보더라도 착한 이미지를 유지해야 한다는 강박관념에 매여 있습니다.

**너 착하지? 너 착하잖아. 그러니까 이것 좀 해줘.** 나는 별로 내키지 않습니다. 그런데 안 하면 내가 착한 사람이 안 되는 것 같으니까 그냥 하는 겁니다. 기분이 썩 좋지 않아요. 근데 기분 나쁘다는 표현을 못 합니다. 왜? 나는 착하니까요.

착한 사람 증후군의 특징은 다음과 같습니다.

**싫지만 부탁을 거절 못 합니다.**
**싫다는 표현도 못 합니다.**

자신이 잘못하지 않아도 사과합니다.
불편한 상태가 싫기 때문입니다.
화가 나도 안 그런 척합니다.
늘 친절하려고 합니다.

사실 대부분 사람은 이런 증후군이 있습니다. 이런 증후군이 약간 있는 것은 큰 문제가 안 됩니다. 오히려 너무 없으면 염치 없고 무례하게 보일 수도 있습니다. 그러나 심할 경우는 문제가 됩니다. 이런 사람은 남과 함께 사는 게 아니라, 남을 위해서 삽니다. 세상의 중심을 나에게로 옮겨야 합니다. 왜냐하면, 세상에서 무엇보다 소중한 사람은 바로 나이기 때문입니다.

### 조주 스님의 산호 방망이31

중국 당나라 때 조주라는 유명한 스님이 있었습니다. 불교에서 참선할 때 화두를 사용하는데, 그 화두로 제자들을 지도한 유명한 스님입니다. 그 스님은 한때 산호 방망이를 가지고 있었습니다. 스님은 대체 그 귀한 보석으로 된 방망이를 무엇에 썼을까요?

법매를 때릴 때 썼다고 합니다. "불교란 한 마디로 무엇입니까?"하고 묻는 사람이 있을 때, 그 영악하고 똑똑한 마음을 해탈시켜 주기 위해서 때리는 매를 법매라고 합니다. 남들은 평생을 배워도 불교가 무엇인지를 모르는데, 그걸 한마디로 물어 보는 도적의 마음이니까 말이 끝나자마자 무섭게 방망이로 한 대 치는 겁니다.

그런데 어떤 사람이 조주 스님의 그 산호 방망이가 탐이 났던 모양입니다. 조주 스님한테 와서 넙죽 절을 하고는, "천하의 선지식은 남에게 주는 것을 좋아한다지요?" 하고 천연덕스럽게 물었습니다. 조주 스님은 단번에 그 도둑의 심보를 알아차렸습니다. "천하의 대장부는 남의 물건을 탐하지 않는다고 들었소." 하고 천연덕스럽게 대꾸하였습니다.

말이 궁해진 그가 독이 나서 말했습니다. "나는 천하의 대장부가 아닙니다." "나도 천하의 선지식이 아니오." 조주 스님이 맞받았습니다. 세상을 대할 때 남을 공격하는 마음이 있어서는 안 되겠지만, 남이 공격해 올 때 방어하는 준비 또한 없어서는 안 될 것입니다.

스님은 어떤 사람입니까? 특히 조주 스님 같은 대선사는 이미 물질적인 욕망을 다 버린 사람입니다. 자비심이 가득 찬 분입니다. 그런 사람은 다른 사람이 어려운 형편이면 자기가 가진 것을 다 줍니다. 그걸 아까워하지 않습니다. 산호 방망이 같은 물질에 욕심이 있었으면 큰 스님이 못되었을 겁니다.

본래 성직자들이 착한 사람 증후군에 많이 노출되어 있습니다. 왜냐하면, 성직자는 착해야 하니까요. 성직자는 다른 사람을 도와주어야 하니까요. 조주 스님은 누가 달라면 하면 가진 것을 다 주는 분인데, 이렇게 욕심 가득한 사람이 달라고 하면 안줍니다. 딱 짤라 거절합니다. 주기는 싫지만 안 주면 내가 착한 스님이라는 소리 못 듣겠지, 조주 스님은 이런 걱정 안 합니다. 우리도 그렇게 해야 합니다.

내가 마음을 내서 착한 행동을 하는 것은 좋지만, 누가 자기의 욕심을 채우려고 나의 성격을 이용한다면, 조주 스님처럼 딱 짤라 거절해야 합니다. 부탁한 사람이 머쓱할 정도로 말입니다. 사람은 기본적으로 착하게 사는 것은 맞습니다. 그렇게 해야 합니다. 그런데, 내가 착한 것을 남들이 이용하도록 놔두면 안 됩니다. 그럴 경우는 단호하게 끊어야 합니다. 그래야 진정한 인간관계가 유지됩니다. 그 사람이 나를 이용하는 한, 진정한 인간관계는 유지되지 않습니다.

## 자기의 감정 표현하기

인간관계를 잘 유지하려면 감정 표현을 해야 합니다. 감정은 표현하지 않으면 알 수가 없습니다. 나는 지금 상대방 때문에 열을 받았습니다. 그런데 상대방은 의도하지 않았기 때문에 내가 화가 났는지 아닌지 잘 모릅니다. 내가 괜찮은 표정을 하고 있고, 내가 화난 사실을 말하지 않았기 때문입니다.

옛날부터 경상도 남자는 무뚝뚝하다고 했습니다. 무뚝뚝하다는 말은 감정 표현에 익숙하지 않다는 말입니다. 경상도 남자뿐만 아니라 무뚝뚝한 사람은 대부분 감정 표현에 서툰 사람들입니다. 왜 그럴까요? 교육받은 적이 없기 때문입니다. 감정을 표현하는 법을 배우지 못해서 그렇다고 봅니다. 자기의 감정을 어떻게 표현해야 할까요?

우선, 긍정적인 표현은 많이 하는 게 좋습니다. 대단합니다, 존경합니다, 감사합니다, 덕분입니다. 이런 말을 자주 하는 것이 좋습니다. 내가 상대방으로부터 어떤 긍정적인 감정을 느꼈다면, 내가 상대로부터 그러한 감정을 느끼고 있다는 것을 알려주어야 합니다. 왜일까요? 그래야만 상대방이 알 수 있기 때문입니다.

그러면, 불쾌한 감정은 어떻게 하는 게 좋을까요? 불쾌한 감정은 더더욱 이야기해야 합니다. 불쾌했던 감정을 풀지 않으면 결국 그 사람과의 인간관계가 나빠질 가능성이 크기 때문입니다. 누군가가 나에게 상처를 줬다면 그걸 알려줘야 하는데, 그 방법은 상대방에 대한 분노 표현이 아니라 내 감정 상태를 이야기하는 겁니다.

① 네가 그런 말을 하다니, 넌 참 못됐어!
② 네가 그런 말을 해서 나는 정말 속상했어.

어느 것이 좋습니까? 차이점을 느끼겠지요? 상대방의 잘못을 비난하는 방식은 문제 해결에 도움이 안 됩니다. 오히려 악화되기 쉽습니다. 두 번째처럼 그냥 상대방의 행동으로 인한 나의 불편함과 불쾌함을 표현하는 것이 좋습니다.

옛날에 직장 다닐 때, 직장 동료와 갈등 관계가 있었습니다. 어떤 경우는 좀 화가 나더라고요. 며칠 생각해도 그냥 넘어가면 안 될 것 같았습니다. 그런데 제가 이렇게 화가 났다는 것을 상대방은 모르고 있는 것 같았습니다. 그래서 따로 만나자고 했습니다. 그날 사실 이런저런 일이 있었는데 그것 때문에 내가 많이 서운했다. 이렇게 내 감정만 전달했습니다.

서운하다는 말이 참 좋은 것 같습니다. 내가 화났다, 분노했다, 이것도 좀 이상하지 않습니까? 그래서 저는 서운하다는 표현을 많이 합니다. 상대방을 비난하는 단어도 아니면서, 내 감정의 상태를 너무 과하게 전달하지 않는 점에서 말입니다. 그러면, 대부분은 아, 몰랐다, 미안하다, 이럽니다. 그리고 그 사람의 어떤 부연 설명을 통하여 저도 좀 더 그 상황을 정확하게 이해하게 됩니다. 이걸로 끝입니다. 그런데, 지나고 보니까 그런 감정 표현을 했던 것이 두 사람 관계에 도움이 되었습니다. 이런 것이 없었으면 내가 불편한 감정을 계속 가지고 있었을 것이고, 언제 한번은 폭발했을 수도 있습니다. 불쾌한 감정은 푸는 것이 정말 필요합니다.

### 재앙을 부르는 두 가지 주문

만약 살다가 인생이 너무 행복해서 이제 재앙이 좀 필요하겠다 싶으면, 이 두 가지 주문만 외우시면 됩니다.

첫 번째는 남의 흉을 보는 거고,
두 번째는 자기 자랑을 하는 겁니다.

이 두 가지만 하시면 재앙이 저절로 굴러들어옵니다. 남의 흉을 잘 보는 사람과는 거리를 두는 것이 좋습니다. 친구 관계를 안 맺는 게 좋습니다. 왜냐하면, 재앙이 내려올 때 옆에 있는 나에게 불통이 잘못 튈 수도 있기 때문입니다. 내가 그 친구 곁을 떠나면 그 친구는 또 이제 내 흉을 볼 겁니다. 그건 각오하셔야 합니다.

자기 자랑이 심한 사람과 친구를 맺으면 좀 피곤합니다. 그 자랑을 다 들어줘야 하니 단단히 각오해야 합니다. 물론, 현대인은 자기 자랑도 해야 합니다. 자기 자랑을 어느 정도 하는 것은 나쁘지 않습니다. 자존감도 올라갑니다. 문제는 입만 열면 자기 자랑하는 사람이 있습니다. 대화의 모든 주제에서 자기가 등장합니다. 그리고 자기 자랑질입니다. 정말 피곤합니다. 경상도에서는 그런 사람을 '조달자'라고 합니다. '조디만 달싹거리면 자기 자랑'의 준말입니다. 조디는 '주둥이'의 경상도 방언입니다.

아, 재앙은 필요가 없고 행운이 필요하다고요? 그럼, 반대로 하시면 됩니다. 남의 흉을 보는 대신에 남을 칭찬하시고, 자기 자랑하는 대신에 자기를 좀 낮추면 됩니다. 이것이 행운을 부르는 주문이기도 하고요, 인간관계의 궁극적인 지향점입니다.

*Summary of Chapter*

## Ⅶ 소통

소통의 출발점은 바로 나입니다.

'내 생각은 옳고 네 생각은 틀렸다'에서
'내 생각도 하나의 생각이고 네 생각도 하나의 생각이다'라고
관점을 바꿀 필요가 있습니다.

충고, 조언, 평가, 판단보다는 공감이 필요합니다. 공감은 타인에
대한 이해의 시작입니다.

인간관계가 좋아지기 위하여 노력은 하되,
안되는 걸 억지로 할 필요는 없습니다.
그에 맞추면서 살면 됩니다.

인간관계를 좋게 하기 위해서는 거리를 유지하고,
착한 사람 증후군에서 벗어나며,
자기의 감정을 표현할 줄 알아야 합니다.

# 행복

## 자원과 욕망 관리하기

01 행복이란?
02 돈과 행복의 관계
03 욕망과 행복의 관계
04 행복의 공식 : H=R/D

# 01 행복이란?

이 시간에는 행복에 대하여 한번 생각해 보겠습니다. 그렇다고 행복이라는 거대 담론을 여기서 모두 언급하고자 하는 것은 아닙니다. 행복은 인생의 궁극적인 목적일지도 모릅니다. 행복이라는 주제 하나로도 인문학의 벽장을 가득 채울 수도 있습니다. 저는 여기서 딱 두 가지 관점에서 행복을 한번 바라보고자 합니다. 바로, 물질과 정신 차원입니다. 이것을 공식으로 표현하면 H=R/D입니다. 물질과 정신이 어떻게 행복에 영향을 끼치는지 한번 보겠습니다.

### 아리스토텔레스의 행복이란?

아리스토텔레스는 행복이야말로 인생의 진정한 목적이라고 했습니다. 인간의 삶을 제약하는 물질적 조건이나 사회적 조건에 완전히 구속되어 산다면 그것은 인간적인 삶이 아니라 인간의 외양을 쓴 동물적 삶이라고 보았습니다.

그는 스스로 설정한 삶의 목적에 따라, 자신의 삶을 주재하면서 살아가는 삶을 행복(eudaimonia)이라고 불렀습니다. 그 당시에는 쾌락적 생활만이 행복이라고 주장했던 사람들이 많았는데요, 아리스토텔레스는 '진정한 행복은 의미 있는 삶에 따르는 부산물'이라고 했습니다. 이 말을 조금 풀이하자면 이렇습니다.

**자기가 하고 싶은 일을 하고, 그것이 사회적으로 가치가 있어야 진정한 행복이라 할 수 있다.**

제가 행복에서 아리스토텔레스를 처음 거론하는 이유는 바로 이것 때문입니다. 자기가 하고 싶은 일과 그것이 사회적으로 가치가 있을 때 그는 행복이라고 하였고, 이것은 행복의 최소한의 요건이라고 봅니다. 물론, 이것 외에도 다른 요인들도 있을 겁니다. 하나씩 보도록 하겠습니다.

### 안나 카레니나 법칙

**모든 행복한 가정은 서로 닮았고, 불행한 가정은 제각기 나름으로 불행하다.**

이것은 러시아의 대문호인 톨스토이의 소설 『안나 카레니나』의 첫 번째 문장입니다. 가정이 행복하려면 부부간의 사랑뿐만 아니라 구성원의 건강, 경제력, 부모와 자식의 관계 등이 모두 좋아야 합니다. 이런 조건들이 전부 충족돼야 비로소 행복해질 수 있다는 점에서, 행복한 가정은 배경과 특징이 모두 비슷하다고 할 수 있습니다.

반면 불행한 가정은 제각각 다릅니다. 어떤 집은 부부관계 때문에, 어떤 집은 말썽 피우는 자식 때문에, 어떤 집은 건강이나 직장 때문에 불행하다고 느낍니다. 불행의 이유는 제각각입니다.

행복만 그런 것이 아닙니다. 건강이나 재산, 성적, 평판 등 모든 것이 다 그렇습니다. 예를 들면, 모든 건강한 사람은 다 비슷하나, 건강하지 못한 사람은 제각각의 이유로 건강하지 못하다. 성적 좋은 학생은 다 비슷한 노력을 하는데, 성적이 좋지 못한 학생은 그 이유가 제각각이다. 모든 부자는 다 비슷한데, 가난한 사람은 그 이유가 제각각이다. 그래서 이것을 '안나 카레니나 법칙'이라고 부릅니다.

명리학에서는 오행이 고루고루 있어야 행복하다고 합니다. 오행이라면 기억나시나요? 목, 화, 토, 금, 수의 다섯 가지의 기운이라고 말씀드렸습니다. 아시다시피, 사주의 자리는 8개입니다. 그래서 팔자라고 말씀드렸죠. 8개 자리 중에서 다섯 가지 기운이 골고루 있어야 하는데, 어떻게 하더라도 완벽할 수가 없습니다. 만약 자리가 10개라면 오행별로 2개씩이면 딱 조화로운데 말입니다. 그래도 최선은 2, 2, 2, 1, 1입니다. 어떻게 하든 약한 기운이 있을 수밖에 없습니다. 명리학을 보더라도 인생 자체가 불완전에서 시작하고 있습니다. 세상에 과연 완벽하게 행복한 사람은 몇 명이나 될까요?

## 세계 행복보고서[32]

과연 사람들은 얼마나 행복하게 살까요?

UN 산하 자문기구인 지속가능발전해법네트워크(SDSN)에서는 매년 「세계 행복 보고서」를 발표합니다. 2022년 기준으로, 한국은 146개국 중에서 59위를 차지하였습니다. 핀란드가 1위를 차지하는 등 대부분의 유럽국가 상위권을 차지하였으며, 일본은 54위, 중국은 72위입니다. 우리가 아는 상식과 크게 벗어나는 것 같지는 않습니다.

그런데 문제는 행복의 측정 기준입니다. 행복은 측정 가능할까요? 어쨌든 측정해야만 합니다. 그래서 OECD에서 측정하는 행복의 기준은 다음과 같습니다.[33]

주거
소득과 자산
직업과 소득
사회적 관계
교육과 기술
환경과 질
시민 참여와 거버넌스
건강
주관적 안녕(삶의 만족도)
개인의 안전
일과 삶의 조화

이것이 행복(Better Life Index)의 지표입니다. 그런데 위의 지표를 자세히 들여다보면 소득 수준이나 사회활동, 직업, 인간관계 등의 물질적, 사회적 관계를 중시하고 있음을 알 수 있습니다. 정신적 영역은 빠져있습니다. 종교적 신념이나 자발적 가난, 욕망을 통제함에 따른 기쁨 등은 행복에 매우 중요한 요소인데 빠져있습니다. 왜일까요? 아마 정신적 영역이 매우 주관적인 영역이기 때문에 객관화하기가 어려워서일 겁니다.

그러나 그보다 더 중요하게 바라봐야 할 것이 있습니다. 그것은 바로 평균치는 아무 의미가 없다는 것입니다. 저 순위는 평균치입니다. 행복은 철저히 주관적인 요소입니다. 따라서 행복에 대한 평균의 함정을 벗어나야 합니다.

예를 들어서, 우리나라 행복 지수가 평균 80점이라고 한다면, 이 80점이라는 숫자는 국가의 행복 수준을 알아본다는 점에서는 일리가 있겠으나, 개인에게는 80점이 아무 의미가 없습니다. 100점인 사람은 100점의 인생을 사는 것이고, 60점이면 60점의 인생을 살기 때문입니다. 그렇다고 하더라도, UN이나 OECD에서 제시하는 행복 순위를 아주 무시할 수는 없습니다. 행복은 정신적 가치이기도 하지만, 이러한 측정 가능한 기준에 영향을 받는 것도 사실이기 때문입니다. 이제, 하나씩 살펴보겠습니다.

## 02 돈과 행복의 관계

### 돈이 있어야 행복하다?

행복을 돈으로 살 수 있을까요? 없을까요? 다소 고리타분한 질문입니다만, 제 생각은 이렇습니다.

**돈으로 행복을 살 수 있습니다.**
**다만, 돈으로만 행복을 살 수는 없습니다.**

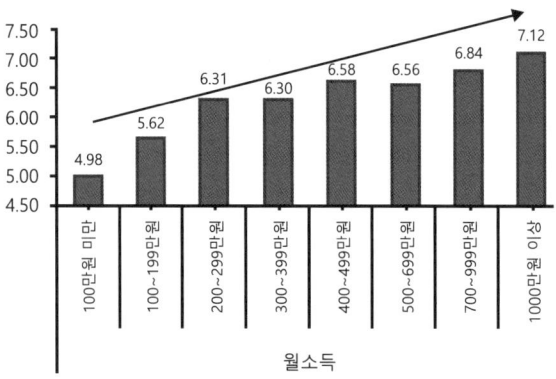

월소득과 행복지수와의 관계34

너무 당연한 말인가요? 행복을 돈으로 살 수 없다고 주장하고 싶은데, 통계는 다르게 이야기합니다. 위 표는 2017년 한국보건사회연구원에서 일반 국민 1,000명을 대상으로 조사한 내용입니다. 여기에는 월 소득이 높을수록 행복 지수가 높은 것을 알 수가 있습니다. 물론, 이 표에도 평균의 함정이 있습니다. 가난하지만 행복한 사람도 있고, 부유하지만 불행한 사람도 있습니다. 이 점은 항상 염두에 두셔야 합니다. 하지만 이 조사만 그런 것이 아니라, 다른 대부분의 설문조사도 소득과 행복 사이에는 유의미한 관계가 있다고 나옵니다.

### 이스털린의 역설(Easterlin's Paradox)

소득과 행복의 관계를 연구한 학자가 있습니다. 미국의 경제학자 리처드 이스털린은 1974년에 소득이 일정 수준을 넘어 기본 욕구가 충족되면 소득이 증가해도 행복은 더는 증가하지 않는다는 이론을 제시하였습니다.

그는 1946년부터 빈곤국과 부유한 국가, 사회주의와 자본주의 국가 등 30개 국가의 행복도를 연구했는데, 소득이 일정 수준을 넘어서면 행복도와 소득이 비례하지 않는다는 현상을 발견하였습니다.

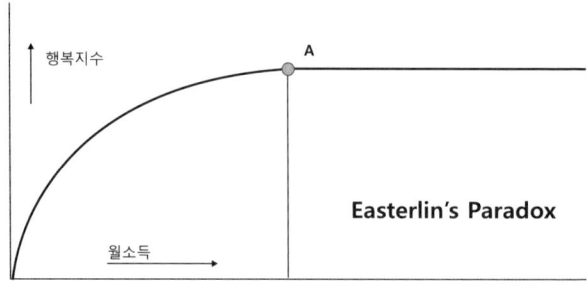

**이스털린의 역설**

예를 들면, 만약 한 달에 100만 원 이하 소득이면 병원을 가고 싶어도 치료비 부담 때문에 못 갑니다. 이럴 경우는 행복감이 떨어질 수밖에 없습니다. 아파서 병원을 가야 하는데 치료할 돈이 없으면 행복하기가 쉽지 않습니다. 그러나 소득이 오백만 원이든 천만 원이든 어느 수준을 넘어가면 소득이 더 증가한다고 해서 행복도 증가하지는 않습니다. 그래서 소득이 어느 수준이 될 때까지는 행복을 돈으로 살 수 있지만, 그 수준이 넘어가면 그때는 돈하고 행복은 별로 관계가 없다는 게 이 그래프의 의미입니다.

오늘날에도 대체로 이와 비슷한 연구들이 이루어집니다. 노벨 경제학상을 받은 앵거스 디턴 교수는 프린스턴대 동료인 대니얼 카너먼 교수와 함께 2010년 발표한 논문에서 '미국 국민은 소득이 늘어나면 더 행복하다고 생각하지만, 연봉 7만5000달러(약 9천만 원)를 넘으면 행복감이 더 증가하지 않는다'고 분석하였습니다.[35]

우리나라도 강은택 서남대학교 교수가 2015년에 쓴 지역의 소득과 주관적 삶의 만족도와의 관계 분석 논문에서, 연간 소득이 8,800만 원까지는 삶의 만족도가 증가하더라도 그 이상은 만족도가 증가하지 않는다는 사실을 밝혔습니다.[36]

이 역설의 의미는 두 가지입니다. 첫째, 소득은 행복에 영향을 미친다는 것을 실증적으로 증명한 것입니다. 둘째, 어느 소득 수준이 넘어가면 더는 영향을 미치지 않는다는 것입니다. 돈으로 행복을 살 수는 있습니다. 그러나 돈만으로 행복을 살 수는 없다는 겁니다.

그래서 돈으로 통칭하는 물질적 요소 외에 정신적 관점에서 행복을 바라봐야 한다는 겁니다. 바로 욕망입니다.

욕망이 충족되어야 행복할까요?
아니면 욕망이 억제되어야 행복할까요?

## 03 욕망과 행복의 관계

### 사람에게는 얼마만큼의 땅이 필요한가?

톨스토이의 유명한 단편 소설 이야기입니다. 주인공 파흠은 농부입니다. 그는 어느 날 새로운 땅에 관하여 이야기를 들었습니다.

땅값은 하루에 1000루블입니다. 해가 떠 있는 동안 직접 걸어 갔다가 돌아온 만큼의 땅이 1000루블입니다.

파흠은 신이 났습니다. 자신이 걸어온 만큼의 땅을 자신에게 준다니요? 다음날 파흠은 많은 땅을 얻기 위해 멀리멀리 떠났습니다. 파흠은 자신이 너무 욕심을 부린 것이 아닐까 걱정했습니다. 지평선에 해가 떨어지는 것을 보면서 허겁지겁 뛰어서 약속 장소로 돌아왔을 때 파흠은 입가에 피를 흘리며 죽었습니다. 소설은 다음과 같은 글로 끝을 맺고 있습니다.

파흠의 하인은 괭이를 들고 주인을 위해 구덩이를 팠다. 그 구덩이는 파흠의 머리부터 발끝까지 단지 이 미터 길이밖에 되지 않았다. 그는 그곳에 묻혔다.

톨스토이는 이 책을 통하여 인간의 욕심을 경계하였습니다. 사람이 죽으면 필요한 땅은 불과 이 미터 남짓입니다. 죽어서 흙이 될 인생인데, 무슨 땅이 그리 필요했을까요? 파홈을 죽게 만든 것은 바로 욕심입니다. 조금만 덜 욕심냈으면 죽지 않았을 것입니다.

### 욕망의 경제학 : 자본주의

욕망을 세상 밖으로 나오게 한 것이 바로 자본주의입니다. 자본주의란 이윤 추구를 목적으로 하는 자본이 지배하는 경제 체제를 말합니다. 자본주의 이전에는 욕망은 억제의 대상이었습니다. 중세 금욕주의가 그러했으며, 동양에서도 인간의 본성은 착하나 욕망 때문에 본성이 가려져 있으므로, 욕망은 억제되어야 한다고 했습니다.

그러나 자본주의는 개인의 욕망을 인간의 본성으로 인정하고, 개인은 자기 욕망 달성을 위하여 최선을 다하면 된다고 했습니다. 그러면 사회는 '보이지 않는 손'에 의하여 저절로 잘 작동한다고 했습니다.

우리가 저녁 식사를 기대할 수 있는 건 푸줏간 주인, 양조장 주인, 빵집 주인의 자비심 덕분이 아니라 그들의 돈벌이에 관한 관심 덕분이다. 우리는 그들의 박애심이 아니라 자기애에 호소

하며, 우리의 필요가 아니라 그들의 이익만을 그들에게 이야기할 뿐이다.[37]

1776년, 애덤 스미스가 지은 『국부론』에 나오는 말입니다. 이 책은 성서 이래로 가장 위대한 책이라고 이야기합니다. 왜냐하면, 이 책이 바로 근대 자본주의 인간을 새롭게 해석한 책이기 때문입니다. '인간은 합리적으로 행동한다'라는 고전 경제학의 기본 전제는 사실 인간은 이기적으로 행동한다는 말의 점잖은 표현입니다.

그에 따르면 **인간이 자기의 욕망에 따라서 이기적으로 행동해도 사회 전체의 이익을 가져다줍니다.** 그러니 욕망 추구, 이익 추구를 부끄러워하지 말고, 적극적으로 추구하라는 겁니다.

애덤 스미스는 모든 사람이 경제 활동을 할 때, 인간의 본성에 충실하게 이기심에 따라 움직인다고 보았습니다. 여기서 말하는 인간의 이기심이란 자신만 살겠다고 다른 사람에게 피해를 주는 것은 당연히 아닙니다. 법이나 윤리 테두리 안에서 자신을 위하는 마음, 즉 지금보다 잘 살고 싶은 무한한 욕망을 말합니다.

자신이 처한 상황에 안주하기보다는 더 나은 삶, 더 풍요로운 생활을 누리기를 원하는, 즉 자기의 행복을 추구하는 마음을 이기심이라고 하였습니다. 경제 활동을 할 때는 바로 이 이기심 때문에 더욱더 열심히 노력하면서 살게 된다는 겁니다. 중세에는 인간의 욕망을 죄악으로 취급하였지만, 자본주의가 되면서 인간의 욕망은 적극적으로 추구해야 하는 이기심으로 바뀌었습니다. 그래서 **욕망의 충족 여부가 행복이 기준이 되었습니다.**

욕망의 충족이 행복의 조건이라면, 자본주의 사회는 과연 행복한 사회일까요? 욕망은 경쟁을 낳고 경쟁으로 인한 부작용이 인간을 불행하게 만드는 것은 아닐까요?

## 우리는 충족되기 어려운 것을 욕망한다

욕망은 충족되기 어렵습니다. 왜냐하면, 우리는 충족되기 어려운 것을 욕망하기 때문입니다.

욕망이 충족되면 행복해집니다. 반대로, 욕망이 충족되지 않으면 불행해집니다. 그런데 문제는 욕망의 속성은 충족되기 어렵다는 데 있습니다. 사람들은 몇천 원만 주면 시장에서 살 수 있는 그러한 물건을 욕망하지는 않습니다. 비싸고 사기 어려운 것들을 욕망합니다. 혹, 내가 갖고 싶은 것이 충족되었다 하더라도 거기서 끝이 아닙니다. 대부분은 더 큰 것을 또 욕망합니다. 그래서 행복을 느끼는 것보다 불행을 느끼는 경우가 더 많습니다. 이것을 볼 때 욕망으로 행복을 추구하기는 대단히 어렵습니다.

동양에서는 옛날부터 욕망의 억제에 행복이 있다고 가르쳤습니다. 예를 들면 맹자는 "마음을 기르는데 과욕(寡欲)만 한 게 없다"라고 하여 욕심을 줄이는 것이 바로 행복의 지름길이라고 말했습니다. 법정 스님은 무소유 정신으로 평생을 사셨는데, 무소유란 아무것도 갖지 않는다는 것이 아니라 불필요한 것을 갖지 않는다는 뜻으로, 스스로 선택한 맑은 가난은 부자로 사는 것보다 훨씬 값지고 고귀하다고 말하였습니다.

## 04 행복의 공식 : H=R/D

### 자신의 욕망을 잘 관찰하라

앞의 논의들을 정리하면 행복은 적절한 소득과 욕망의 감소로 결정됩니다. 행복은 돈과 같은 물질적 자원에 비례하고, 욕망과는 반비례합니다. 이것을 공식으로 만들면 다음과 같습니다.

$$행복(Happiness) = a \times \frac{자원(Resources)}{욕망(Desire)}\;38$$

분자인 자원을 늘리는 방법은 무엇이 있을까요? 좋은 직장이나 경제적, 사회적 활동이 있겠지요. 적극적인 재테크나 아껴 쓰고 저축하는 것도 방법이고, 그러한 물질적 가치를 추구하기 위하여 열심히 사는 것도 포함됩니다.

하지만 이스털린의 역설에서 보았듯이 일정 부분까지는 소득이 증가할수록 행복감이 커지지만, 어느 소득 이상이 되면 소득이 행복에 별로 영향을 못 미칩니다. 소득이 일정 수준을 넘어서면 오히려 행복이 감소할 수도 있습니다. 그 이유는 욕망의 크기가 소득의 크기보다 더 커지기 때문입니다. 욕망은 소득이 커짐에 따라서 더 커지는 경향이 있습니다.

제가 아는 어떤 분이 돈을 많이 벌었는데, 어느 날 보니 매우 울상이었습니다. 왜 그러냐고 물어보니, 요트를 한 대 사려고 하는데 자기는 돈이 없어서 10억 원짜리 밖에 못사는데 그게 너무 스트레스랍니다.

이게 욕망의 크기입니다. 연봉이 몇천만 원에서 몇억 원으로 오르면 고급 외제 승용차를 삽니다. 그러다가 몇십억 원이 되면 요트를 꿈꿉니다. 욕망은 커지지 않는 상태에서 소득만 늘면 행복할 텐데, 소득이 늘면 욕망도 덩달아 더 커지게 됩니다. 통상적으로 욕망의 크기가 소득의 크기보다 더 큽니다.

그럼 욕망을 줄이는 방법은 무엇일까요? 적게 먹고, 아껴 쓰고, 낭비하지 않으며 소소한 삶을 살아가는 겁니다. 남과 비교하지 않고 자기의 삶을 만족하면서 적게 벌어도 적게 쓰고, 정신적 가치를 추구하는 겁니다. 옛날에는 이것을 안빈낙도(安貧樂道)라고 했습니다. 요즘의 파이어족 또는 슬로우족이 이와 비슷할 것 같습니다.

분모에 있는 욕망을 영(0)으로 만든다면 어떻게 될까요? 만약 욕망을 0으로 만들 수 있다면, 다른 말로 일체 욕망을 다 끊을 수만 있다면, 행복은 무한대(∞)가 될 것입니다. 이것이 바로 각 종교에서 말하는 깨달음과 완전한 기쁨의 천국 또는 열반이 아닐까 생각해 봅니다.

욕망을 줄이면서 정신적 가치를 추구할 때 한가지 주의해야 할 점이 있습니다. 바로 자신의 욕망을 잘 관찰하는 것입니다. 자신의 욕망을 있는 그대로 봐야만 합니다. 다른 말로 하면, 자신의 욕망을 제어하고자 하는 욕망이 가짜인지, 진짜인지 잘 가려야 합니다. 왜 그럴까요?

현재 우리는 욕망을 인정하는 사회에서, 욕망이라는 거대한 전차를 타고 있습니다.

전차에 앉아 있는 것이 편하겠습니까?
전차에 뛰어내리는 것이 편하겠습니까?

**욕망을 억제하면서 사는 삶은 생각보다 훨씬 깊은 내공이 필요합니다.** 내가 어쩔 수 없이 욕망을 줄이는 건 오히려 쉬울지도 모릅니다. 그러나 스스로 욕망을 줄이는 삶을 선택하는 것은 쉬운 일이 아닙니다. 다시 말씀드리면, 자신의 그릇의 크기를 먼저 살펴봐야 합니다.

현실의 도피처로써 욕망을 줄이는 삶을 선택한 것은 아닌지 늘 점검해야 합니다. 자칫 죽도 밥도 아닌 인생이 될 수도 있습니다. 만약 자신의 의지대로 욕망을 줄이고 사는 삶을 스스로 선택할 수 있으면 그것은 매우 훌륭한 삶이 될 것입니다. 선택은 각자가 하는 겁니다.

## R과 D의 균형적인 삶

인생에는 라이프 스타일이 있습니다. 농부가 봄에는 씨앗을 뿌리고 가을에 추수하듯이, 인생을 살아가면서 그 시기에 해야 할 일이 있습니다.

돈은 언제 버는 게 좋겠습니까? 이왕이면 젊을 때부터 준비하는 게 좋겠습니다. 욕망을 줄이는 것은 언제 좋겠습니까? 아무래도 노년기에 더 집중해야 할 것 같습니다. 세상에 참으로 추한 단어가 하나 있습니다. 그것은 바로 노욕(老慾)입니다. 늙어서 욕심을 내면 그것만큼 추한 것은 없습니다. 그래서 『주역』에서는 항룡유회(亢龍有悔)라는 말로써 스스로 경계하도록 만들었습니다. 높이 올랐던 용은 스스로 후회한다고 말입니다.

그럼, 반대의 삶은 잘못된 것인가요? 젊어서부터 욕망을 줄이고, 가난에 구애 없이 정신적 가치를 추구한다든지 또는 나이가 들어도 왕성한 경제적 활동을 하는 것이 잘못된 것인가요?

그럴 리가요. 절대 아닙니다. 좋은 일이라고 생각합니다. 삶은 한 방향만 존재하는 것이 아닙니다. 인생은 역시 정답이 없습니다.

마지막으로, 톨스토이로 마무리하려고 합니다. 이번 시간에는 톨스토이가 많이 나왔습니다. 행복하면 역시 톨스토이를 빼놓을 수 없는가 봅니다. 톨스토이는 이렇게 자기에게 스스로 질문을 했다고 합니다.

첫째, 이 세상에서 가장 중요한 시간은 언제인가?
둘째, 이 세상에서 가장 중요한 사람은 누구인가?
셋째, 이 세상에서 가장 중요한 일은 무엇인가?

톨스토이는 이렇게 대답했습니다. 가장 중요한 시간은 지금 바로 이 순간이고, 가장 중요한 사람은 바로 우리 곁에 있는 사람이며, 가장 중요한 일은 그 사람을 위해 좋은 일을 하는 것이다. 톨스토이는 이러한 실천을 통하여 행복한 삶을 추구하였습니다.

벨기에의 극작가 모리스 마테를링크(1862~1949)가 1908년에 지은 희곡 동화인 『파랑새』는 행복에 관한 이야기입니다. 나무꾼 남매가 파랑새를 찾기 위하여 전 세계를 돌아다니지만, 찾지 못하고 결국 집으로 돌아옵니다. 그러나 그 남매가 그렇게 애타게 찾아다녔던 파랑새는 바로 집에 있었던 비둘기였음을 깨닫게 됩니다.

톨스토이가 어쩌면 정답을 이야기한 것 같습니다. 행복은 멀리 있는 것이 아니라 바로 내 가까이에 있습니다. 행복은 바로 이 순간, 내 안에 있습니다.

***Summary of Chapter***

## VIII 행복

행복(Happiness) = a X $\dfrac{자원(Resources)}{욕망(Desire)}$

돈으로 행복을 살 수 있습니다.
다만, 돈으로만 행복을 살 수는 없습니다.
충족되지 않는 욕망을 충족하기보다는
욕망을 줄이는 것이 훨씬 행복합니다.

돈은 이왕이면 젊을 때 많이 버시고,
욕망은 나이가 들수록 줄이는 게 좋습니다.

톨스토이의 말처럼,
행복은 멀리 있는 것이 아니라 바로
내 가까이에 있습니다.
행복은 바로 이 순간, 내 안에 있습니다.

# 명상
### 부정적 감정 다스리기

- 01 스트레스는 왜 생기지?
- 02 부정적 감정
- 03 명상 : 부정적 감정과의 분리
- 04 참선과 위파사나
- 05 부정적 감정을 다스리기

## 01 스트레스는 왜 생기지?

이번 강의의 주제는 명상입니다. 이번 시간에는 행복을 저해하는 요인인 스트레스와 그 극복 방법에 관하여 이야기해 볼까 합니다.

예전에 제가 기업에서 근무할 때, 대학을 갓 졸업한 사람을 대상으로 신입직원 면접을 진행한 적이 있었습니다. 면접 도중에 자기의 장점을 이야기해 보라 했더니, 많은 응시자가 인간관계가 좋다고 이야기하였습니다. 누구와도 잘 지낼 수 있다고 말이죠. 그러면 전 고개를 끄덕끄덕합니다만, 과연 그럴까요?

저는 솔직히 학생들은 인간관계에서 오는 스트레스가 그렇게 많지 않다고 봅니다. 그 이유는 사람을 만나는 데 있어서 선택권이 있기 때문입니다. 학창 시절이나 대학 시절에는 내가 사람을 선택할 수가 있습니다. 나랑 스타일이 맞고 내가 편한 사람만 만나면 됩니다. 만나면 불편한 사람을 굳이 만날 필요가 없습니다. 자신이 편한 사람하고만 만나니 대부분은 자기의 인간관계가 좋은 줄 압니다.

그러나 직장에 다니면 상황이 달라집니다. 군대도 마찬가지입니다. 직장이나 군대는 나에게 선택권이 없습니다. 나랑 편한 사람하고만 지낼 수가 없습니다. 가끔은 내가 정말 싫어하는 유형의 사람과 같은 공간에서 지내야 합니다.

그때 스트레스가 확 생깁니다. 소화가 안 되기도 하고, 심하면 퇴사하기도 합니다. 그런 스트레스 상황에서 어떻게 잘 대처할 것인가? 이게 오늘 강의의 핵심입니다.

## 세계감정보고서(Global Emotional Report)[39]

당신은 어제 아래의 경험을 겪었습니까?
① 신체적 고통을 느꼈나요?
② 걱정했나요?
③ 슬픔을 느꼈나요?
④ 스트레스를 받았나요?
⑤ 분노를 느꼈나요?

UN은 이 5가지 경험에 대하여 세계인이 어느 정도 경험을 하는지 매년 조사하는데, 그 내용이 바로 「세계 감정 보고서」입니다. 이 조사는 국가별 15살 이상 평균 1,000명을 대상으로 조사합니다.

그 결과, 다음 표와 같이 2022년에는 세계인 100명 중에서 평균 31명이 어제 신체적 고통을 느꼈으며, 42명이 어제 걱정을 했고, 28명이 어제 슬픔을 느꼈다고 대답했습니다. 41명이 어제 스트레스를 받았으며, 23명이 어제 분노를 느꼈다고 대답했습니다. 평균하면 100명 중에서 33명입니다.

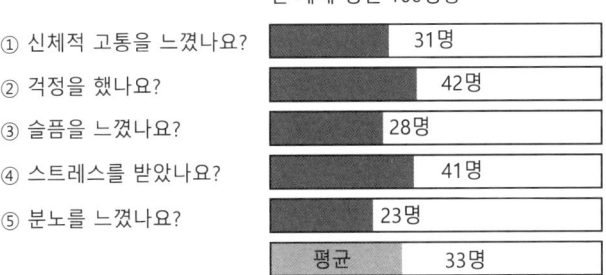

부정적 감정의 경험 비율

현재 세계의 약 1/3의 사람들이 불행 또는 스트레스를 받고 살아가고 있다는 말이 되는데, 문제는 그 비율이 꾸준히 상승하고 있다는 점입니다.

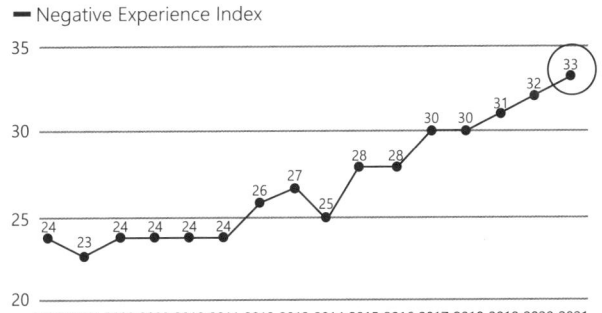

부정적 감정의 세계적 증가추세

갈수록 세계인의 스트레스가 가중되고 있다는 뜻입니다. 특히 최근에는 코로나 때문에 스트레스도 좀 받았겠구나, 이렇게 해석할 수도 있습니다. 어쨌든 전체적으로 스트레스와 걱정, 슬픔, 분노 등의 감정들이 예전보다 더 증가하는 추세입니다.

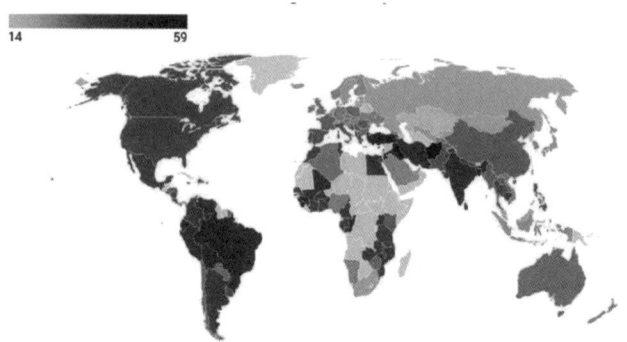

부정적 감정의 지역 분포

지역적으로 보면 어떨까요? 위의 그림에서 색깔이 진할수록 스트레스 지수가 더 높습니다. 남미나 인도, 중동 아시아 국가들이 대체로 진하고, 유럽이나 러시아, 호주, 동남아시아 국가들이 대체로 연한 색을 띠고 있습니다.

스트레스 지수가 가장 높은 나라는 아프가니스탄이라고 합니다. 59점으로 세계 1위입니다. 이 나라 사람들은 80%가 걱정으로 하루를 보내고, 74%가 스트레스를 받았으며, 61%가 슬프다는 생각을 했습니다.

사람들을 불행에 빠뜨리는 요인은 빈곤이나 기아, 외로움도 있고, 나쁜 공동체나 일자리 등도 있습니다. 레바논, 이라크, 요르단, 튀르키예 등의 나라가 스트레스 지수가 높고, 반대로 카자흐스탄, 대만, 몽골, 싱가포르 등의 나라가 스트레스 지수가 낮습니다.

한국은 어디쯤 될까요?

'스트레스 인지율'이라는 통계 용어가 있습니다. 지난 2주간 일상생활에서 전반적으로 스트레스를 어느 정도 느꼈는지에 대해서 '매우 많이 느꼈다' 또는 '느낀 편이다'라고 응답한 사람의 비율을 말합니다.

통계청 사회조사에 의하면 우리나라의 스트레스 인지율은 2022년에 44.9%를 기록하였습니다.[40] 이 비율이 2020년에는 50.5%였으니까, 국민 두 명 중 한 명은 스트레스를 느끼면서 살고 있다는 말입니다.

우리나라는 세계에서 초고속으로 성장한 나라입니다. 짧은 시기에 빠른 성장을 하다 보니까, 부작용이 많습니다. 국토도 작고 천연자원도 별로 없으니 오직 능력으로 살아남아야 합니다. 이렇게 경쟁에 내몰리는 환경이다 보니, 아무래도 스트레스가 많은 편인 것 같습니다.

그뿐만이 아닙니다. 체면을 중시하는 사회 문화적 풍토도 스트레스를 키우는 원인이 됩니다. 우리나라에서는 대기업에 다니다가 50대에 은퇴하면 허드렛일을 못합니다. 다른 사람의 시선 때문입니다. 허드렛일을 하면 인생이 실패했다고 보는 시선 때문입니다.

제가 아는 공무원 한 분은 60세 정년 퇴임을 하셨습니다. 4급 서기관으로 퇴직을 했는데, 연금만으로는 생활이 곤란해서 일을 안 할 수가 없었습니다. 마땅한 직장을 못 구했고 결국 원래 살던 도시를 떠나서 아무도 없는 낯선 도시에 가서 허드렛일을 구했습니다.

이런 체면 문화는 옛날부터 내려오던 오래된 문화적 특징으로 보입니다. 조선 시대에도 그랬고, 아마도 그 이전에도 그랬을 것으로 추측됩니다. 우리나라 국민성이 부지런하고 정말 좋음에도 불구하고, 이런 체면 문화 때문에 남의 시선을 의식하다 보면 아무래도 스트레스가 높지 않을까 생각합니다.

### 스트레스 상황을 만나면

다음은 롤프 메르클레가 쓴 『감정 사용 설명서』라는 책에 나오는 내용입니다.[41] 어떤 사람이 직장에 몇 번 지각했다고 칩시다. 어느 날 상사가 오더니 이렇게 말합니다.

"오늘로 벌써 네 번째 지각이군요. 더는 용납할 수 없어요. 사정이 어떻든 간에, 다른 직원들처럼 제시간에 맞춰 출근하도록 해요."

당신이라면 다음 중 어떻게 반응하시겠습니까?

① "정말 쪼잔한 놈이라니까! 다른 직원들과 똑같이 일하는데, 그깟 몇 분 늦을 것 때문에 이렇게 난리를 피우다니. 말도 안 되는 일이야!"
② "이것 때문에 불이익당하진 말아야 하는데…… 다음번 구조

조정 때 이 일을 빌미로 해고를 당할지 몰라. 그렇게 되면 우리 가족은 누가 먹여 살리지?"
③ "애고, 오늘 부장님 기분이 엉망이군. 일이 제대로 돌아가지 않나 보네. 자기가 화나니까 애먼 부하 직원을 잡는군. 아휴, 그냥 내버려 둬야지 별수 있어? 시간이 지나면 저절로 해결되겠지."

부장의 말에 대하여 사람들은 크게 3가지 정도로 대답할 수 있습니다. 1번은 분노입니다. 화가 나는 겁니다. 그깟 몇 분 늦었다고 이 난리를 피우다니, 자존심도 상하고 화도 납니다. 2번은 걱정입니다. 부장이 나를 싫어하는 것 같습니다. 까딱하다가는 회사에서 잘릴 것 같습니다. 조용할 때 찾아가서 변명하고 용서를 구해야 할지 망설이게 됩니다. 3번은 객관화입니다. 부장의 상태를 객관화시키고, 내가 할 수 있는 일만 신경을 씁니다.

누가 봐도 3번이 가장 좋습니다. 분노나 걱정보다는 최대한 이런 상황을 객관화시켜야 합니다. 부장의 말을 잊어버리고 편안하게 지내려고 노력합니다. 만약 분노와 걱정 등의 부정적 감정에 휘둘려 왔다면, '아! 내가 지금 분노하고 있구나! 내가 지금 걱정하고 있구나!'라고 알아차리고, '그래, 화낼 만하지. 그래, 걱정할 만하지. 누구라도 그럴 수밖에 없잖아'라면서 인정하고 스스로 다독거려야 합니다.

이렇게 해야 한다는 것은 너무나 잘 알고 있습니다. 문제는 잘 안 된다는 데 있습니다. 3번처럼 하면 되는데, 머리로는 이해가 되지만 현실은 자꾸 1번이나 2번처럼 분노나 걱정이 앞섭니다. 3번처럼 상황을 객관화시키면 스트레스는 크게 생기지 않을 것 같습니다. 그런데 왜 상황을 객관화시키지 못하고, 분노나 걱정이 앞서는 걸까요?

### 스트레스의 원인

분노나 걱정은 스트레스를 만듭니다. 그럼 다시 질문해 보겠습니다.

스트레스의 원인은 무엇일까요?
① 스트레스의 원인은 어떤 사건 때문이다
② 스트레스의 원인은 어떤 사건에 대한 우리의 생각 때문이다

정답은 당연히 1번입니다.
그런데, 정답은 2번입니다.

왜일까요? 1번을 정답이라고 하면 우리가 스트레스를 피할 수 없기 때문입니다. 맞기는 맞는데, 해결할만한 방법이 없습니다. 그래서 1번이 정답이지만, 우리는 2번에 집중해야 합니다. 그래야 스트레스가 관리가 됩니다.

우리가 스트레스를 받는 것은 외부의 어떤 사건 때문입니다. 이것은 틀림없는 사실입니다. 그런 사건이 없다면 당연히 스트

레스도 없을 겁니다.

결혼해서 수도권에 집 살 생각으로, 생활비 아껴가면서 열심히 저축하면서 살았는데, 갑자기 집값이 두 배로 폭등했습니다. 수도권에 내 집 마련은 이제 꿈이 되어버렸습니다. 암울합니다. 스트레스가 치솟습니다.

어머니에게서 전화가 왔습니다. 큰 병에 걸려서 이제 오래 못 사신다고 합니다. 너무나 슬퍼서 눈물이 앞을 가립니다.

직장 상사가 바뀌었습니다. 자기밖에 모르는 안하무인입니다. 업무 능력도 없습니다. 그 인간 때문에 매일 야근해야 합니다. 당장 회사를 그만두고 싶습니다. 그런데 막상 회사를 옮기고 싶어도 쉽지는 않습니다. 다니기도 싫고 그만둘 수도 없고, 하루하루가 지옥입니다.

스트레스는 외부에서 오는 것이 맞습니다. 그렇기에, 만약 우리가 피할 수만 있으면 피하는 것이 상책입니다. 하지만 외부에서 오는 스트레스는 우리가 통제할 수 없는 것들이 대부분입니다. 내가 뭘 잘못해서 집값이 폭등했습니까? 내가 어머니를 자주 찾아가지 않아서 어머니가 아팠겠습니까? 내가 원한다고 직장에서 마음에 드는 사람과 같이 근무할 수 있겠습니까?
이같이 외부의 사건에서 오는 스트레스는 우리가 통제할 수 없습니다. 외부의 사건은 내 의지와 관계없이 오는 겁니다. 내가 어떻게 할 수가 없습니다.

스트레스의 원인을 외부의 어떤 사건 탓으로 돌리면, 우리는 스트레스를 극복하지 못할 가능성이 큽니다. 능동적이고 주체적인 삶을 사는 것이 아니라, 외부의 환경에 휘둘리는 순종적인 삶을 살게 됩니다.

그래서 스트레스의 원인을 외부의 어떤 사건에서 찾는 것이 아니라, 그 사건에 대한 우리의 생각에서 찾는 겁니다. 이때 생각은 감정으로 바꾸어도 괜찮습니다.

**어떤 사건에 대한 우리의 부정적 감정이 곧 스트레스의 원인이 됩니다.**

### 빈 배의 비유

어떤 사람이 배에 타고 노를 젓습니다. 호숫가에 있는 조그만 배입니다. 그렇게 혼자서 배를 타고 있는데, 옆에 다른 배가 한 척 왔습니다. 그 배는 사람이 없는 빈 배인데, 갑자기 와서 내 배에 부딪힙니다. 어떤가요? 그냥 아무렇지도 않습니다. 엉 그런가 보다, 이러면서 넘어갑니다.

그런데 그 배에 사람이 타고 있으면 어떻게 합니까? 어떤 사람이 배를 젓다가 내 배에 부딪히면 그때는 화가 납니다.

운전을 해보면 도로에서도 이런 비슷한 상황을 많이 만납니다. 신호가 바뀌었는데 앞차가 출발을 안 합니다. 어, 운전자가 없습니다. 그러면 아무렇지 않게 차를 옆으로 돌려서 출발합니다. 그런데 운전자가 있는데 출발을 안 합니다. 그러면 화를 냅니다. '저 사람은 뭘 하는 거야!' 심지어 욕하는 사람도 있습니다.

**배에 부딪혔을 때 사람이 없으면 아무렇지도 않다가, 사람이 있으면 분노가 일어납니다.**

그래서 빈 배의 비유를 통하여 마음의 평정을 찾으라고 합니다. 사람이 있지만, 없는 듯 생각해라, 분노를 자제해라, 이런 말입니다.

## 02 부정적 감정

### 개는 왜 순한가?

다윈의 『종의 기원』에 보면 인위 선택과 자연 선택이 나옵니다. 인위 선택이란 사람이 선택한다는 뜻입니다. 최초의 개는 온순할 수도 있고 사나웠을 수도 있었습니다. 사람은 온순한 개만 키우고, 사나운 개는 잡아먹어 버립니다. 그렇게 온순한 개를 키우는 도중에 어쩌다가 사나운 개가 또 태어납니다. 그러면 또 잡아먹어 버립니다. 이런 식으로 몇만 세대가 지나고 나면, 온순한 개만 남습니다. 그래서 개는 온순합니다. 이게 인위 선택이라고 합니다.

닭도 마찬가지입니다. 닭이 처음부터 못 날았던 것이 아닙니다. 처음에는 닭이 도망쳐버리니까 사람들은 잘 못 나는 닭만 키운 겁니다. 그러다 보니 지금은 날개가 있어도 못 날게 된 겁니다. 닭, 소, 돼지 등과 같은 가축은 대체로 인위 선택의 결과입니다. 반항하는 가축은 먼저 먹어버리고 순응적인 가축만 번식 기회가 늘면서 순응적인 가축이 늘어났습니다.

자연 선택은 사람이 관여하는 것이 아니라, 자연에서 환경에 더 적합한 종이 살아남는다는 겁니다. 가장 대표적인 사례가 기린의 목입니다. 인간에게 부정적 감정이 많은 것은 자연 선택의 일종입니다. 긍정적 감정이 많았던 사람은 원시 시대부터 살아오면서 대부분 도태되고, 부정적 감정이 많았던 사람만이 오늘날까지 이어져 내려왔습니다. 이러한 부정적 감정은 DNA에 각인되어 있어서 쉽게 없애지 못합니다.

**부정적 감정은 인류 생존을 위하여 필수 불가피한 감정이었습니다. DNA에 각인되어 있어서 쉽게 못 없앱니다!**

### 아미그달라의 이해

우리의 뇌에는 '아미그달라(Amygdala)'라는 물질이 있습니다. 우리 말로는 편도체라고 합니다. 뇌 중 변연계의 가장 깊숙한 곳에 자리 잡고 있는데, 분노, 증오, 슬픔, 절망, 공포 등의 모든 부정적 감정을 주관하고 있습니다. 우리에게 부정적 감정이 생기는 이유는 바로 이것 때문입니다. 이것이 제거되면 공포나 불안 반응을 유발하는 상황을 학습하지 못하게 됩니다. 이러한 아미그달라에 대해서는 김상운씨의 『왓칭』이라는 책에 자세히 소개되어 있습니다.

그 책에 의하면, 뉴욕대학(NYU)의 르두(Joseph LeDous) 박사가 실험 도중에 쥐의 아미그달라를 마비시켰더니, 쥐가 불안한 감정을 느끼지 못하고 고양이가 눈앞에 나타나도 도망치지 않았다고 합니다. 결국, 고양이에게 잡아 먹히면서도 신음 하나 내지 않았다 합니다.

사람은 하루에 평균 2만 가지 상황을 맞이한다고 합니다. 아미그달라는 이러한 상황에서 일단 무조건 나의 생존 기준으로 분류합니다. 유쾌한 상황인지, 불쾌한 상황인지, 중립적인 상황인지 판단합니다. 위험이 닥치거나 불안하게 느껴지는 경우, 내가 무시당하는 경우, 내 뜻대로 안 되는 경우 등 일단 불쾌한 상황이라고 인식되면 아미그달라는 위험신호를 켭니다. 분노, 공포 등의 부정적인 감정이 일어나도록 하고, 불쾌로 분류된 사람은 잠재적으로 적으로 인식하여 피하려고 합니다.

우리 두뇌는 5세 이전에는 아미그달라를 통해 분노, 증오, 절망 등 원시적 감정을 배우고 5세부터는 대뇌피질을 통해 사회생활에 필요한 개념적인 것을 언어로 배운다. 우리가 5세 이전의 일들을 기억하지 못하는 것도 그래서이다. 프로이트(Sigmund Freud)는 이처럼 5세 이전의 일들을 기억하지 못하는 현상을 '유아기 기억 상실'이라고 불렀다.

두뇌 과학자들은 기억력이 원시적 감정에서 개념적으로 바뀌는 5세를 '기억 전환 나이(Memory Transition Age)'라고 지칭하기도 한다. 원시적 감정은 5세를 넘으면 더 이상은 발달하지 않는다. 이 때문에 5세 유아나 어른이나 원시적 감정은 똑같다. 제아무리 학식과 덕망을 갖춘 사람이라도 분노나 증오, 절망 등의 감정에서 완전히 해방될 순 없다. 만일 그런 감정을 못 느낀다면 그건 아미그달라가 고장 났다는 얘기다. 다시 요약하면 모든 부정적 감정은 생존에만 집착하는 머릿속의 5세 유아가 만들어내는 것이다.

이 유아는 생존에 위험이 닥쳤다고 판단되면 앞뒤 안 가리고 무조건 빨간 불을 켜놓고 본다. 생존 문제가 걸려 있는 만큼, 이 빨간 불은 저절로 꺼지는 법이 없다. 반드시 위험이 사라졌다는 해제 신호를 보내줘야 꺼진다.42

부정적 감정은 저절로 꺼지는 법이 없습니다. 굴 밖에서 부스럭 소리가 났을 때, 불을 밝히고 그것이 바람 소리라는 것을 확인해야만 비로소 안심됩니다. 엎드려 누워서 저건 바람 소리일 거야, 바람 소리일 거야, 아무리 되새긴들, 직접 보기 전까지는 계속 찜찜합니다. 부정적 감정이 사라지지 않기 때문입니다.

중국 진(晉)나라의 기록을 담은 역사서(晉書) 중에서 「악광전」에 배중사영(杯中蛇影)이라는, 술잔 속에 비친 뱀 그림자 이야기가 나옵니다.

진나라 악광이 하남 태수로 부임했을 때, 그 지역에 사는 친한 친구와 술자리를 자주 가졌습니다. 그런데 한동안 그 친구가 찾아오지 않았습니다. 무슨 일이 있나 싶어서 직접 그 친구 집으로 갔습니다. 그런데 친구가 병에 걸려서 다 죽어가고 있었습니다. 악광이 병에 걸린 이유를 물어보니 친구가 말합니다.

"지난번 자네와 술을 마실 때 내 잔 속에 작은 붉은 실뱀 같은 것이 한 마리가 있었는데, 얼떨결에 마신 이후에 갑자기 몸이 나빠졌네. 자네가 무안해할까 봐 말을 못 했네만, 이렇게 죽을 날만 기다리네."

악광은 이상하다고 생각하였습니다. 술은 분명 둘이 같이 마셨는데, 어째서 친구만 실뱀을 먹었겠습니까? 그래서 지난번 술을 마신 곳으로 다시 가 보았습니다. 그런데 그 방의 벽에는 뱀이 그려진 활이 걸려 있었습니다. 비로소 악광은 친구가 이야기한 뱀의 정체를 알았습니다.

악광은 죽기 전에 술이나 한잔하자고 다시 그 친구를 그 자리에 불렀습니다. 그리고 친구에게 술을 따른 다음, 이번에도 무엇이 보이는지 물었습니다. 그 친구는 역시나 술잔에 붉은 실뱀이 있는 것을 보고 소스라치게 놀라며 술잔을 던졌습니다. 악광은 껄껄 웃으면서, "자네 술잔 속에 비친 뱀은 저 벽에 걸린 활에 그려진 뱀의 그림자네"라고 했습니다. 이야기를 듣고 활에 그려진 뱀을 쳐다보는 순간 친구의 병은 씻은 듯이 나았습니다.

아미그달라가 켜 둔 빨간불이 계속 작동하다가, 자기가 마신 것이 뱀이 아니라는 사실을 확인한 순간, 빨간 경고등은 꺼졌습니다. 병은 씻은 듯이 다 나았습니다. 이같이 위험이 사라졌다는 해제 신호를 보내야만 빨간불은 꺼집니다.

아미그달라는 심지어 경쟁에서 뒤처져도 작동됩니다. 수렵과 채집, 사냥하던 원시시대에는 경쟁에서 뒤지면 곧 생존에 영향을 받았습니다. 그 당시에는 경쟁에서 뒤지면 빨간불이 켜졌습니다.

빨간불은 DNA를 통하여 오늘날 현대인에게도 작동됩니다. 오늘날은 성적이 좀 못 나왔다고 해서, 얼굴이 좀 못생겼다고 해서, 돈이 좀 없다고 해서 굶어 죽을 일은 없습니다. 그런데도, DNA에 각인된 부정적 감정 때문에 아미그달라의 빨간불은 오늘날에도 작동이 됩니다. 심하면, 누가 자기를 무시해도, 다른 사람이 나에게 무관심해도 작동됩니다. 이러한 부정적 감정 때문에 스트레스가 생기고 삶의 질이 떨어집니다. 그럼, 어떻게 해야 할까요? 이 빨간불을 끄는 방법에는 무엇이 있을까요? 그 중의 하나가 바로 명상입니다.

## 03 명상 : 부정적 감정과의 분리

### 유위법 : 생각으로 만든 세계

명상(Meditation)은 고요히 눈을 감고 차분한 상태로 어떤 생각도 하지 않는 것을 말합니다. 아무 생각이 없는 것이 아니라 마음을 집중한다는 의미입니다. 통상적으로 명상은 마음을 깨끗이 하고 스트레스를 줄이며, 휴식을 취하도록 만들어 줍니다. 명상에는 특정한 주문(만트라)을 반복하는 방법도 있고, 자신의 호흡을 관조하는 방법도 있습니다.

명상은 참된 자아를 깨닫기 위해서 마음을 집중하는 것입니다. 하지만 요즘은 심신의 안정을 위하여 많이 사용합니다. 명상을 하는 이유야 사람마다 다를 수 있겠지만 그래도 가장 근본적인 것은 바로 생각을 끊기 위한 것입니다. 심신의 안정은 명상의 부수적인 효과이고, 실제 명상의 목적은 생각을 끊는 것입니다.

**나의 생각이나 감정으로부터 나를 분리하는 작업이 바로 명상입니다.**

생각을 끊는 것이 명상의 목적인 이유는 무엇일까요? 그것은 바로 이 세상은 생각으로 만들어졌다고 생각하기 때문입니다. 다른 말로 하면 분별 또는 알음알이로 세상이 만들어졌다는 겁니다. 명상을 중요하게 생각하는 사람들은 세상은 원자나 분자, 화학기호 이런 물리학적 요소로 만들어진 것이 아니라 바로 생각으로 만들어졌다고 봅니다. 이 부분은 성공학 제1 법칙으로 앞에서 이야기했습니다만, 부정적 감정을 다스리는 데도 매우 중요하기에 한 번 더 말씀드립니다.

### 저 하늘에 태양은 언제부터 있었는가?

일찍이 숭산 스님께서 법문에서 하신 말씀입니다. 하늘에 있는 저 태양은 137억 년 전에 또는 45억 년 전부터 존재한 것이 아닙니다. 저 태양은 내가 태양이라고 인식하는 순간부터 존재합니다. 태양을 한 번도 보지 못하는 심해의 물고기는 태양을 알 수가 없습니다. 그 물고기에게는 태양이 존재하지 않습니다. 저 하늘의 태양은 내가 태양을 인지하는 순간부터 나의 분별로부터 존재하기 시작합니다.

이 사상이 바로 불교의 유식(唯識) 사상입니다. 오직 인식만 존재한다는 겁니다.

꿈속에서 제가 태양을 봤다고 칩시다.

꿈을 깼습니다.

꿈에서 본 태양은 어디에 있습니까?

꿈에서 본 태양은 실제로 수소와 헬륨가스로 만들어진 기체 덩어리가 맞습니까?

아니면 태양이라는 인식만 존재한 겁니까?

생각으로 만들어진 세상을 『금강경』에서는 유위법이라고 합니다. 그래서 유위법으로 만들어진 이 세상은 꿈과 같고, 환영과 같고, 물거품 같고, 그림자와 같고, 이슬과 같고, 번개와 같다고 합니다. 그러니 마치 꿈속에서 누린 부귀영화처럼, 꿈을 깨면 어디에도 없는 것들에 집착하지 말라고 합니다.

그럼, 유위법의 반대는 무엇일까요? 바로 무위법입니다. 무위법은 생각 이전의 세계를 말합니다. 이것을 다른 말로 진아(眞我)라고 하고, 실상(實相)이라고 합니다. 이러한 무위법은 생각을 끊을 때 비로소 나타납니다.

**세상의 본래 모습은 청정한 무위법 세상인데, 사람들은 생각으로 지어낸 유위법에서 살고 있습니다.**

무위법으로 가려면 생각을 끊어야 합니다. 그 방법의 하나가 바로 명상입니다. 이것이 바로 명상의 종교적인 의미입니다.

### 창세기(Genesis) : 말씀으로 세상을 만들다

불교만 그런 것이 아닙니다. 기독교도 마찬가지입니다. 요즘 대한민국에서 중산층을 상징하는 대표적인 승용차가 무엇인지 아십니까? 바로 제네시스입니다. 현대차에서 엄청 공들여서 만든 브랜드입니다. 근데 제네시스가 무슨 뜻인지는 아시나요? 기원, 발생 등의 의미로써, 바로 『성경』에 나와 있는 창세기를 의미합니다. 성서에서 하나님은 세상을 어떻게 만드셨나요?

**하나님은 바로 말씀으로 세상을 만드셨습니다.**

말씀이 무엇입니까? 말씀이 바로 생각입니다. 생각이 몸 밖으로 나온 것이 바로 언어이기 때문입니다.

『성경』을 말하니 갑자기 폴 아주머니가 생각납니다. 제가 초등학교 저학년일 때, 우리 동네에 미국 사람들이 사는 빌라촌이 있었습니다. 그때 제 또래의 폴이라는 미국 아이가 있었습니다. 노란 머리칼에 눈이 파랬습니다. 제법 친하게 지냈는데, 지금 생각해 보니 말도 서로 안 통했을 텐데 어떻게 친하게 지냈는지 잘 모르겠습니다.

폴의 엄마는 일본인이었습니다. 미국인인 폴 아버지가 일본에서 근무할 때 만나서 결혼해서 폴을 낳고, 한국으로 건너와서 살고 있었습니다. 폴 아주머니는 믿음이 대단한 기독교 신자였습니다. 그때 그 지역에 새로운 교회가 지어졌는데, 주말마다 폴 아주머니는 폴과 나, 그리고 몇몇 아이들을 데리고 그 교회에 다녔습니다.

어느 날 폴 아주머니가 서툰 한국말로 하나님께서 이 세상을 어떻게 창조했는지를 이야기하는데, 제대로 못 알아들었습니다. 그래서 저녁에 집에 와서 이야기책 『성경』을 꺼냈습니다. 그때 우리 집에는 삼성당 문고에서 만든 어린이 세계 명작집이 있었습니다. 한 50권이 되려나? 권수는 정확하게 잘 기억이 안 납니다만, 이름 들어 알만한 세계 문학 작품들이 다 있었습니다. 그중에 『성경 이야기』도 있었는데, 한번 읽어보고 싶었습니다. 기대를 잔뜩 하고 읽었는데, 바로 탁 덮었습니다. 왜냐고요? 바로 창세기 때문입니다.

창세기에 이런 장면이 나옵니다. 하나님께서 빛이 있으라 하시니 빛이 있었고, 하늘이 되라 하시니 하늘이 되고, 뭍을 땅이라 부르시고, 물을 바다로 부르시고 등등 이런 식으로 말씀만으로 천지를 만드신 겁니다. 그때, 저는 도저히 이것을 이해할 수가 없었습니다. 어떻게 세상이 말로서 만들어집니까? 저는 어떤 과학적 원리나 상식적인 차원에서 세상이 어떻게 만들어졌는지를 기대했던 것 같습니다. 그래서 『성경』에 나와 있는 '천지 창조'에 대해서 아주 많이 실망을 했었습니다.

한때 대학생이었던 우리 누나가 교회에 열심히 다녔는데, 그때 저는 고등학생쯤 되었나 봅니다. 한번은 누나와 창세기에 대해서 논쟁을 했었는데, 마지막에 누나가 말하기를, "세상의 아주 많은 똑똑하고 훌륭한 사람들이 하나님을 믿는데, 그럼 너는 그 사람들이 다 바보라서 그런 것 같아?"라고 했습니다. 여기서 말문이 좀 막히기는 했습니다만, 여전히 저는 기독교의 천지 창조를 사실이나 과학이 아니라 종교와 믿음의 영역이라고 생각하였습니다.

서른 중반이 조금 넘었던 어느 날이었습니다. 퇴근 시간이

다 되어, 거래처 갔다가 급하게 회사로 돌아오는 길이었습니다. 하늘은 유난히 흐렸고, 요 며칠 회사 일과 집안일로 심신이 피폐해져 있었습니다. 문득, 차창 밖으로 황급히 지나가는 사람을 보다가 이 모든 게 꿈이라면 좋겠다는 생각이 들었습니다. 그러다가, 다시 문득 이게 꿈이라는 생각이 들었습니다. 아, 지금 내가 꿈을 꾸고 있구나. 이게 꿈인데, 내 눈에 보이는 이것들은 뭐지? 누가 만들었나?

그런데 갑자기 이십 년간 묵혀왔던 창세기가 떠오르면서 이 세상은 생각으로 만들어졌고, 창세기가 가장 완벽한 진리를 이야기하고 있다는 것을 깨달았습니다. 『성경』은 '인간 생활 사용 해설서'라는 말이 있습니다. 『성경』에서 가장 위대한 진실을 바로 창세기에 담고 있었던 것입니다.

**저는 지금도 『성경』의 가장 위대한 부분은 바로 창세기라고 믿고 있습니다.**

### 양자역학의 이중 슬릿 실험

양자역학에서 이중 슬릿 실험이라는 게 있습니다. 자세한 것은 인터넷에서 찾아보시면 쉽게 알 수 있습니다. 한마디로 말하면, 물질은 우리가 관찰할 때와 관찰하지 않을 때 서로 다르게 반응한다는 겁니다. 그러니까 물질은 우리가 관찰할지 안 할지를 예의주시하다가 우리가 관찰하면 입자의 모습을 보이고 관찰하지 않으면 파동의 모습을 보여준다는 겁니다. 이게 말이 됩니까?

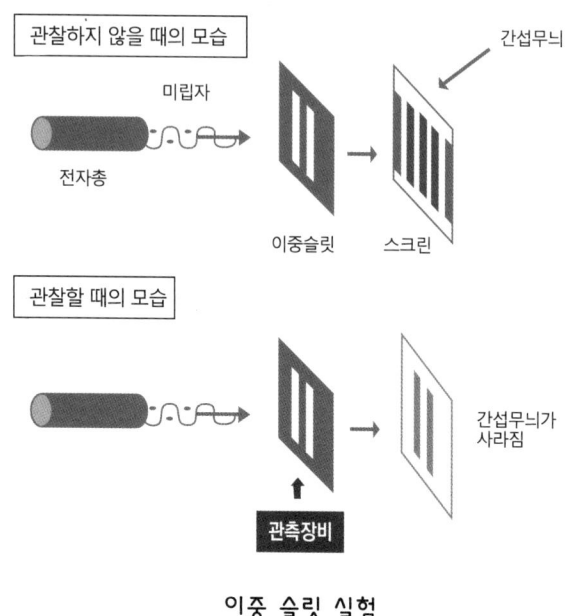

이중 슬릿 실험

위의 그림처럼, 전자총에서 미립자를 쏩니다. 그러면 미립자는 두 개의 구멍이 나 있는 이중 슬릿을 통과하게 되고, 그러면 위의 그림처럼 파동의 속성을 보이기 때문에 간섭무늬로 인해서 스크린에 여러 개의 막대기가 보입니다. 이게 일반적인 현상입니다.

그런데, 이 미립자가 어느 슬릿을 통과했는지가 궁금해서 관찰기를 달았습니다. 그랬더니 스크린에 단 두 개의 막대기만 나타났습니다. 이것은 미립자가 파동의 성질을 버리고 입자의 성질로 바뀌었다는 것을 의미합니다. 다른 말로 하면, 미립자가 관찰기의 존재를 알아차렸다는 겁니다. 이 미립자는 바로 물질입니다. 그러니까, 물질은 우리가 자기를 관찰하는지 관찰하지 않는지를 알아차린다는 겁니다.

물질이 뭐 사람인가요? 물질이 눈이 있어요? 귀가 있어요? 어떻게 알아차려요?

우리의 직관으로는 이것을 설명할 길이 없습니다.

## 슈뢰딩거의 고양이

양자역학은 대체로 우리의 직관을 뛰어넘습니다. 그래서 어렵습니다. 그보다는 뉴턴의 물리학이 쉽습니다. 왜냐하면, 뉴턴의 물리학은 우리 직관과 잘 맞아떨어지기 때문입니다. 우리의 직관과 다른 것이 또 하나 있습니다.

오스트리아 물리학자인 슈뢰딩거(Schrodinger)는 다음과 같은 사고실험을 합니다. 사고실험이란 머릿속으로 하는 실험으로, 실제로 장치 등을 만들어서 하지는 않습니다. 철로 만든 상자 안에 고양이를 가두고 방사성물질을 넣어둡니다. 이 방사성물질이 1시간 이내에 붕괴가 될 확률은 50%이며, 붕괴가 되면 고양이는 죽습니다. 그렇다면 한 시간 후 고양이는 죽어있을까요? 아니면 살아 있을까요?

정답은 확인해보기 전에는 모른다는 겁니다.

어, 너무 당연한가요? 아닙니다. 사실 엄청 복잡합니다. 헷갈리시면 안 됩니다. '이미 결정은 되었는데, 확인 절차만 남았다'라는 말이 아니라는 겁니다. **고양이는 이미 죽었든지 아니면 살았든지 둘 중의 하나이고, 1시간 후에는 우리가 그것을 확인만 한다는 뜻이 아니라는 말입니다.**

포커 게임으로 다른 예를 들어보겠습니다.

포커 게임에는 로열 스트레이트 플러시(royal straight flush)라는 게 있습니다. 무늬가 같은 10, J, Q, K, A가 한 번에 나오는 것을 말하는데, 일명 로티플이라고 합니다. 포커 게임에서 가장 높은 족보입니다. 평생 한 번 잡을까 말까 하는 엄청난 패입니다. 어쨌든, 엄청 큰 판에서 마지막 한 장이 남았습니다. 스페이드 에이스(♠A)가 나와야 합니다.

이때 승부사는 그냥 뒤집지 않습니다. 열심히 조릅니다. 아주 간절하게 조금씩 확인해나갑니다. 까닥 종이가 다 닳겠습니다. 마침내 떴습니다. 기다리고 기다리던 스페이드 에이스가 나왔습니다. 판돈을 싹 쓸어 갑니다. 너무너무 기분이 좋습니다.

그런데 사람들 참 웃깁니다. 마지막 패 말입니다. 그걸 왜 조릅니까? 간절하게 조를 것이 뭐가 있습니까? 이미 결정이 난 패가 아닌가요? 딜러가 그 패를 주는 순간에 아직 확인을 안 했을 뿐이지, 이미 그 패는 결정이 난 거잖아요? 근데 왜 조릅니까? 시간 아깝게.

맞습니까?

**아닙니다. 절대 아닙니다. 그 패는 젖혀보기 전까지는 결정되지 않았습니다. 젖혀보기 전까지, 그 패는 스페이드 에이스일 수도 있고 다른 패일 수도 있습니다.**

그래서 스페이드 에이스가 나오라고 간절하게 조르는 겁니다. 그 간절함이 반영되어 스페이드 에이스가 나오기도 합니다. 왜냐고요? 바로 생각이 세상을 만들기 때문입니다.

우리의 직관은 이렇게 말합니다. 슈뢰딩거의 고양이는 이미 죽어있든지 살아 있든지 둘 중의 하나이다. 카드의 마지막 패는 스페이드 에이스이든지 아니든지 둘 중의 하나이다. 이미 결정난 상태이다. 이렇게 말입니다. 그러나 양자역학의 이중 슬릿 실험은 우리의 그 직관이 틀렸다고 합니다.

양자역학의 이중 슬릿 실험에서는 관찰 시점에서 결과가 달라집니다. 슈뢰딩거의 고양이 사례는 관찰 시점이 언제일까요? 바로 그 상자를 여는 순간입니다. 카드에서 관찰 시점은 언제일까요? 바로 그 카드를 젖히는 순간입니다. 그러니까 그전에는 아무것도 결정되지 않는 것이 맞는 말입니다. 우리의 직관이 틀렸습니다!

관찰과 생각은 같은 이야기입니다. 관찰해서 나타난 입자의 세계가 바로 생각으로 만들어진 현재의 세계입니다. 유위법입니다. 반대로 관찰하지 않을 때 나타난 파동의 세계가 바로 생각 이전의 세계입니다. 무위법입니다. 세상의 진실은 생각이 만들어낸 입자에 있는 것이 아니라, 생각 이전의 세계에 있습니다.

**어떻게 하면 생각 이전의 무위법 세계에 도달할 수 있을까요? 정답은 이미 말씀드린 것 같습니다. 바로 생각을 끊으면 됩니다.**

본래 종교적으로 명상은 생각을 끊는 도구였습니다. 그런데 명상을 하다 보면 부수적으로 심신의 안정과 힐링을 얻습니다. 그래서 현대사회에서는 일반인들이 종교적인 본래 목적보다는 심신의 안정과 힐링을 위하여 명상을 많이 하는 것입니다.

## 04 참선과 위파사나

명상을 통하여 어떻게 생각을 끊을 수 있을까요?

생각을 끊는다는 것은 매우 어려운 일입니다. 왜냐하면, 인간은 생각하도록 설계되어 있기 때문입니다. 인간이 기계라면, 이 기계를 처음 만들 때 생각을 하도록 만들어 놨다 이 말입니다. 그렇게 프로그래밍 되어 있기에 의식적으로 생각을 끊는다는 것이 매우 어렵습니다.

그렇지만 불가능한 일은 아닙니다. 종교적으로 이런 수련을 통하여 절대적 경지까지 오른 분도 꽤 있습니다. 보통 사람도 수련을 통한다면 궁극적인 수준까지는 몰라도 삶의 평온을 찾을 수 있는 경지까지는 충분히 가능합니다.

우리가 생각을 끊는다고 하지만, 사실은 감정도 마찬가지입니다. 머리에서 생겨나는 것이 생각이고, 가슴 속에서 생겨나는 것이 감정입니다. 그 원리는 똑같습니다. 그렇기에 명상은 부정적인 감정을 다스리는 데도 매우 효과적입니다.

생각을 끊는 방법은 크게 두 가지가 있습니다. 그것은 바로 참선과 위파사나입니다. 한 가지 생각에 골몰하여 다른 생각이 일어나지 않도록 하는 것, 이 방법이 바로 참선입니다. 참선은 주로 화두를 가지고 합니다. 생각이 나는 대로 계속 쳐다보는 것, 이 방법이 위파사나입니다.

## 화두 참선

한 생각에 집중해서 다른 생각이 일어나지 않도록 하는 것, 이것이 화두 참선입니다. 그럼 어떤 생각에 집중해야 할까요? 의심 덩어리 생각이어야 합니다. 아무리 생각해봐도 잡힐 듯 잡힐 듯 잘 모르겠는, 그런 생각만이 다른 생각을 못 하게 하고 집중할 수 있게 해줍니다. 이런 것을 화두(話頭)라고 합니다.

### 개는 불성이 없다

가장 대표적인 화두가 '개에게는 불성이 없다'라는 구자무불성(狗子無佛性) 화두입니다. 한 승려가 조주 스님을 찾아가서 "개에게도 불성이 있습니까?"라고 물었습니다. 그런데, 조주 스님은 "없다"라고 대답하였습니다. 이 승려는 의심이 생겼습니다.

부처님은 일체중생이 모두 불성이 있다고 했는데 왜 조주 스님은 없다고 대답하셨을까? 부처님께서 틀린 것인가? 조주 스님이 착각하신 걸까? 부처님도 부정할 수 없고, 조주 스님도 부정할 수 없습니다. 뭐가 뭔지 모르겠습니다. 꽉 막혔습니다. 한 발도 앞으로 못 나갑니다. 그 스님은 식음도 전폐하고 오직 이 생각에만 매달립니다.

이것이 무자(無字) 화두법(話頭法)입니다. '없다'라는 한 생각에 매달려서, 다른 일체 생각을 끊어버립니다. 우리나라 고승들도 이 화두에 참구하여 가장 많이 도를 깨달았다고 합니다.

'왜 그럴까? 왜 그런 것일까?' 이렇게 의심하고 또 의심해서, 나중에는 이 생각 외에는 어떤 생각도 들지 않는 것이 바로 화두입니다. 그리하여 이 한 생각마저 끊어버리는 것, 이것이 진정한 화두 참선의 목적입니다.

### 위파사나(Vipassanā)

위파사나는 내가 지금 무슨 생각을 하고 있는지 그 생각을 계속 쳐다보는 겁니다. 거듭 말씀드리지만, 생각뿐만 아니라 감정도 포함됩니다. 내가 지금 어떤 감정인지 계속 쳐다보라는 것입니다. 쳐다보기만 해도 생각이나 감정이 점점 약해집니다. 빈도도 점점 줄어듭니다.

처음에는 떠오르는 생각을 쳐다보기만 하면 됩니다. 처음 시작할 때는 한참 생각을 하는 도중에 자기가 무슨 생각을 하고 있는지 깨닫게 되다가, 갈수록 깨닫는 시간이 빨라집니다. 나중에는 어떤 생각이 일어나려는 바로 그 순간에 자기가 지금 생각을 하고 있다고 깨닫습니다.

4월 봄날입니다. 따스한 햇볕이 내리쬐는 오후에 공원 벤치에 앉아서 눈을 감습니다. 살랑살랑 바람이 불어옵니다. 바람이 볼을 스쳐 지나갑니다. 그리고는 바람이 사라집니다. 또 살랑살랑 바람이 불어옵니다. 이번에도 볼을 스쳐서 지나갑니다. 바람과 내가 한 몸이 됩니다. 바람이 불어오고 바람이 사라지고, 오후 한나절 여유롭습니다.

생각도 마찬가집니다.
감정도 마찬가집니다.

내가 생각하는 것도 아니고, 내가 감정을 내는 것도 아닙니다. 바람이 불어오듯, 생각과 감정도 나에게 다가옵니다. 바람이 사라지듯, 생각과 감정도 나에게서 사라집니다.
**생각과 감정에는 나라는 것이 없습니다. 내가 생각을 불러온 것도 아니고, 내가 생각을 없애는 것도 아닙니다.**

생각과 나는 독립적이구나.
서로 별개구나.

그걸 느끼는 겁니다.

혹시 두더지 잡기 게임을 해 본 적이 있나요? 두더지가 랜덤하게 구멍에서 튀어나오면 플라스틱 망치로 머리를 때리는 게임입니다. 두더지가 다시 숨기 전에 때려서 맞추면 득점이 됩니다. 주어진 시간에 얼마나 많은 득점을 했느냐를 가지고 게임의 승부를 결정합니다.

통상 이 게임은 두 사람이 하기보다는 혼자서도 많이 합니다. 게임 내내 마구 때립니다. 오늘 낮에 꼰대 짓을 하던 과장님 생각으로 때리고, 오후에 진상을 떨던 고객 생각으로 마구 때립니다. 한때 스트레스 해소용으로 널리 행해졌던 국민 게임이었습니다.

저는 구멍에서 나오는 두더지 머리가 생각이라는 것과 똑같다고 생각했습니다. 그냥 랜덤하게 나오는 겁니다. 내가 생각을 불러온 것이 아니라, 생각이 그야말로 랜덤하게 튀어나오는 겁니다. 그러면 우리는 그 생각의 머리를 두드릴 망치를 가지고 있나요? 그 망치가 뭘까요? 그게 바로 위파사나입니다.

**쳐다보는 것이 바로 망치입니다.**

### 근원적 생각과 파생적 생각

생각을 쳐다보기 시작하면, 생각도 두 가지 유형이 있다는 것을 알게 됩니다. 저는 그것을 근원적 생각(1차 생각)과 파생적 생각(2차 생각)으로 이름을 붙였습니다.

근원적 생각은 잠재의식에서 올라오는 생각입니다. 내가 의도적으로 생각한 것이 아니라, 내 의지와 관계없이 툭툭 올라오는 생각을 말합니다. 수업 시간 중에 잠시 창가를 쳐다보면서 멍하게 있는데, 갑자기 어젯밤에 먹었던 피자가 떠오릅니다. 이 시간에, 왜 여기서 피자 생각이 나는지 잘 모릅니다. 그냥 떠오릅니다. 어떤 경우는 연상 작용으로 개연성이 쉽게 파악이 되지만, 어떤 경우는 도통 이유를 모릅니다. 왜 이 시간에

10년 전에 헤어진 애인 얼굴이 떠오르는지 말입니다.

파생적 생각은 내가 만들어가는 생각입니다. 내 의지가 반영된 생각입니다. 어젯밤에 먹었던 피자 생각이 났습니다. 본래는 '아, 피자 생각이 나는구나.' 여기서 끊어야 합니다. 더는 생각이 진행되지 않도록 그 생각만 집중해서 쳐다봐야 합니다.

그런데, 피자 생각이 나면 이제 피자 생각에서 꼬리에서 꼬리를 물며 생각을 계속합니다. '아, 어제 피자 참 맛있었는데 참, 먹다 남은 거 어디 있지? 부엌에 있는데 엄마가 치웠을까? 본래 엄마는 그런 거 잘 치우잖아. 아 괜히 생각만 해도 짜증이 나네. 엄마는 도대체 왜 그런지 몰라! 오늘 밤에도 그 피자 사 먹을까? 아냐. 매일 먹으면 살찌잖아. 아, 그리고 보니 살 빼야 하는데…' 이런 식으로 생각이 끝이 없습니다. 이것이 파생적 생각입니다.

생각을 끊을 때는 먼저 1차 생각과 2차 생각을 구분해야 합니다. 그것이 효과적이고 유리합니다. 처음부터 1차 생각이 올라오지 않게 하는 것은 힘듭니다. 우선은 2차 생각이 일어나지 않도록 집중해야 합니다. 그러다 보면, 궁극적으로 1차 생각도 줄어들게 됩니다. 더 나아가면 생각 자체가 확연하게 줄어듭니다.

**이렇게 해서 생각이 줄고, 궁극적으로 생각을 완전히 끊으면 생각 이전의 세계로 갈 수 있습니다. 이게 바로 명상입니다.**

## 05 부정적 감정 다스리기

### 트럭이 무서운 어린아이

제가 다섯 살 때 이야기입니다. 하루는 엄마와 같이 시내에 놀러 갔습니다. 시내의 한 골목을 들어갔는데 정비공장 같은 곳에 트럭 여러 대가 머리를 앞으로 숙인 채 정차해 있는 것을 보았습니다.

저는 트럭의 그런 모습을 처음 봤습니다. 근데, 너무 무서웠습니다. 트럭이 왜 무서웠는지 잘 모르겠습니다. 사형수의 목이 잘리는 장면이 연상되었기 때문일까요? 어쨌든 저는 너무너무 무서워서, 엄마한테 집에 가자고 울면서 떼를 썼습니다.

그 트럭은 저한테는 굉장히 위협적인 존재였습니다. 그러나 엄마한테는 아무것도 아닙니다. 그냥 트럭입니다. 자, 그러면 제가 무슨 잘못을 했나요? 제가 트럭을 보고 무서워하는 것이 잘못된 일입니까?

보통의 경우는 엄마가 아이를 야단칩니다.

"저게 뭐 무서워? 시끄러워. 뚝 그쳐!"

이렇게 말입니다. 무서워하면 안 되는 것을 무서워했다고 야단을 맞습니다. 이게 말이 됩니까? 엄마한테 야단을 맞은 아이가 '아, 어머니, 처음에는 저 트럭이 무서웠는데 어머니 말씀 들으니 이제 안 무섭습니다. 어머니 감사합니다'라고 할까요? 그럴 리 없습니다.

이 상황에서 엄마는 일단 아이를 무조건 달래야 합니다. 끌어안아야 합니다. 야단치고 꾸짖는 것은 도움이 안 됩니다. 이 5살 아이가 바로 우리의 부정적 감정입니다. 그리고 여러분이 바로 엄마입니다. 부정적 감정이 일어났을 때, 이 부정적 감정은 이성적이지 않고 논리적이지도 않습니다. 그냥 5살짜리 어린아이입니다. 이 부정적 감정을 여러분이 야단을 쳐도 안 되고, 외면해도 안 됩니다. 그렇게 해봤자, 이 부정적 감정이 '네 알겠습니다'라고 사라지는 일은 만무하기 때문입니다.

엄마가 아이를 달래듯이, 부정적 감정을 달래야 합니다. 쳐다보고 인정해야 합니다. 이 부정적 감정을 먼저 달래고, 객관화시켜야 합니다.

'그래, 너 지금 무서워하는구나. 아마 나라도 그럴 거야. 걱정하지 마. 내가 네 옆에 있어. 그런데 잘 봐, 네가 무서워할 필요가 없어. 저 트럭은 저렇게 수리하도록 만들어진 거야. 괜찮아.'

이런 달램과 객관화 과정 없이 단순하게 긍정적으로 생각하는 것은 사실 도움이 안 됩니다. 우리는 흔히 긍정적으로 생각하라고 말을 많이 합니다. 틀린 말은 아니지만, 근본적인 해결책 없이 긍정이라는 감정으로 덮으려고 해도 잘 덮어지지 않습니다. 이 부정적 감정은 우리 DNA의 일부로 자리 잡고 있는데, 한순간 긍정적으로 생각한다고 해서 긍정적으로 생각되지 않습니다.

**긍정으로 부정을 덮는 것은 꾸준한 습관화가 필요합니다.**

### 치유 : 감정의 의인화

이제 마지막으로, 부정적 감정을 어떻게 다스리면 좋을지 이야기하도록 하겠습니다. 앞에서 나온 이야기의 정리일 수도 있겠습니다. 한 마디로 말씀드리면, 부정적 감정을 의인화하라는 겁니다. 부정적 감정을 사람처럼 생각하라는 겁니다.

여러분, 혹시 「뷰티풀 마인드」라는 영화를 보신 적이 있습니까? 이 영화는 2001년에 나온 영화인데, 기존 게임 이론에 대한 새로운 분석으로 제2의 아인슈타인이라 불린 존 내시에 관한 이야기입니다.

존 내시는 평생을 조현병에 시달렸습니다. 영화 도중에 친구와 이야기하는 장면이 나옵니다. 인생 상담도 하고 조언도 받는 그런 친구입니다. 그런데 나중에 알고 보니 이 친구는 진짜가 아니었습니다. 바로 주인공 존 내시가 만들어낸 가짜 인물이었습니다. 그 인물은 존 내시에게만 존재하는 인물이고, 다른 사람에게는 눈에 보이지 않는 가짜 인물입니다.

그러니 주인공이 이 사실을 받아들이는데 얼마나 많은 시간이 필요했겠습니까? 자기 눈에는 분명 사람이 있는데, 남들은 없다고 하니까 말입니다.

감정의 의인화는 바로 이렇게 하는 것입니다. 나의 부정적 감정을 내 눈에만 보이는 사람처럼 취급하는 것이지요. 그러기 위해서는 나와 나의 부정적 감정을 분리해야 합니다. 나는 엄마가 되고, 나의 부정적 감정은 어린아이가 됩니다. 나의 부정적 감정을 독립적인 한 사람으로, 작은 아이로 생각해 줍니다. 이렇게 함으로써 나의 감정을 항상 객관화할 수 있습니다.

부정적 감정이 일어나면 이렇게 말합니다.

어 친구 왔는가?
이 친구 오늘도 화났군. 그래, 그럴만해.
나라도 그랬을 거야.

이해해. 괜찮아. 좋아질 거야.

나의 부정적 감정은 평생 나랑 같이 다녀야 하는 단짝 친구입니다. 그렇기에, 이런 방법으로 나와 나의 감정을 분리하여 객관화해야 합니다. 친구 관계도 좋고, 엄마와 다섯 살짜리 어린아이의 관계를 맺어도 괜찮습니다. 엄마가 평생 자식을 데리고 다닌다고 생각하시면 됩니다.

다시 한번 말씀드리지만, 이 감정은 내가 아닙니다. 바람이 나랑 관계없이 불어왔다가 사라지듯이 이 감정도 나랑은 아무 관계가 없습니다. 부정적 감정은 내가 통제하기 어렵습니다. 왜 그럴까요? 부정적 감정은 내가 아니기 때문입니다. 나랑 관계없이 오기 때문입니다. 만약 그 감정이 나의 것이라면 내가 통제를 할 수 있어야 합니다. 내 것이 아니기에 통제를 못 하는 것입니다. 수만 년 전부터 내 DNA에 각인되어, 내 의사와 관계없이 내 DNA로부터 나오기 때문에 내가 통제할 수가 없는 겁니다.

그래서 이 부정적 감정을 의인화해서 마치 어린아이나 친구 대하듯이 하라는 겁니다. 이런 방법은 감정을 객관화할 수 있어서 부정적 감정에서 쉽게 빠져나올 수 있도록 도와줍니다.

*Summary of Chapter*

## IX 명상

우리 삶의 질을 떨어뜨리는 스트레스는
외부의 환경에서 올 수도 있고,
생각에서 올 수도 있습니다.

외부의 환경에서 오는 스트레스는
우리가 통제할 수 없습니다.
그래서 스트레스의 원인을
외부의 어떤 사건에서 찾는 것이 아니라,
그 사건에 대한 우리의 생각에서 찾는 겁니다.

생각은 곧 감정입니다.
부정적 감정은 생존본능 때문에 생겼습니다.
수만 년 동안 우리 DNA에 각인되어,
없어지지 않습니다.

그래서 우리 자신과 부정적 감정을 분리해야만 합니다.
부정적 감정을 의인화하여
평생 함께할 친구로 대해야 합니다.

# X 부모 이해하기

미안해, 나도 처음이야!

01 미풍양속으로서의 효도
02 오늘날의 효도
03 고령화 사회의 효도
04 부모 이해하기
05 부모 되기

# 01 미풍양속으로서의 효도

이번 시간에는 부모에 대하여 생각해보는 시간을 갖도록 하겠습니다. 진정한 성인은 부모를 이해하는 순간부터 시작된다는 말이 있습니다. 법적으로는 19살이 넘으면 성인이지만, 아버지의 축 처진 어깨와 어머니의 젖은 손에서 그분들의 삶을 이해할 수 있을 때 우리는 비로소 성인이라는 자격증을 가지게 되는 것 같습니다.

여러분도 언젠가는 부모가 될 수 있습니다. 부모에 대한 이해를 토대로, 좋은 부모가 되는 준비에 대해서 인문학적 관점에서 이야기하고자 합니다.

## 효(孝)란 무엇인가?

효(孝)는 어버이를 잘 섬기는 것을 말합니다. 어버이를 잘 섬기는 것을 효도라고 하고, 반대로 어버이를 잘 못 섬기는 것을 불효라고 합니다. 영어로는 'filial duty' 또는 'Be a good son'으로 되어 있습니다. 자식의 의무 또는 좋은 자식 되기 등의 표현으로, 동양권처럼 효라는 구체적인 단어는 없습니다. 하지만 부모에 대한 공경을 바탕으로 한 자녀의 행위를 의미하는 효라는 개념은 동서고금을 막론하고 어디나 존재하고 있습니다. 단지 유교적인 덕목만은 아닙니다.

한국효문화진흥원에서 2018년에 조사한 「사회계층별 효 인식 결과보고서」에 의하면, 유교뿐만 아니라 기독교, 이슬람교, 불교, 천도교 등 거의 모든 종교에서 효도를 매우 중요한 덕목으로 강조하였다는 것을 알 수 있습니다.[43]

### 유교

사람의 자식된 자로서 어찌 효도하지 않으리오? 그 깊은 은혜를 갚고자 하여도 하늘처럼 다함이 없도다. 본래 효도는 모든 행함의 근본일진대, 부모님을 섬기는 데에는 지극한 효로써 하고, 봉양하는 데에는 정성을 다할 것이니라. 부모님 섬기기를 이같이 한다면 가히 사람의 자식이라 할 것이나, 이같이 하지 못한다면 짐승과 같으니라. (『사자소학』)

### 기독교

네 부모를 공경하라. 그리하면 너의 하나님 여호와가 네게 준 땅에서 네 생명이 길러지리라. (『구약성경』 「출애굽기」 제20장 12절)

자녀들아 주 안에서 너희 부모에게 순종하라. 이것이 옳으니라. 네 아버지와 어머니를 공경하라. 이것은 약속이 있는 첫 계명이니, 이로써 네가 잘되고 땅에서 장수하리라. (『신약성경』 「에베소서」 제6장 1절~3절)

### 이슬람교

지고하신 하나님께서 말씀하셨습니다. '우리는 사람들이 자신의 부모에게 효도할 것을 명하노라.' (『꾸란』 제29장 8절)

우리는 부모에게 효도하라고 사람들에게 명했느니라. 어머니가 그를 고통 속에서 잉태하고, 고통 속에서 분만했나니, 임신으로부터 젖을 뗄 때까지 무려 30개월이 걸리느니라. (『꾸란』 제46장 15절)

### 불교

재가의 사람은 네 가지 닦아 익혀야 할 법이 있느니라. 첫째는 부모님을 공경하고 진심으로 효도 봉양하며, 둘째는 항상 선법으로 부인과 자식을 가르쳐 이끌며, 셋째는 하인들을 불쌍히 여겨 그들이 바라는 것이 무엇인지를 살펴야 하며, 넷째는 항상 착한 벗을 가까이하고 악한 사람을 멀리해야 하느니라. (『대반열반경』)

### 천도교

부모님께 효를 극진히 하오며, 남편을 극진히 공경하오며, 내 자식과 며느리를 극진히 사랑하오며, 하인을 내 자식과 같이 여기며, 육축(六畜)이라도 다 아끼며, 나무라도 생가지는 꺾지 말며, 부모님이 분노하시거든 성품을 거슬리지 말며 웃고, 어린 자식을 때리지 말고 울리지 마옵소서. (『해월신사법설』「내수도문」)

## 왜 효도를 해야 하는가?

효도는 동양과 서양의 공통적인 가치였습니다. 그런데 왜 효도를 해야 할까요?

이에 대한 답변이 몇 개 있어 정리해 보았습니다.

첫 번째는 불문율이기 때문입니다. 불문율이란 사회 구성원이 암묵적으로 동의하고 지키는 규율로써, 굳이 증명하지 않아도 참인 명제를 말합니다. 그러니까, 효도해야 하는 것은 너무나 당연하기 때문에, 증명할 이유도 없고 증명할 필요가 없다는 겁니다.

이 의견에 따르면 효도란 인류의 보편적 윤리에 기초한 미덕이기 때문에 무조건 지켜야 합니다. 부모가 자식을 돌보는 내리사랑은 사람이나 동물 모두에게 있는 본능이지만 부모 공양은 오직 사람만이 갖는 특징입니다. 그러니 사람이라면 당연히 효도해야 한다는 주장입니다.

둘째는 호혜성 원리 때문입니다. 부모에게 혜택을 받았으니 갚아야 한다는 논리입니다. 그렇게 못하면 배은망덕이라는 소리를 듣게 됩니다. 이건 일견 일리 있는 이야기로 들립니다만, 자식이 부모에게 받은 혜택이 비자발적이라는 점에서 다소 비판을 받고 있습니다.

어떤 사람이 친구를 데리고 백화점에 갔습니다. 그 친구에게 공짜라면서 옷을 사줍니다. 그 친구는 굳이 사지 않아도 되는 옷인데, 뭐 공짜니까 받았습니다. 그런데 나중에 옷값을 내놓으라고 합니다. 이건 좀 이상하죠? 이를테면, 이런 소지도 있다는 겁니다.

내가 태어나고 싶어서 태어난 것도 아니고, 내가 뭘 해달라고 하지도 않았는데, 일방적으로 베풀고는 나중에 갚아야 한다는 논리는 다소 공정하지 못하다는 생각이 듭니다.

세 번째는 개체 보존의 논리적 타당성을 제공하기 때문입니다. 효도란 부모의 큰 뜻과 교훈을 잘 계승하고 그분들의 사업을 잘 받들고 발전시키는 것이라고 『중용』에 나와 있습니다. 『맹자』에는 대를 잇지 못한 것이 가장 큰 불효라고 되어 있습니다. 이에 따르면 효도는 종족 보존을 위한 아주 좋은 방편이 될 수 있습니다. 즉, 종족 보존을 위해서는 효도라는 덕목을 강조할 수밖에 없다는 논리입니다. 이 논리도 좀 불편하시죠?

네 번째는 보편적 사랑을 실천할 수 있기 때문입니다. 나와 가장 가까이 있는 사람이 바로 나의 부모입니다. 가장 가까이 있는 사람을 잘 섬겨야, 이러한 정서와 사랑을 확대해서 내 이웃과 나라, 인류애 등을 실현할 수 있다는 논리입니다.

여러분은 어떤 논리에 끌리나요? 아니 정말 효도를 해야 할까요? 해야 한다면 그 이유는 무엇인가요?

## 문헌과 설화 속의 효도 양상

옛날 사람들은 효도를 어떻게 생각했을까요? 문헌과 설화를 통하여 한번 살펴보고 그 의미를 따져보겠습니다. 먼저 『삼국사기』에 나오는 이야기입니다.

### 향덕의 넓적다리 효행

신라 시대, 향덕이라는 사람이 살았습니다. 그는 천성이 마음씨가 곱고 온후하여 마을에서 그 행실이 자자하였습니다. 755년, 신라 경덕왕 14년에 흉년이 들어 백성이 굶주리고 전염병이 돌았습니다. 그때 향덕의 어머니 또한 종기가 나서 거의 죽을 지경이 되었습니다.
그러자 향덕은 자신의 넓적다리 살을 떼어 먹게 하고, 종기를 입으로 빨아 어머니 병을 낫게 하였습니다. 이를 전해 들은 왕은 감격하여, 벼 300섬과 집과 땅을 내려주고, 담당 관청에 명하여 비석을 세워서 그 일을 기록하라 하였습니다.

『삼국사기』는 이런 것을 왜 기록해 두었을까요? 왕은 왜 포상을 내렸을까요? 그 당시에도 자신의 넓적다리 살을 베는 효성은 흔하지 않았을 것 같습니다. 그래서 상을 내리고 기록으로 남았겠지요. 하지만 이 기록을 통해 그 시대에는 자식이 자신의 신체를 훼손해서라도 부모를 섬기는 것을 당연한 것으로 생각하는 가치관이 있었음을 알 수 있습니다. 그러면, 신라 시대만 그랬을까요?

옛 설화를 보면 신라 시대부터 조선 시대까지 자식이 부모를 위하여 자신의 신체 일부를 봉양하는 것은 여전히 미덕으로 전해져 내려오고 있었습니다. 오늘날에는 워낙 의료시설이 발달해서 굳이 이런 처방이 필요 없는 시대입니다만, 일제 강점기 시대까지도 자신의 신체 일부를 부모에게 봉양하는 풍습이 남아 있었습니다.

## 백범 김구의 효행

백범 김구는 초대 임시정부 국무회의 주석을 지냈던 분이고, 예전 설문조사에서 국민이 가장 존경하는 독립운동가 1위였던 분입니다. 이분이 쓴 『백범일지』에 나와 있는 내용입니다.

집이 원래 궁벽한 산촌인데다가 가난한 우리 집에서 의사나 명약을 쓸 처지가 못 되었다. 나는 예전 할머니께서 돌아가실 때 아버지께서 손가락을 잘라서 그 피를 할머니에게 먹인 것을 기억하였다. 나도 손가락을 잘라서 조금이나마 아버지의 생명을 붙들어보리라 하였으나, 그러면 또 내 어머니가 마음 아파하실 것이 두려웠다. 그래서 손가락 대신에 내 넓적다리의 살을 한 점 베어서 피는 받아 아버지의 입에 흘려 넣고 살은 불에 구워서 약이라고 하여 아버지가 잡수시게 하였다.

그래도 시원한 효험이 없었다. 아마도 피와 살의 분량이 적기 때문이라고 여기고, 나는 다시 칼을 들어서 먼저 것보다 더 크게 살을 떼려고 하였으나, 몹시 아파서 베어만 놓고 떼지는 못

하였다. 손가락을 자르는 것이나 넓적다리 살을 베는 것은 효자나 할 일이지, 나 같은 불효로는 못 할 것이라고 자탄하였다.

이때가 일제 강점기 시대니까, 불과 100년 전의 이야기입니다. 허벅지 살을 떼는 장면을 생생하게 묘사하고 있는데, 말이 그렇지 자신의 살을 떼는 것이 보통 고통스러운 일이 아닐 겁니다. 보통 사람은 엄두도 못 낼 일입니다. 그런데 백범은 스스로 불효자라고 합니다. 허벅지 살을 못 떼면 불효자이니, 오늘날 관점에서는 효자가 아마 한 명도 없을 것 같습니다. 이처럼 부모를 위하여 자신의 신체 일부를 떼서 봉양하는 것은 신라시대부터 거의 오늘날까지 이어 내려온 하나의 관습이었습니다.

그래도 이 정도는 봐줄 만합니다. 부모를 잘 섬기기 위해서 살인(?)도 마다하지 않았던 시절도 있었습니다.

### 손순매아설화(孫順埋兒說話) : 아이를 땅에 묻다

이 설화는 『삼국유사』에 나오는 내용입니다.

손순은 아버지가 돌아가신 뒤 품팔이로 어머니를 봉양하였습니다. 그런데 자기 아들이 어머니의 밥을 빼앗아 먹으므로, 부부가 의논하여 자식을 땅에 파묻기로 하였습니다. 아이를 묻기 위해 취산 북쪽으로 데리고 가서 땅을 파니 석종이 나왔습니다. 부부가 놀라고 이상하게 여겨 시험 삼아 그 종을 쳐 보니 아름다운 소리가 났습니다. 아내가 이상한 물건을 얻은 것은 아이의 복이니 아이를 묻지 말자고 하여 그냥 되돌아왔습니다. 종을 대들보에 달고 치니 그 소리가 대궐에까지 들렸습니다. 왕이 이 아름다운 종소리의 근원을 알아 오게 하자, 사자가 그 집에 와서 살펴보고 사실대로 고했습니다.

왕은 부부의 효행을 가상히 여기고 집과 식량을 주었습니다. 손순은 자신이 묵은 집을 절을 짓는 데에 기부하여 홍효사(弘孝寺)라 하였고, 석종을 그 절에 안치했습니다. 뒤에 백제의 도둑이 들어와 그 종은 없어지고 절만 남았는데, 석종이 발견된 곳은 완호평(完乎坪)이라고 합니다.

여기서 몇 가지 짚어볼 것이 있습니다. 일단, 오늘날의 시각으로 보면 이 사건은 아동 학대, 아니 아동학대치사 미수죄에 해당합니다. 언론에 헤드라인 뉴스로 도배될 사건입니다. 그런데 이 설화가 『삼국유사』의 「효선」 편에 실려 있습니다. 이러한 부부의 행동이 당시에는 효의 모범 사례라는 말입니다. 게다가 왕은 이 부부를 처벌하기보다는 상을 내렸습니다.

이게 무슨 말입니까? 앞으로 아이가 부모 밥을 빼앗아 먹으면 가서 묻어버려라 이런 말입니다. 효도를 위해서라면 자식을 희생시켜도 괜찮으니라 아예 공공연하게 선언한 겁니다. 물론, 설화의 내용은 극단적인 비유이고 그만큼 효의 가치를 높게 산다는 의미겠지요. 설마 액면 그대로겠습니까?

앞에서 살펴본 바와 같이, 옛날에는 효도의 의미가 대단했습니다. 그 어떤 도덕적 가치보다도 효를 우선시하면서 효 중심

X 부모 이해하기

으로 도덕, 정신적 가치관이 유지되도록 하였습니다. 그러나 오늘날은 어떤가요? 오늘날 효는 어떤 의미를 지니고 있을까요?

## 02 오늘날의 효도

### 이방인 : 알베르 카뮈

현대에 와서는 효에 대한 관념이 조금 달라집니다. 다음은 프랑스의 작가 알베르 카뮈가 1942년에 발표한 『이방인』이라는 소설의 첫 구절입니다.

오늘, 엄마가 죽었다. 아니 어쩌면 어제. 잘 모르겠다.
(Aujourd'hui, maman est morte. Ou peut-être hier, je ne sais pas.)

이 소설은 주인공 뫼르소가 어머니의 죽음 이후 별다른 슬픔을 느끼지 못하는 것에서 시작됩니다. 어머니를 얼마나 사랑했는지는 잘 모르겠지만, 그녀의 죽음 앞에 별다른 감정을 못 느낍니다. 장례식장에 가는 것조차도 약간 귀찮아합니다. 그 이후 담담히 일상을 살다가 충동적으로 사람을 죽인 후 재판을 받고, 사형을 선고받게 됩니다. 왜 사람을 죽였느냐 추궁에 태양이 너무 눈이 부셔서 그랬다고 합니다.

그의 죄는 분명히 살인이지만, 어머니의 장례식장에서 눈물을 보이지 않은 반사회적인(?) 그의 모습이 사형의 가장 결정적인 이유가 되었습니다. 판사는 이런 사람이 사회와 영원히 격리되도록 그에게 사형을 내렸습니다. 하지만 이건 현대인의 시작이었습니다.

사람들이 이 소설에 열광한 이유가 무엇일까요? 그것은 사람의 불편한 진실을 여과 없이 드러냈기 때문입니다. 어떤 사람이 있습니다. 그 사람은 부모에 대하여 아무 감정이 없습니다. 사랑이라는 감정도 없고, 봉양하고 싶은 생각도 없습니다. 그런데 사회는 부모를 사랑하고 봉양하라고 합니다. 안 그러면 묻힐 수도 있다고 사회적 협박까지 받습니다. 그래서 부모를 사랑하는 척하고 부모를 어쩔 수 없이 봉양합니다. 이런 사람이 없겠습니까?

현대로 넘어오면서 과거의 농경 중심의 집단적 가족 중심의 사회 구조가 해체되었습니다. 더더욱 이런 사람이 많아졌습니다. 이런 사람은 인지 부조화 속에 살고 있습니다. 내 생각과 세상의 가치가 다르니까, 그냥 숨기고 살았습니다. 그런데 어느 날 뫼르소가 나타나서 홀연히 외칩니다. '나는 엄마를 사랑하지 않아!' 그러자, 사람들은 열광합니다. 나도 그래! 나도 그래! 좀, 과장하면 이렇다는 말입니다.

## 어머니보다 고양이가 더 소중해

현대인의 이런 모습은 숭산 스님이 쓴 『선의 나침반』이라는 책에서도 나와 있습니다. 숭산 스님은 1970년대부터 주로 미국에서 활동하면서 한국의 선불교를 해외에 전파한 분으로 잘 알려져 있습니다. 아래의 이야기도 1970년대 미국에서의 일입니다.[44]

미국에 있었을 때의 일이다. 선원에 한 여학생이 있었다. 그녀는 애완용으로 고양이를 기르고 있었는데, 너무 좋아해서 가는 곳마다 데리고 다녔고, 심지어는 옆에 두고 잘 정도였다.
어느 날 내가 그녀에게 "이번 주 3일 동안 선원에서 먹고 자며 집중 참선 수행할 수 있겠느냐"라고 물었다. 그러자 그녀가 "사랑하는 내 고양이들을 돌볼 사람이 없기에 할 수 없다"고 말하였다. 고심 끝에 고양이와 함께 있을 개인 방을 내주고 부득이한 경우 선원 살림을 담당하고 있는 원주 스님이 고양이를 돌보도록 하겠다고 제안하자 그녀는 그제야 응낙했다.

수행 첫날, 그녀의 오빠로부터 다급한 전화가 걸려왔다. 어머니가 위독하시니 급히 병원으로 달려오라는 전갈이었다. 그런데 그녀의 반응은 의외였다. 전화기에 대고 갑자기 화를 내기 시작하는 것이다.
"엄마 병문안을 가면 내 사랑하는 고양이들은 누가 돌보죠? 내가 없으면 그들은 죽을지도 몰라요. 고양이는 무척 예민해요. 설사 다른 사람이 돌봐준다 하더라도 그동안 잘못 먹이면 큰일이 나요."

그녀의 오빠는 평소 이런 그녀의 성격을 잘 알고 있었는지 더는 설득도 하지 못하고 그냥 전화를 끊는 눈치였다.

며칠 후 그녀의 고양이 중 한 마리가 병이 났다. 그녀는 걱정이 너무 됐는지 참선 수행도 못 하고 수의사들에게 전화를 해대기 시작했다. 그러더니 아픈 고양이를 데리고 나가 여기저기 병원을 찾아다녔다.

자기 엄마가 아프다는 소리에는 꿈쩍도 안 하던 그녀가 기르던 고양이가 아프다니까 안절부절못하는 것이었다. 그녀는 자기를 낳아준 엄마보다 고양이를 더 사랑한 것이다.

저는 옛날이나 지금이나 인간 본성은 크게 변하지 않는다고 봅니다. 조선 시대에는 부모상을 당하면 3년간 무덤 옆에서 무덤을 지키면서 부모님을 그리워했습니다. 대부분 선비가 말입니다. 그 시대는 지금보다 훨씬 더 효도에 대한 가치와 규범을 높게 유지하고 있었습니다. 그렇다고 하더라도, 그 시대에도 부모의 정을 못 느끼는 자식, 반대로 자식을 그다지 사랑하지 않은 부모도 있었을 겁니다. 그런 것을 사회 규범이 막아둔 겁니다.

현대 사회는 다양한 가치관이 인정되면서 사람들은 좀 더 자유롭게 자신의 의사를 표현할 수 있게 되었습니다.

**뫼르소는 그 시작이었고, 어머니보다 고양이를 더 사랑할 수 있는 사회가 되어 버린 겁니다.**

어떤 상황이 되든 자식은 부모를 모셔야 한다. 왜냐하면, 부모이니까. 이런 사고방식이 전통적 효 사상이었다면 현대는 어떤가요? 여기에 시 한 편이 있습니다. 연세대학교에서 국문과 교수로 재직했던 마광수 교수의 「효도에」라는 시입니다.

효도에45

마광수

어머니, 전 효도라는 말이 싫어요.
제가 태어나고 싶어서 나왔나요? 어머니가
저를 낳으시고 싶어서 낳으셨나요.
'낳아주신 은혜' '길러주신 은혜'
이런 이야기를 전 듣고 싶지 않아요.
어머니와 전 어쩌다가 만나게 된 거지요.
그저 무슨 인연으로, 이상한 관계에서
우린 함께 살게 된 거지요. 이건
제가 어머니를 싫어한다는 얘기가 아니에요.
제 생을 저주하여 당신에게 핑계 대겠다는 말이 아니에요.
전 재미있게도, 또 슬프게도 살 수 있어요.
다만 제 스스로의 운명으로 하여, 제 목숨 때문으로 하여
전 죽을 수도 살 수도 있어요.
전 당신에게 빚은 없어요. 은혜도 없어요.
우리는 서로가 어쩌다 얽혀 들어간 사이일 뿐,
한쪽이 한쪽을 얽은 건 아니니까요.
아, 어머니, 섭섭하게 생각하지 말아주세요.
"난 널 기르느라 이렇게 늙었다, 고생했다"
이런 말씀일랑 말아주세요.

어차피 저도 또 늙어 자식을 낳아
서로가 서로에 얽혀 살아가게 마련일 테니까요.
그러나 어머니, 전 어머니를 사랑해요.
모든 동정으로, 연민으로
이 세상 모든 살아가는 생명들에 대한 애정으로
진정 어머닐 사랑해요, 사랑해요.
어차피 우린
참 야릇한 인연으로 만났잖아요?

마광수 교수의 시의 의미는, 부모 자식 관계 이전에 인간으로서의 관계를 중시하겠다는 말입니다. 단지 부모와 자식이라는 이유 하나만으로, 어떤 권리를 행사한다든지 어떤 의무감에 빠지기는 싫다는 말입니다.

## 자식이 부모를 돌보는 것은 선택

법륜 스님은 한 걸음 더 나아갑니다. 자식이 부모를 돌보는 것은 선택사항이라고 합니다. 법륜 스님은 왜 이렇게 말씀하시는 걸까요? 다음은 법륜 스님께서 온라인 「즉문즉설」에서 말씀하신 내용입니다.[46]

부모는 아무리 살기 어렵더라도 자식을 스무 살까지 돌봐야 합니다. 이것은 생태적 의무이기도 하고 사회적 의무이기도 합니다.

자식이 부모를 돌보는 것은 의무가 아니라 선택사항입니다. 자연 생태계에 자식이 부모를 돌보는 경우는 거의 없습니다. 그래서 부모를 돌보는 게 생태적 현상은 아닌 거예요. 부모도 성인이고 자식도 성인이기 때문에, 각각 자기 개체의 보존을 해나가면 됩니다. 그런데 사람은 생각할 줄 알기 때문에, 옛 은혜를 생각해서 나이 든 부모를 돌보는 거예요.

그런데 유교에서는 자식을 키우는 것보다 부모를 모시는 것을 더 우위에 두고 효를 중요한 윤리로 여겼습니다. 그것은 자연스러운 것이 아니라 인위적이라고 볼 수 있습니다. 그러니까 부모가 자식을 돌보는 것은 '의무'이고, 자식이 부모를 돌보는 것은 '선택'에 속합니다. 선택의 문제니까 내가 할 수 있는 만큼 하면 되고, 안 해도 죄가 아니라는 얘기예요. 부모가 자식을 버리면 죄를 지었다고 할 수 있지만, 자식이 부모를 돌보지 않는다고 죄를 지은 것은 아닙니다. 자식이 부모를 돌보면 칭찬받을 일, 좋은 일이라고 할 수 있습니다.

법륜 스님은 부모가 자식이 성인이 될 때까지 돌보는 것은 의무이지만, 자식이 부모를 돌보는 것은 의무가 아니라고 합니다. 부모도 성인이고, 자식도 성인이니까 각자 자기 삶을 살아가면 된다고 합니다.

앞에서 왜 효도해야 하는지 그 이유를 말씀드렸는데, 혹시 기억나시나요? 첫 번째 이유가 불문율이라고 하였습니다. 효도란 인류의 보편적 윤리에 기초한 미덕이기 때문에 무조건 지켜야 한다고 했으며, 자식이 부모를 공양하는 것은 오직 사람만이 갖는 특징이기에, 이러한 인간만이 가지는 미덕은 당연히 지켜야 한다는 논리였습니다.

그러나 법륜 스님은 다르게 이야기합니다. 인간이나 동물이나 다를 바가 뭐가 있냐고 말입니다. 생태계에서 새끼가 어미를 돌보는 경우가 없는데 왜 인간은 그런 굴레에 갇혀서 사느냐 이겁니다. 자식이 만약 같이 지낸 정이나 옛 은혜를 생각해서 부모를 돌본다면 그것은 좋은 일이지 안 돌본다고 해서 죄를 짓는 것은 아니라는 이야기입니다.

어느 것이 맞고 어느 것이 틀리고를 떠나서 법륜 스님의 입장은 좋은 점이 있습니다. 내가 만약 부모의 입장이라면 기대치를 낮추는 효과가 있습니다. 내 자식이 효도할 것이라는 기대를 했다가 효도하지 않으면 실망을 많이 할 겁니다. 그래서 애당초 기대치를 낮추어 두면 자식이 효도하지 않아도 크게 서운하지 않고, 만약 효도하면 더 좋은 것이니까 세상을 좀 더 편하게 살 수 있는 지혜로운 방법인 것 같습니다.

법륜 스님의 법문을 듣는 사람은 나이가 많은 분이 많습니다. 추측하기에, 그분들에게 삶의 지혜를 주려고 이렇게 말씀하시지 않았나 싶습니다.

## 03 고령화 사회의 효도

### 노인이 노인을 모시는 현실

　고령화 사회를 맞이하면서 효도는 또 다른 양상을 겪게 됩니다. 그건 바로 노인이 노인을 모셔야 하는 현실입니다. 예전에는 70살을 고희(古稀)라고 했습니다. 고희라는 말은 '옛날부터 귀하다'라는 뜻입니다. 옛날부터 70살이 넘는 사람은 잘 없었다는 말입니다. 30살을 한 세대라고 했을 때, 예전에는 자식의 나이가 많아봤자 40~50살까지 부모를 모셨으면 되었습니다. 오늘날은 대략 90살까지는 사니까, 그때 자식의 나이는 60~70살입니다. 노인이 노인을 모시는 현실에 직면한 것입니다.
　자식의 나이가 40~50대면 한창 일할 나이이고, 체력적으로나 경제적으로 부모를 봉양하는 데 큰 어려움이 없었습니다. 그러나 자식이 60~70대가 되면 나이가 더 많은 부모를 모시기가 체력적으로나 경제적으로 빠듯하기 시작합니다.

　옛날에는 70살만 되면 오래 사신 거고, 80살이 넘으면 호상이라고 해서 장례식장에 가면 사람들이 막 웃고 떠들고 그랬습니다. 그때 자식의 나이는 많아봤자 40~50살이고, 손자 나이는

10~20살 정도입니다. 그러니까 자식이나 손자는 할아버지, 할머니에 대한 좋은 추억만 간직하게 됩니다.

그런데 요즘은 오래 사니까, 불가피하게 안 좋은 모습을 보게 됩니다. 특히 치매에 걸려서 자식도 손자도 못 알아본다든지, 자기 몸을 못 가누어 대소변을 받아내야 한다든지, 그런 세월을 몇 년 또는 심하면 몇십 년 보내고 나면 어린 시절 부모님이나 할아버지, 할머니의 좋은 추억은 다 없어지고 억장이 무너지는 슬픈 경험만 남게 됩니다. 결국, 마지막은 요양원으로 모시는데 그 과정도 참담합니다.

인터넷에 이런 사례가 있어서 한번 적어봅니다. 어쩌면 우리 모두의 일일지도 모릅니다.

이제 어머니도, 아내도 모두 노인인데 얼마나 지치겠습니까? 결국, 얼마 전 장남인 제가 다섯 동생을 모았습니다. 무거운 마음으로 요양병원 얘기를 꺼냈죠. 다들 말이 없더군요. 내심 제가 계속 어머니를 모시길 바라는 눈치였어요. 그래도 우리 가족의 고생을 아니까 차마 말은 못 하고 "어떡하지, 어떡하지" 걱정만 하더군요. 결국, 아무런 결론을 내리지 못했습니다.

고령화 사회에서는 효에 대한 관점이 바뀌어야 함을 아프게 보여주는 것 같습니다.

## 부모 부양은 누가 해야 하는가?

노인이 노인을 부양하는 고령화 사회에서는 누가 부모 부양을 해야 할까요?

아래 표는 통계청에서 2020년에 조사한 '사회조사 결과보고서'의 내용입니다. 부모 부양을 누가 해야 하는지, 그 책임에 대한 인식 변화 추이를 보여줍니다.

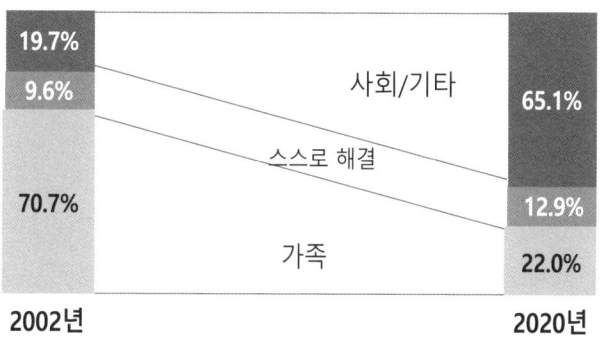

부모 부양 책임자 인식 변화 추이47

이 표를 보면 부모를 누가 모셔야 하는가에 관한 질문에 20년 전인 2002년에는 71%가 가족이라고 답변하였습니다. 그런데 2020년에는 가족이 부모를 부양해야 한다는 비율은 22%에 불과하고, **65%는 사회나 국가가 해결해야 한다고 대답하였습니다**. 비율도 비율이지만, 이렇게 짧은 기간 내에 이렇게 가치관이 크게 바뀌었다는 것이 놀랍습니다. 이것이 현재 우리 대한민국의 현실입니다.

가족이 부모를 부양해야 한다는 생각은 인류 문명이 시작된 이래 지금까지 지배해온 생각일 겁니다. 무려 최소한 3천 년 이상 그렇게 지속하지 않았나 싶습니다. 그런데 불과 20년 만에 바뀐 겁니다. 이렇게 빠른 가치관의 변화는 대한민국을 표류하게 만듭니다.
　급작스러운 경제 성장의 후유증이 곳곳에 나타나고 있는 것 같습니다. 하지만 이것이 현실입니다. 가족이 아니라 국가가 노인 부모의 노후를 책임져야 하는 시대입니다.


### 효가 살아남기 위해서는

예전보다 효의 관념이 많이 약화되었습니다. 이런 점에서, 전통적 미풍양속인 효가 오늘날에도 살아남기 위해서는 뭔가 변화가 필요합니다.

　먼저, 부모는 자식에 대한 지나친 애착과 왜곡된 애정에서 벗어나야 합니다. 어떤 부모들은 자기가 못 했던 것을 자식을 통하여 실현하고자 합니다. 그것 자체가 무조건 나쁘다는 것은 아니지만, 부모의 지나친 간섭은 자식에게 부담과 상처가 되어서, 결국 기본적인 효의 가치마저 부인당할 가능성이 있습니다.
　비슷한 맥락에서, 은혜에 대한 보답 논리는 자제되었으면 합니다. 전통적 효에서는 부모의 은혜와 그 은혜에 대한 보답을 강조했습니다. 그러나 오늘날은 은혜 보답의 의무나 책임을 강조하는 것보다는 정성이나 위로, 자녀와의 지속적인 교류가 더 중요하다고 봅니다.

마지막으로, 효라는 가치를 사회 통합의 정신적 가치로 격상해야 합니다. 나랑 가장 가까운 사람은 부모입니다. 거기서 시작된 사랑은 형제애로 나갈 수 있습니다. 이웃에 대한 사랑으로 퍼져 갈 수 있습니다. 동포애를 느끼고, 나아가서 인류애로 번지게 됩니다. 진정한 사랑의 실천은 바로 효에서 시작할 수 있습니다. 이같이, 사회 통합의 정신적 가치로써 효의 정신을 살려야 합니다.

미풍양속의 효가 오늘날에도 살아남기 위해서는 이런 변화가 필요합니다.

## 04 부모 이해하기

### 부모와 나는 나이가 같다

부모를 이해하는 첫 번째는 바로 부모와 나는 나이가 같다는 사실을 깨닫는 것입니다. 이게 무슨 말인가 하면, 엄마 아빠도 내가 태어난 순간부터 엄마 아빠가 된다는 말입니다. 자식이 보기에는 엄마 아빠가 모든 걸 다 잘하는 것처럼 보이지만, 사실 엄마 아빠도 그 일을 처음 하는 것입니다. 그래서 기본적으로 부모는 서툴 수밖에 없습니다.

예전에 「응답하라 1988」이라는 드라마가 꽤 인기를 끌면서 방영된 적이 있었습니다. 이 드라마는 뜨겁고 순수했던, 그래서 시리도록 그리운 그 시절, 누구에게나 있는 젊은 날의 추억을 불러 일으키는 레트로 감성으로 크게 어필했습니다.

「응답하라 1988」에서는 세 남매가 등장합니다. 큰딸은 성보라, 둘째 딸은 성덕선, 막내아들은 성노을입니다. 큰딸과 둘째 딸은 세 살 터울이지만, 태어난 날짜는 3일 차이입니다. 그래서 매년 생일 축하 파티는 한 번에 합니다. 항상 언니 생일날에 케이크에 언니 나이만큼 초를 꽂고 생일 축하 노래를 부른 다음에, 다시 초를 세 개 빼고 이번에는 덕선이를 위하여 한 번 더 축하 노래를 부릅니다.

매년 그렇게 했는데, 이번에는 덕선이가 자기도 따로 생일 파티해달라고 조릅니다. 그래도 무시하고 이번에도 한꺼번에 생일파티를 하자, 덕선이는 폭발합니다. 덕선이는 집에서 차별을 많이 받았습니다. 언니는 큰딸이라서 대접받고, 막내는 아들이라서 대접받는데, 이도 저도 아닌 덕선이는 이리저리 치입니다. 계란 후라이는 언니나 동생만 주고, 어쩌다 통닭 파티하면 닭 다리도 언니 하나, 동생 하나 줍니다. 이름도 언니 이름은 보라, 동생 이름은 노을, 다 예쁜데 자기 이름만 덕선이라고 촌스럽다고 불만입니다.

덕선이 그렇게 울면서 뛰쳐나가자, 그제서야 부모는 미안한 마음이 듭니다. 그래서 아빠는 부랴부랴 주머니에서 돈을 꺼내 딸을 따라 나갑니다. 따라 나간 아빠는 동네 구멍가게 평상에 앉아서 덕선이를 위하여 케이크를 새로 하나 사주면서 이렇게 말합니다.

아빠 엄마가 많이 미안하다
잘 몰라서 그래
첫째 딸은 어떻게 가르치고
둘째는 어떻게 키우고
막둥이는 어떻게 해야 하는지 잘 몰라서
이 아빠도 태어날 때부터 아빠가 아니잖아
아빠도 아빠가 처음이잖아
그래서 우리 딸이 조금만 이해해줘

구멍가게 평상에 나란히 앉은 부녀는 거기서 새로 산 케이크 위의 초에 불을 붙입니다. 덕선이가 후~ 촛불을 끕니다.

세상에 모든 관계는 그 관계를 맺을 때 처음으로 시작됩니다. 결혼하면 남편과 아내의 관계가 처음 시작되고, 자식을 낳으면 그때 엄마·아빠와 아들·딸의 관계가 처음 시작됩니다. 둘째라도 마찬가지입니다. 부모에게는 둘째 딸, 둘째 아들은 역시 처음 겪는 겁니다. 그래서 서툴 수밖에 없습니다. 자식이 보기에는 부모가 완벽해 보이지만, 사실은 그렇지 않습니다.

만약 청소년 시기에 자식이 부모에게 대들었다면, 그 부모는 그런 것을 처음 겪는 겁니다. 그러다 보면 당황하고 또 미숙하게 대응할 수도 있고, 그러한 미숙함은 다시 자식에게는 상처가 되고, 그것이 오랫동안 삶의 굴곡과 장애로 남게 됩니다. 하지만, 이것은 의도된 것이 아니라 미숙함에서 오는 안타까움입니다.

부모는 늘 자식에게 미안한 마음을 갖고 있습니다. 왜 그럴까요? 왜 부모가 자식에게 미안할까요? 주기만 하고 받는 건 없는데 말입니다.

**부모로서 자식을 제대로 못 키우고, 미숙하게 키웠기 때문에 그게 미안하다는 것입니다.**

왜 부모는 늘 자식에게 고맙다고 할까요?

그렇게 미숙하게 키웠는데도 자기 자식이 잘 커 주니까, 그게 너무 고마운 겁니다.

## 부모도 처음의 삶을 살고 있다

부모를 이해하는 두 번째는 바로 부모도 처음의 삶을 산다는 것을 이해하는 것입니다. 누군가가 현재 20대라면, 그 사람에게 20대의 삶은 처음입니다. 마찬가지로, 그 부모가 현재 50대라면 그 부모 또한 50대의 삶을 처음 사는 것입니다. 부모도 자기 인생을 열심히 살고 있고, 또 힘들고 지치는 날이 있습니다.

그런데 그런 것들은 자식의 눈에 보이지 않습니다. 왜냐하면, 자식은 어릴 때부터 자기 부모가 슈퍼맨일 줄 알았으니까요. 그리고 내가 부모의 삶에 관심을 안 가져도 별로 문제가 없었으니까요. 너무나 당연하게도 우리는 부모의 삶에 큰 관심을 가지지 않았습니다.

어릴 적 우리 집엔 슈퍼맨이 살았다. 그는,
세상 고칠 수 없는 물건이란 없는 맥가이버였고,
어디선가 누군가에 무슨 일이 생기면 나타나 모든 걸
해결해주는 짱가였으며,
약한 모습이라고는 찾아볼 수 없는 히어로 중의
히어로였다.
하지만 철부지를 벗어난 뒤에야 알게 되었다.

다만 들키지 않았을 뿐 슈퍼맨도 사람이었다는 것을.

얼마나 많은 더럽고 치사하고 아니꼽고
슬프고 무섭고 힘겨운 세상들이
엄마, 아빠를 스쳐 갔는지를.
그리고 이제 간신히 깨닫는다.
더럽고 치사하고 아니꼽고 슬프고
무섭고 힘겨워도 꿋꿋이 버텨낸 이유는,
지켜야 할 사람들이 있기 때문이었음을,
가족이 있었고 내가 있었기 때문이었음을,
다른 누구도 아닌 부모의 이름으로
살아야 했기 때문이었음을.

이 글 역시 앞에서 봤던 「응답하라 1988」에서 성보라가 독백한 대사입니다.

부모도 처음의 삶을 살면서, 수많은 어려움과 외로움, 그 자신만의 고락의 삶을 전개하고 있습니다. 그래도 이겨내는 이유는 바로 자식이 있어서입니다. 지켜야 할 사람이 있기에, 가족이 있기에 고난을 이겨내며 누구보다 떳떳하게 부모의 이름으로 살아가고 있는 겁니다.

내가 어렸을 때, 아빠는 가끔 늦은 저녁에 전화를 걸고는 내게 이런 말을 하곤 했다.
"아들아 뭐 먹고 싶어? 치킨 사 갈까?"

한껏 톤이 올라간 아빠의 목소리에서 치킨이란 단어가 들려올 때면 한껏 신난 나는 이번에도 어김없이 양념치킨을 외치고는 전화를 끊었다. 그렇게 1시간가량이 지나고 누군가 계단을 오르는 소리가 없어질 무렵 익숙한 그의 목소리가 들렸다.

"치킨 사 왔다. 얘들아."

술 냄새가 진하게 풍기던 아빠는 얼굴이 뻘게진 채로 우리 형제에게 자연스럽게 치킨을 건넸고, 그럴 때면 우리는 허겁지겁 포장을 뜯고, 치킨을 뜯었다. 그럴 때마다 나는 속으로 이런 생각을 했던 것 같다. 아빠가 오늘처럼 기분이 좋아서 치킨 상자를 매일 들고 오기를.

그런데, 시간이 한참 흘러 흘러서 나도 아빠처럼 직장인이 되고 두 아이의 아빠가 되니까,

"얘들아 치킨 먹을래??"

이제는 아빠의 마음을 조금 알 것 같다. 그때, 아빠가 술에 취한 채 치킨 상자를 들고 온 이유는 그날 기분이 좋았기 때문이 아니라, 그날 유독 고되고 힘들었기 때문이었음을.
아무것도 모른 채, 자신의 작은 선물에 뛸 듯이 기뻐하는 자식들의 모습을 보며, 지친 마음을 조금이나마 위로받고 싶었기 때문이었음을.

인터넷(아경티잼)에 있는 글입니다. 아빠가 되면 아빠를 이

해하고, 엄마가 되면 엄마를 이해한다고 합니다. 부모가 되어 부모를 이해하기 전에, 하나의 완전한 독립된 개체로써 부모에 대한 이해가 필요하지 않을까 생각합니다.

## 05 부모 되기

### 자식은 부모를 따라 배운다

부모는 아이의 물질적인 양육을 책임져야 할 뿐만 아니라, 아이가 일생을 행복하게 살 수 있는 정신적 자양분을 줘야 합니다.

부모가 되고자 할 때, 최고 먼저 생각해야 할 것은 무엇일까요? 그것은 바로 아이들은 따라 한다는 것입니다. 부모가 딱히 이렇게 하라고 말을 해주지 않아도, 아이들은 부모를 따라 합니다. 억압적인 부모 밑에서 자란 아이는 대체로 자존감이 낮습니다. 어린 시절에 부모가 항상 돈 걱정하는 모습을 보고 자란 아이는 자라서도 역시 돈 때문에 고통을 받기 쉽습니다.

사람은 보고 들은 대로 행동하기 쉽기에, 부모가 자기에게 했던 방법으로 자식에게 할 가능성이 큽니다. 만약 자기 부모의 양육 방법이 좋다고 느꼈다면 큰 문제가 없습니다. 딱히, 부모 교육을 받을 필요도 없고, 배운 대로 하면 됩니다. 그런데 만약 '엄마 또는 아빠처럼 절대 안 할 거야'와 같은, 부모에 대한 부정적 감정이 있으면, 약간 문제가 됩니다. 왜냐하면 나도 엄마나 아빠가 나에게 한 것처럼, 그대로 자식에게 할 가능성이 크기 때문입니다. 머릿속에는 '나는 절대로 엄마 아빠처럼 되지 않을 거야'라고 하지만, 현실은 엄마 아빠가 나에게 했던 것처럼 그대로 할 가능성이 훨씬 큽니다.

만약 부모가 자기에게 했던 양육 방식이 마음에 들지 않았다면, 올바른 육아 방법에 대하여 배워야 합니다. 공부해야 합니다. 아이를 독립적인 훌륭한 개체로 자라게 해서, 행복하게 살 수 있도록 정신적인 자양분을 공급해야 합니다. 그러기 위해서는 공부해야 합니다. 물론, 나에게도 많은 도움이 됩니다. 내 인생을 행복하고 바르게 살아가는데도 그러한 공부가 큰 도움이 되기 때문입니다.

공부하지 않으면 어떻게 될까요? 바로 내 욕심으로 아이를 키우게 됩니다. 나의 본능과 욕심으로 아이를 키우게 되니까, 아이는 내 욕망의 대상이 됩니다. 내 욕망의 대상이 바르게 클 수 있을까요? 그럴 확률이 아무래도 좀 낮을 겁니다. 그렇지 않겠어요?

### 나의 욕심으로 아이를 키우면 안 된다

좋은 부모가 되는 첫 번째 방법은 바로 나의 욕심으로 아이를 키우면 안 된다는 사실을 깨닫는 겁니다. 나의 욕심으로 아이를 키운다는 것은 아이가 내가 원하는 대로 자라기를 바라는 겁니다. '내가 살아보니까 의사가 최고 좋더라. 넌 의사가 되어라', '돈 말고 중요한 게 뭐 있어. 돈 잘 버는 게 가장 좋은 거야' 대략 이런 식입니다. 이런 부모는 아이에게 자꾸 무언가가 되기를, 어떻게 하기를 강요합니다. 강요하는 표현은 아이의 입장을 고려하지 않거나 덜 고려한다는 말입니다.

그렇다면 어떻게 욕심을 다스리면 될까요?

제 아들이 고등학교 1학년 때 일입니다. 그 당시 우리 아들도 다른 아이와 비슷하게 컴퓨터 게임을 좋아했습니다. 그래서 저녁마다 몇 시간씩 게임을 하고 있었습니다. 그 모습을 보면서 저는 참 답답했습니다. 그때 저는 이런 생각을 했습니다. '인생은 때가 있는 법이다. 그때를 놓치면 한참을 돌아가게 된다. 지금 저 아이가 공부에 집중하면 좀 더 좋은 대학에 가서 인생이 바뀌는데, 왜 저 아이는 이걸 모르는 걸까?' 그래서 틈만 나면 이런 이야기를 해주었습니다. 근데, 아들에게는 잔소리였습니다. 제 이야기가 들어갈 틈이 없었습니다. 어떤 경우에는 화도 내고 야단도 치고 했지만 그럴수록 아들은 점점 더 저를 피하는 것이었습니다.

그해 겨울, 저는 타지로 발령이 났습니다. 평일에는 타지의 관사에서 지내고 주말에 집에 오곤 했습니다. 그곳에서 저는 매일 108배 절 수련을 하였습니다. 그러면서 법륜 스님의 즉문즉설을 틈틈이 시청했습니다. 그때 저랑 비슷한 처지에 있는 사람이 자기의 고민을 털어 놓았는데, 법륜 스님은 아이가 중대 범죄를 저지르지 않는 이상 아무 문제가 없다고 대답했습니다. 그때 예전에 읽었던 오쇼 라즈니쉬의 글귀가 생각났습니

다.48

물은 에메랄드빛이고 산은 푸르다.
무엇이 문제인가?
꽃은 꽃이고 가시는 가시이다.
사물은 있는 그대로 존재한다.
여기에 무슨 문제가 있는가?
문제는 그대가 그들을 평가하기 때문에 생기는 것이다.

그대는 "물이 에메랄드빛이 아니라면 좋았을 것을" 하고 말한다.
이제 문제가 발생한다.
그대는 "산이 푸른색이 아니었다면 좋았을 것을" 하고 말한다.
이제 그대는 문제에 봉착한다.

물은 에메랄드 빛이고, 산은 푸르다.
이 사실을 받아들여라.
그 사실과 함께 살아라.
거기에 이론을 끌어들이지 말라.
사물은 있는 그대로 존재한다.
이 사실을 이해하고 받아들이면
달리 아무것도 할 것이 없다.
아이들은 어느 한 곳에 있지 못하고
사방으로 뛰어다닌다.
그는 아이니까 당연하다.
그런데 그대는 아이가 조용히 앉아 있기를 원한다.

아이가 노인처럼 행동하기를 원한다.
이제 문제가 발생한다.
그대는 아이의 본성이 아닌 무언가를 주입하려고 한다.

그대가 명상하고 있는데 개가 짖는다고 하자.
개들이 그대의 명상을 방해한다고 말하지 말라.
개들은 그대에게 아무 관심도 없다.
그대가 명상 중인 것도 모른다.
받아들이기만 하면 즉시 모든 문제가 사라진다.
개들은 짖고 그대는 명상한다.
둘 사이에 어떤 마찰도 없다.
마찰은 그대의 마음과 태도에서 비롯되는 것이다.
만물이 자신의 고유한 본성을 갖고 있다.
그대 또한 그대만의 본성에 따라 존재한다.
세상은 흠잡을 데 없이 훌륭하다.
완벽하게 아름답다.
이보다 더 좋은 세상은 있을 수 없다.

오쇼 라즈니쉬의 『십오도』에 나오는 글입니다. 예전에 읽었던 이 글귀가 생각나면서, 아들에게 아무 문제가 없다는 것을 깨달았습니다. 아들이 컴퓨터 게임을 좋아하는 것은 너무나 당연합니다. 어른이 술을 좋아하는 것과 다를 게 없습니다. 설령 아들이 대학을 못 가면 어떻습니까? 대학 못 간다고 인생이 끝나는 것도 아니지 않습니까?

이 모든 것이 다 나의 욕심이었습니다. 그리고 내 생각도 다 나의 편견이라는 사실을 깨달았습니다. 제 눈에 보이는 의사는 돈을 많이 번다는 사실 하나로, 의사는 좋은 직업이라고 단정하고 의사가 되는 아이를 바랬습니다. 의사가 더 행복한지, 어떤 어려움이나 스트레스가 있는지 그런 것은 관심이 없었습니다.

모든 것은 다 나의 욕심이고 편견이었습니다. 정말, 그날 밤에 혼자서 울었습니다. 참회의 눈물을 쏟았습니다. 아이에게 너무 미안했습니다.

주말에 집에 왔습니다. 금요일 저녁인데, 저녁 먹고 방 안에 있다가 10시쯤 거실로 나와보니 아들이 컴퓨터 게임을 하고 있었습니다. 그때 컴퓨터는 거실에 있었습니다. 나를 보더니만 아들은 당황하면서 급히 컴퓨터를 끄려고 하더군요. 아빠가 무슨 말을 할지 뻔히 아니까요. 저는 아들에게 다가가서 어깨에 손을 얹히고 이렇게 말했습니다.

"일주일 동안 공부한다고 고생 많았지? 오늘은 주말이니까 스트레스 풀어야지. 괜찮아. 그동안 많이 하고 싶었을 텐데, 계속해. 이런 게 스트레스 푸는 데 딱 좋지."

아들은 저의 이런 말에 깜짝 놀라면서, 저를 쳐다보는 눈빛이 더 불안해 보이더군요. 아마도 제가 비꼰다고 생각했던 것 같습니다. 그러나 이런 일이 몇 번 반복되면서 아들은 서서히 제 진심을 알아차렸습니다.

부모의 기대와 부모의 욕심이 아이를 더 성장시킬 수도 있고, 더 망칠 수도 있습니다. 반대로 부모의 무관심이 아이를 더 성장시킬 수도 있고, 더 망칠 수도 있습니다.

그러나 어떤 경우든 아이의 인생은 아이 것입니다. 내 욕심으로 채울 수 있는 영역이 아닙니다. 그것은 영역 침범입니다. 다행히 나의 기대와 욕심이 아이가 원하는 것과 일치하면, 그것은 별로 문제가 안 됩니다. 그런 경우가 아니라면, 아이가 나의 욕심대로 자라기가 어렵습니다. 그게 바람직한 것은 더더욱 아니고요. 그건 부모의 강압입니다.

부모의 욕심으로 아이를 키우면 안 됩니다. 그렇게 하지 않으려면 수양의 자세가 필요합니다. 자기 욕심과 자기 마음을 다스리는 수양이 필요합니다. 인문학 공부도 좋은 방법의 하나입니다.

### 세상에 나쁜 자식은 없다

좋은 부모가 되기 위한 두 번째 방법은 부모가 무엇을 해야 하는지를 배우는 것입니다. 즉, 부모 교육을 받아야 한다는 겁니다. 혹시 「세상에 나쁜 개는 없다」라는 TV 프로그램을 보신 적이 있으십니까? 2015년에 처음 시작된 반려견 행동 치유와 관련된 교양 프로그램입니다.

이 프로그램의 기획 의도는 다음과 같습니다.[49]

「세상에 나쁜 개는 없다」라는 프로그램은 지금까지 우리가 알고 있던 반려견의 행동만을 이야기하지는 않습니다. 오히려 반려견과 함께하는 여러분의 행동에 관한 이야기입니다. 강아지들도 사람들과 마찬가지로 함께 성장하고 살아가면서 주위 환경과 시시각각 일어나는 주변 상황에 많은 영향을 받습니다. 가족들의 행동 하나하나에도 큰 영향을 받습니다.
함께 사는 강아지가 문제행동을 보인다면, 보호자의 일상적인 행동 속에 어떠한 잘못이 있는지 먼저 살펴보아야 합니다.

이 프로그램을 보면 전국의 모든 말썽부리는 개들을 볼 수 있습니다. 그런데, 이 프로그램을 보다 보면 뭔가 짠한 것을 느낍니다. 이 말썽의 근원이 대부분 주인의 잘못된 행동에서 기인하고 있기 때문입니다.
대부분의 주인은 개의 관점에서 개를 보살피거나 돌보는 것이 아니라, 자기가 하고 싶은 대로 개를 대합니다. 물론, 애정이라는 포장으로 말입니다. 내가 안고 싶으면 안고, 내가 쓰다듬고 싶으면 쓰다듬습니다. 개가 왜 짖는지도 모르고 개가 짖으면 간식을 줘서 달랩니다. 개는 더 짖습니다. 간식을 더 줍니다. 이래놓고 나중에 개가 짖는다고 하소연합니다.

제가 이 프로그램을 보면서 놀란 것은 강형욱 훈련사의 존재였습니다. 그는 개가 무엇을 원하는지, 무엇이 문제인지, 어떻게 하면 치유될 수 있는지 정확하게 알고 있었습니다. 어떤 말썽꾸러기 개라도 처음부터 강형욱 훈련사가 맡았으면 큰 문제가 없었을 거라는 생각이 들었습니다.

여기서 중요한 시사점이 있습니다. 개 한 마리도 주인이 잘못 키우면 문제가 있는 개가 됩니다. 그런데 사람은 어떻겠습니까? 똑같은 이치입니다. 만약 자식이 문제가 있다면, 그 문제는 자식의 문제가 아니라 바로 부모의 문제입니다. 반려견 주인이 무지해서 반려견을 그렇게 만들었듯이, 부모 또한 무지해서 아이를 그렇게 만든 겁니다.

그럼 어떻게 해야 합니까? 바로 배우셔야 합니다. 부모 교육을 받으셔야 합니다. 이미 자식을 기르고 있는 분이든 나중에 부모가 되실 분이든 모두 부모 교육을 받아야 합니다.

### 정신적·경제적 독립

좋은 부모가 되기 위한 세 번째 방법은 독립입니다. 누구로부터요? 바로 부모로부터 말입니다. 무엇을 독립해야 합니까? 바로 정신적으로 독립을 해야 하고, 경제적으로 독립을 해야 합니다.

2018년에 「사람인」에서 직장인 1,274명 대상으로 설문조사를 해보니, 직장인 5명 중에서 2명이 캥거루족이라 했습니다. 경제적으로 독립하지 못하고, 부모에게 의지하고 있다는 말입니다.

경제적으로 독립을 못 하는 가장 큰 이유는 월급이 적어서이고, 그 외 목돈 마련, 지출 과다, 대출금 등이 있었습니다.

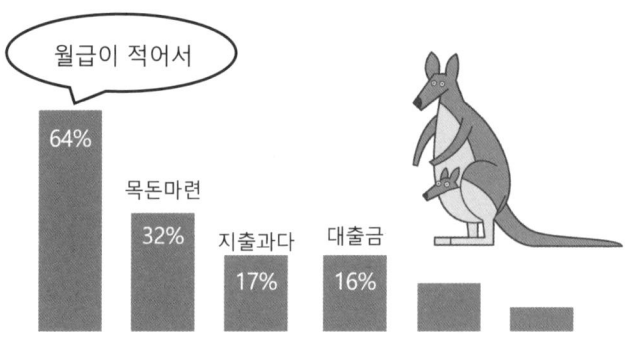

**경제적으로 독립하지 못한 이유[50]**

아래는 2020년에 벼룩시장 구인구직 조사에서 성인남녀 1,599명을 대상으로 캥거루족에 대한 인식을 조사한 내용입니다.

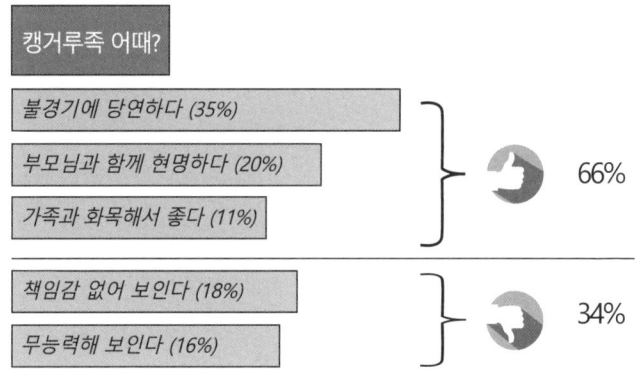

**캥거루족에 대한 청년의 인식[51]**

응답자 2명 중 1명은 자기가 캥거루족이라고 하였습니다.

그들 중 캥거루족이 문제가 없다고 대답한 비율이 무려 66%였습니다. 과연 그럴까요?

좋은 부모가 되기 위해서는 우선 나 자신이 부모가 될 준비가 되어 있어야 합니다. 그것은 바로 내가 부모에게서 독립하는 겁니다. 독립적인 사고와 자체적인 판단을 못 하고 매사 부모에게 물어보는 마마보이로 남아 있다면, 어떻게 주체적으로 지식을 키울 수 있을까요? 내가 마마보이 된 것도 사실은 부모의 잘못된 양육이 주된 원인인데 다시 내 자식도 마마보이를 만들어서 되겠습니까?

부모로부터의 독립은 사실은 경제적 독립에서 시작됩니다. 내가 벌어서 내가 먹고산다. 이게 당당한 마음입니다. 무엇보다 경제적 독립을 해야 정신적 독립을 할 수 있습니다. 먹고 사는 문제는 엄중합니다. 이것은 나이가 들수록 더 중요해집니다. 20대보다는 30대가 더 중요하고, 30대보다는 40대가, 40대보다는 50대가 더 중요합니다. 사회적 역할을 가지고, 사회적으로 최선을 다한다는 생각으로 경제적 독립을 준비하시기 바랍니다.

부모로부터의 독립, 홀로서기가 바로 부모가 되는 첫 단계입니다.

*Summary of Chapter*

## X 부모 이해하기

과거에는 효도가 절대적 가치였지만,
오늘날의 효는 사회구조에 맞게 새롭게 변해야 합니다.

부모는
자식에 대한 지나친 애착과 왜곡된 애정을 지양하고,
자식에게 은혜에 보답하라고 요구하지 않고
자식과 수평적이고 상호 호혜적인 관계를 만들어가야 합니다.

부모와 나는 나이가 같습니다.
부모도 처음의 삶을 살고 있습니다.
부모가 슈퍼맨처럼 보일지 몰라도,
사실은 그들도 모든 것이 서툰 초보입니다.

부모를 이해하는 것이 진정한 성인의
첫걸음입니다.

좋은 부모가 되기 위해서는
제대로 된 부모 교육을 받아야 합니다.
무엇보다 스스로
부모로부터 정신적으로, 경제적으로 독립을 해야 합니다.

# XI 인공지능

## 인공지능으로 배우는 인문학

01 인간과 인공지능의 구분
02 인공지능의 인문학 수행
03 시뮬라크르의 세상
04 인공지능과 인문학의 만남

## 01 인간과 인공지능의 구분

이번 시간에는 마지막으로 인공지능에 관해 이야기하려 합니다. 당연히 궁금하실 겁니다. 지금은 인문학 시간인데 왜 인공지능이 등장하는지 말입니다. 결론부터 말하면, 앞으로는 인공지능에게서 인문학을 배우는 세상이 도래할 것입니다.

인문학은 인간에 대한 학문이고, 인간 고유의 특성과 밀접한 관련이 있는데, 이러한 인문학을 인공지능이 수행한다고요? 그게 말이 됩니까? 네, 그 해답은 바로 시뮬라크르(simulacre)입니다. 차분히, 한번 살펴보겠습니다.

### 인공지능시대 교육정책 방향 : 감성적 창조

2020년 11월에 교육부에서는 「인공지능시대의 교육정책 방향과 핵심 과제」를 발표하였습니다. 여기서 교육부는 인간과 인공지능을 구분하여, 인간과 인공지능의 협업을 강조하였습니다. 한 마디로 인간은 인간이 잘하는 분야를 강화하고, 인공지능은 인공지능이 잘 하는 분야를 강화하여 상호 협력적 성장을 도모하겠다는 것입니다.

그러면서 인공지능과 비교하여 인간적인 특징을 인간의 감성과 창의성으로 보고, 핵심 비전으로 '감성적 창조'를 강조하였습니다. 즉, 인공지능과 인간의 영역을 구분해서 인간이 잘하는 분야를 '인간 감성의 이해', '공감과 소통', '타인과의 협업' 등의 '감성적 창조' 영역으로 설정하고, 이러한 인간다움의 교육을 강화하겠다는 것입니다. 한마디로, 인문학 교육을 강화하겠다는 말입니다.

그런데 과연 인간과 인공지능을 구분하는 이런 이원적 설정이 옳을까요?

## 기술적 특이점 : 초월적 존재로서의 인공지능

우리는 앞에서 인문학의 필요성을 살펴보면서 '인문학은 앞으로 닥칠 어려움에서 바른 선택을 하기 위하여 또는 삶을 좀 더 행복하고 편안하게 살기 위해 필요하다'고 했습니다. 인문학을 통해 타인의 경험을 간접적으로 체험하고, 자신의 삶을 성찰하는 과정을 통해 우리는 좀 더 행복하고 자유로운 삶을 살 수 있다고 했습니다. 지금까지 이야기한 이런 모든 과정은 사실 인간 고유의 영역이라 할 수 있습니다.

하지만 저는 앞으로는 인공지능으로부터 인문학을 배우는 날이 온다고 봅니다. 인문학은 더 이상 인간의 고유 영역이 아니라는 겁니다. 인공지능이 인간의 고유 영역이라고 하는 감성이나 창작의 영역까지 이미 침범해오고 있습니다. 인공지능은 인문학의 많은 분야에서 자신을 드러내고 있습니다. 문제는 인공지능의 기술이 아직도 시작 단계라는 겁니다.

　기술적 특이점(Technological Singularity)이라는 용어가 있습니다. 인공지능의 발전이 가속화되어, 모든 인류의 지성을 합친 것보다 더 뛰어난 초인공지능이 출현하는 시점을 말합니다.
　다들 바둑의 '알파고'를 아시죠? 2016년에 인공지능 알파고와 바둑 천재기사 이세돌 간의 바둑 대결에서 인공지능이 처음으로 인간을 이겼습니다. 그전에는 바둑은 경우의 수가 너무 많아서 기계가 사람을 이기는 것은 불가능하다고 생각했습니다. 이 사건 이후 인공지능의 승리는 계속 이어졌습니다.
　그럼 알파고는 바둑 외의 다른 곳에서도 자신의 실력을 발휘할 수 있을까요? 아닙니다. 그게 안 됩니다. 알파고의 지능은 바둑에 한해서는 천재인데, 다른 분야에서는 여전히 바보입니다.

　그런데 범용 인공지능이 개발되어, 모든 분야에서 알파고처럼 인간의 지능을 뛰어넘으면 어떻게 될까요? 그때는 인공지능이 초월적 존재가 됩니다. 인간의 상상력으로는 해석 불가능한 어마어마한 존재가 되는 겁니다. 현재의 기술 발전을 볼 때 그 시점이 반드시 오는데, 전문가들은 대체로 2030~2040년 정도로 예측을 하고 있습니다.
　다시 말씀드리면, 아직은 인공지능의 수준이 초보 단계라 할 수 있습니다. 그런데 기술적 특이점이 오면, 극단적으로 인공지능이 인문학을 맡는 시대가 도래합니다. 사람을 통하여 인문학을 배우는 것이 아니라, 사람이 인공지능을 통하여 인문학을 배우는 세상이 올 겁니다. 설마 그럴까요? 네, 그렇습니다. 두 가지 관점에서 확실합니다.

첫 번째는 현재도 인공지능이 인문학을 침범하고 있으며, 그 속도를 보면 미래의 변화를 예측할 수 있기 때문입니다. 둘째는 이 세상 또한 시뮬라르크의 세상이기 때문입니다. 인간과 인공지능의 구분이 없어지는 사회가 도래하기 때문입니다.

그럼 차례대로 보겠습니다. 2023년 현재, 인공지능은 어느 정도까지 인문학에 들어와 있는 걸까요?

## 02 인공지능의 인문학 수행

### 인공지능 그림 : 스페이스 오페라 극장

아래 그림을 보십시오.

이 그림은 '미드저니(Midjourney)'라는 인공지능이 그린 그림입니다. 2022년 8월에 미국에서 열린 미술대회에서 1등을 차지했습니다.

스페이스 오페라 극장(Théâtre D'opéra Spatial)

이 그림의 제목은 「스페이스 오페라 극장」입니다. 이 그림의 작가는 인공지능입니다. 사람이 넣어준 단어를 그림으로 바꿔주는 '미드저니'라는 프로그램입니다. 텍스트에 설명문을 넣으면 단 몇 초 만에 그에 맞는 그림을 보여주는 식이죠. 제작자가 그림에 들어갈 콘셉트를 적습니다. 다채롭게 예술적인 단어를 제시합니다. 그러면 인공지능이 이 단어를 조합해서 그에 맞는 그림을 완성합니다.

그럼 인공지능이 그린 그림도 예술이라 할 수 있을까요? 1위 수상자인 제이슨 앨런은 인터뷰에서 창의적인 글을 써서 그림을 그리는 것도 일종의 예술이라고 했습니다. 어떻게 생각하시나요? 그 해답은 바로 우리에게 있습니다. 일반 사람들이 어떻게 받아들이고, 어떻게 느끼느냐에 달린 겁니다. 이에 대하여 SNS 댓글에 달린 의견들은 대체로 다음과 같습니다.

- 결국, 누가 그렸느냐는 사실보다 작품 자체가 얼마나 예술적인지를 보여주는 예인 듯
- 저 창의성이 다분한 그림을 보니까 인간의 영감이란 것도… 한낱 정보의 한구석에 불과하네
- 그림 그리는 사람이 붓이라는 도구로만 그림을 그리지 않고 태블릿 등 다양한 도구와 프로그램을 사용하여 예술을 표현하는 것처럼, AI가 그린 그림이 1등을 할 만큼 모두에게 영감을 줬다는 뜻이고 그 영감을 토대로 AI의 그림보다 더 좋은 걸 만드는 예술가가 나오겠지

SNS에 달린 대체적인 의견은 비록 인공지능이 그린 그림이라도 예술성이 있으면 충분히 받아 들이야 한다는 것이었습니다. 인간이 그리든 인공지능이 그리든 상관없습니다. 우리의 감성에 맞으면 되는 겁니다. 그런데 여기서 주목할 것이 있습니다.

**인공지능이 인간의 감성을 그려낸다는 겁니다. 인간보다 더 인간적인 감성으로 말입니다.**

그림의 영역은 지금까지는 인간과 인간의 대결이었습니다. 화가 중에서 누가 더 잘 그리느냐였지요. 그런데 이제는 인간과 인공지능 중에서 누가 더 잘 그리는가로 바뀌게 되고, 시간이 더 지나면 인공지능 중에서 어떤 인공지능이 더 잘 그리는가로 바뀌게 될 겁니다. 마치 바둑처럼 말입니다.

### 인공지능 음악 : 미너스큘 프로우즈

음악은 어떨까요?
「미너스큘 프로우즈(Minuscule Prose)」라는 인공지능이 만든 음악이 있습니다. 인터넷에서 쉽게 찾아볼 수 있습니다. 저작권이 없다고 하니 유튜브 등에서 쉽게 들으실 수 있습니다. 약 1분 30초짜리 짧은 음악입니다. 이 음악은 어떤가요? 우선 이 음악에 대한 사람들의 반응을 보겠습니다.

- 정말 아름다운 노래야. 어차피 예술도 받아들이는 사람이 어떻게 받아들이는가 이것이 중요하기 때문에 감상하는 사람의 감정이나 느낌에 영향을 주었다면 충분히 예술적이라고 할 수 있음.
- 너무 좋음. 감성적이라기보다 좀 더 본능적이고 사람의 뇌나 뉴런이 작동하는 원리를 이해하고 그 자체를 자극하도록 만든 음악 같음

사람들의 반응은 대체로 일치하는 것 같습니다. 음악이 아름답다면 그게 인간이 만들었든 인공지능이 만들었든 중요하지 않다는 것입니다. 그리고 노래가 너무 좋다는 겁니다. 이게 2022년의 수준입니다. 아직 빙산의 일각입니다. 앞으로 십 년 후, 이십 년 후에는 어떤 일이 일어날까요? 인간이 인공지능이 만든 음악만 듣는 시대가 도래할지도 모릅니다.

### 인공지능 소설 : 『지금부터의 세계』

문학은 어떨까요?

인공지능이 쓴 최초의 장편 소설 『지금부터의 세계』가 2021년에 출간되었습니다. 560쪽에 달하는 묵직한 분량의 장편입니다. 어떻게 이게 가능할까요? 인공지능이 썼기 때문에 저자는 인공지능입니다.

그러면 이 작품이 나오도록 만든, 사람 저자는 무엇이라고 부를까요? 사람 저자는 자기를 감독이라고 호칭합니다. 영화

를 만드는 사람을 영화감독이라고 부르듯이, 이 소설을 만든 사람 저자를 소설감독이라고 합니다.

인간 저자는 소설의 주제 설정과 구상, 이야기 전개를 담당합니다. 그러면 인공지능 저자가 거기에 맞춰서 무언가를 써 나갑니다. 그렇게 한 권의 소설이 되는 겁니다.

그럼 인공지능이 쓴 소설을 사람들이 읽을까요? 그것은 바로 인공지능 저자의 능력에 달려있습니다. 아직은 이른 감이 있습니다.

> 처음에는 시행착오도 많았고 중간에 수시로 제가 개입해서 방향을 바로잡아 주어야 했지만, 어떤 대목에서는 깜짝 놀랄 정도의 창의성을 보이기도 했습니다. AI의 힘을 느끼는 순간이었죠. 물론, 아직은 부족한 점이 많지만, 제가 단순 작업을 하면서 겪었던 절망과 시간 소모에서 후배 작가들이 해방되는 데에 일조할 수 있겠다고 생각해요.[52]

인간 저자의 말입니다. 아직은 갈 길이 좀 멀어 보이지만 이 또한 시간 문제라고 생각합니다. 앞으로 인공지능 저자는 세상에 나와 있는 기존의 베스트셀러 소설을 분석해서, 어떤 점이 독자의 입맛에 맞을지 찾아낼 겁니다. 그리고 독자들의 원하는 감성의 언어로, 극적인 이야기 구조로 소설을 창작할 것입니다. 미래에는 십만 권, 백만 권이 팔리는 초베스트셀러 책이 나올 거고, 시간이 더 지나면 사람들은 인공지능이 쓴 소설만 읽을지도 모릅니다.

## 논문 쓰는 인공지능

논문은 어떠한 주제에 대해 저자가 자신의 학문적 연구 결과나 의견, 주장을 논리에 맞게 풀어써서, 일관성 있고 일정한 형식에 맞추어 체계적으로 쓴 글을 말합니다. 사람마다 차이가 있겠지만, 박사 학위 논문은 최소 1년에서 수년간 걸립니다. 또, 시간이 아무리 주어져도 못 쓰는 사람도 많습니다. 그만큼 어려운 게 논문이라 우리 사회는 논문을 써서 학위를 받은 사람을 인정해줍니다.

이제는 인공지능이 논문을 쓰는 시대가 되었습니다. 인공지능이 2시간 만에 과학 논문을 완성했다는 신문 기사를 심심치 않게 봅니다.

논문의 구성 요소 중 선행연구라는 것이 있습니다. 기존의 논문을 연구하는 것인데, 이 부분은 논문에서 매우 중요합니다. 어떤 주제에 대해서 논문을 쓰려면 그러한 논문이 이미 존재하는지 확인을 해야 합니다. 일반적으로 주제가 똑같은 논문은 존재하지 않더라도 통상적으로 비슷한 논문은 존재합니다. 그래서 논문을 쓰는 사람은 자기가 쓰려는 논문이 기존 연구에 비해 어떤 가치가 있는지를 밝혀야 합니다. 그래서 선행연구는 논문을 작성할 때 매우 어렵고도 중요한 과정이라 할 수 있습니다.

그런데 인공지능은 이것을 아주 쉽게 해버립니다. 인간 연구자가 몇 년을 걸쳐 공부해야 할 것을 인공지능은 단지 몇 시간에 끝내버립니다. 다르게 말씀드리면, 인공지능을 활용하면 논문 쓰기가 매우 쉬워집니다. 나아가 내가 쓰고 싶은 주제도 인공지능이 정해 줄 수 있습니다. 인공지능이 아직 연구 안 되어 있는 분야를 추천해 주는 거죠. 글도 직접 써줍니다. 맞춤법도 다 맞습니다. 그럼 이것을 사람의 논문이라고 할 수 있을까요?

지금까지 2022년 현재 인공지능이 인문학을 어느 정도 침범하고 있는지 몇 가지 예만 가지고 살펴보았습니다. 인공지능을 이야기할 때는 시점 표기가 매우 중요합니다. 너무나 급하게 바뀌기 때문에 지금 이야기하고 있는 내용이 언제 일인지 꼭 나타내야 합니다.

제가 2022년에 「인공지능과 교육」이라는 주제로 한 학기 강의한 적이 있었습니다. 강의 자료를 학기 시작 전인 8월에 미리 만들어 두었습니다. 그리고는 같은 해 11월쯤에 강의하려고 보니까, 불과 4개월 사이에 강의안을 바꿔야 할 상황이 생겼습니다. 8월 당시 강의안에는 챗봇 알고리즘을 설명하면서 'GTP3'를 사례로 넣었는데, 2023년부터 'GTP4'가 상용화된다는 신문 기사가 나왔습니다. 이런 식입니다. 인공지능 기술이 워낙 빠르게 진행되다 보니까, 지금 말하고 있는 이 내용이 언제 이야기인지 꼭 명시해야 합니다.

2022년 현재, 인간의 감성을 따라잡은 작품들이 나오기 시작하고 있습니다. 미술이나 음악, 그리고 문학 작품도 마찬가지입니다. 인간과 인공지능 중에서 누가 더 인간의 감성을 잘 알 수 있을까요? 이런 추세로 가면, 2030년에는 어떨까요?

2040년에는요? 기술적 특이점이 완성되는 그 미래에는 어떻게 될까요?

결국, 인간의 감성에 대한 이해에서 인공지능이 인간보다 앞서는 시기가 올 겁니다. 그때는 우리가 인문학을 인공지능으로부터 배워야 합니다.

그러한 시대를 시뮬라크르 시대라고 합니다.

## 03 시뮬라크르의 세상

### 진짜와 가짜

2020년 오픈에이아이사(OpenAI Co.)는 초대형 인공지능 기반의 언어생성모델인 GPT-3를 공개했습니다. 이 모델은 기존의 모델과는 비교도 할 수 없을 만큼 정교해져서, 이 언어 모델로 작성한 뉴스 기사는 인간이 쓴 것과 구별이 어려웠고, 이 모델로 구현한 챗봇과의 대화는 이전과 비교할 수 없이 세련되었습니다.

2022년 GTP3.5를 기반으로 하는 챗 GTP, 즉 대화형 인공지능 서비스가 출시되어 세상을 떠들썩하게 만들었습니다. 그리고 2023년 2월에는 인공지능이 7일 만에 쓴 책이 출판되었습니다.

한 권의 책이 종이에 인쇄돼 출간되기까지 수개월. 이 책은 그 모든 과정을 단 7일로 만들고 세상에 나왔다. 얼마일지 모를 저자의 원고 집필 기간과 서너 달의 역자의 번역 시간, 두 달에 이르는 에디터의 편집과 교정, 교열을 이 책의 저자, 챗GPT와 번역 AI 파파고는 기획자와 번역자의 단순 검수 기간을 더해 단 30시간으로 좁혔다.

여기서 우리 인간에게 순수한 질문만이 남는다. '이제 당신은 어떻게 할 것인가?[53]

인공지능 챗 GPT가 글을 쓰고 AI 파파고가 번역하고 편집한 책 『삶의 목적을 찾는 45가지 방법』이라는 책의 출판사 소개 글입니다. 이 책은 인간 기획자가 질문하고 인공지능이 글을 쓴, 인간과 인공지능의 협업으로 만든 것이라 할 수 있습니다.

대화하고 글을 쓸 수 있는 GPT-4의 기술이 챗봇 시장에서 본격적으로 상용화된다면 어떻게 될까요? 바로 영화「그녀(Her)」에 나오는 세상이 될 것입니다.

## 영화「그녀(Her)」: 대화하는 인공지능

영화「그녀」는 2013년 개봉한 미국의 SF 로맨틱 코미디 드라마 영화입니다. 우리나라에는 2014년 5월에 개봉되었는데, 관객 수는 불과 37만 명에 불과하여 흥행 성과가 좋지 않았습니다. 이 영화는 제가 보기엔 참 잘 만든 영화입니다. 현재와 미래의 우리 사회 단면을 보여준 것 같아서, 재미뿐만 아니라 또 다른 감동도 선사하고 있었습니다.

주인공 테오도르는 타인의 마음을 전하는 대필작가입니다. 그런데 정작 본인은 아내와 별거하여 외로운 상태입니다. 이때 인공지능 챗봇인 사만다를 만나면서 사랑에 빠집니다. 사만다는 목소리만 나오는데, 영화「루시」의 주인공인 스칼릿 조핸슨의 목소리입니다. 저는 이 영화를 보면서 이런 시대가 곧 도래할 것으로 생각했습니다.

제가 예전에 우연히 경로당에 가서 할머니끼리 나누는 대화를 들은 적이 있었습니다. 두 사람의 대화를 가까이 가서 들어보니, 대화가 연결이 안 되더군요. 할머니들은 각자 자기 이야기만 하였습니다. 한 할머니는 자기 손자 이야기만 하고, 다른 할머니는 자기 아들 이야기만 합니다. 그런데 약간 떨어져서 보면 마치 두 사람이 대화하는 것처럼 들립니다.

나이가 들면 대화 상대가 필요합니다. 하지만 남의 이야기를 듣기보다는 자기 이야기를 하려는 경향이 강합니다. 젊어서는 그래도 그게 조절이 됩니다. 내가 한 마디하고, 상대방 이야기를 들어주다가, 또 내가 이야기하고… 이게 되는데, 나이가 들면 이게 잘 안 됩니다. 그때 만약 챗봇이 있어서 이런 할머니 이야기를 들어주고 맞장구도 쳐준다면, 마치 사람처럼 똑같이 대화해 준다면 어떨까요? 바로 구매해서 매일 대화하지 않을까요?

미래 사회의 개인 챗봇은 함께 자라는 친구이자 형제, 협력자이자 문제해결자와 같은 다양한 역할을 하게 될 것입니다. 모든 일상에 AI가 함께 하는 것입니다.

제가 생각하는 미래의 소개팅 모습은 이렇습니다. 남자와 여자가 만나면 각자 핸드폰을 꺼내서 챗봇을 켭니다. 그리고는 각자의 챗봇을 소개합니다. 그리고는 4명이 대화를 합니다. 사람이 서로 이야기를 나눌 때 챗봇은 대화를 돕습니다. 챗봇은 인간 사람이 자신도 잘 모르는 자신의 정체성과 생각, 감정까지 파악하고 상황에 맞는 지식과 유머를 동원해 적절한 언어로 표현해 줄 것입니다. 대화가 훨씬 재미있어지겠지요?

만약 이 4명이 대화하는 것을 녹음해서 누군가에게 들려주면 누가 사람이고 누가 챗봇인지 구분하기 어려울 것입니다. 나보다 나를 더 잘 아는 챗봇을 누구나 하나씩 가지고 다니는 세상, 나와 챗봇이 구분되지 않는 세상, 구분 자체가 불가능한 세상이 곧 옵니다.

## 포스트 리얼리티 시대

인간보다 인공지능으로부터 인문학을 배우는 세상이 곧 온다고 했습니다. 그 이유는 인간의 전유물이라고 여겨왔던 감성과 창조의 영역에서, 아주 빠른 속도로 인공지능이 놀라운 활약을 하고 있기 때문이며, 나아가서는 인간과 인공지능의 구분 자체가 없어지기 때문입니다.

여기 위조지폐 5만 원짜리가 하나 있습니다. 근데 이게 너무 완벽하게 위조되어 실제 지폐와 구별할 수가 없다면, 이 지폐는 위조지폐입니까? 아니면 실제 지폐입니까?

우리 사회에 복사기가 대중화된 것은 1980년대입니다. 그때는 어떤 서류를 복사하면 무엇이 원본이고 무엇이 복사본인지 한눈에 알 수 있었습니다. 지금은 어떻습니까? 최신형 복사기에 서류를 복사하면, 두 장 중에서 어느 것이 원본이고 어느 것이 복사본인지 구분하기 어렵습니다. 컴퓨터 그래픽스도 마찬가지입니다. 예전의 영화는 컴퓨터 그래픽스의 수준이 낮아서 표가 확 났습니다. 가짜인 게 바로 보입니다. 요즘은 기가 막힙니다. 진짜인지, 가짜인지 모릅니다. 아니, 맨눈으로 구별하는 것이 불가능합니다.

이 세상도 마찬가지입니다. 흔히들 지금 이 세상은 진짜 세상이고, 컴퓨터로 만든 시뮬레이션 세상을 가짜 세상이라고 합니다. 그러나 우리가 잘 아는 테슬라 CEO 일론 머스크는 미래 인류는 가상 세계가 아닌 현실에 살 확률이 10억분의 1이라고 했습니다.[54] 또한, 스웨덴 철학자 닉 보스트롬은 2003년에 쓴 논문에서 우리 현실이 가상현실일 가능성을 언급한 바가 있고, 미국 메릴린치 보고서에서도 우리가 가상현실에 살고 있을 가능성을 언급한 바 있습니다.[55]

제가 하고 싶은 이야기는 이 세상이 시뮬레이션 세상이다, 아니다가 아닙니다.

**인류가 이미 포스트 리얼리티(Post-Reality) 시대에 접어들었다는 것을 말하려는 것입니다.**

포스트 리얼리티 시대란 무엇이 진짜이고 무엇이 가짜인지 구별하기 어려울 정도로 자연스러운 가상과 현실의 혼합 시대를 말합니다.

더 중요한 것은 구별할 필요가 없다는 겁니다. 앞에서 예를

든 것처럼, 5만 원짜리 위조된 지폐가 완벽하게 실제 지폐와 똑같다면, 이 지폐는 위조지폐입니까? 실제 지폐입니까? 위조지폐든 실제 지폐든 구별할 필요가 없습니다. 왜냐하면, 저는 이 지폐를 들고 가게에 가서 로제 떡볶이를 사 먹을 수 있기 때문입니다.

마찬가지로, 이 세상이 진짜 세상이든, 컴퓨터 속의 시뮬레이션 세상이든 구별할 필요가 없습니다. 구별한다고 해서 뭐가 달라질 것도 아니고, 너무나 똑같아서 구별할 수도 없기 때문입니다.

**가상과 현실을 구별할 필요가 없는 시대, 진정한 포스트 리얼리티 시대입니다.**

### 시뮬라크르(Simulacre)

시뮬라크르라는 용어는 장 보드리야르가 1982년에 체계화시킨 철학 용어입니다. 사전적 정의는 '원본으로부터 복제된 또 다른 원본'을 말합니다. 비슷한 용어로, '시뮬라크라'는 이것의 복수형을 뜻하며, '시뮬라시옹'은 이것의 동사형입니다.

본래는 원본에서 복제가 되면 그것을 사본이라고 합니다. 지폐가 위조되면 위조지폐라고 하고요. 그런데 복제된 사본 또는 위조된 지폐가 원본과 똑같습니다. 그러면 이때는 이것을 사본이라고 하지 않고 또 다른 원본이라고 말합니다. 여기에는 아주 큰 의미가 함축되어 있습니다.

**우리가 만약 컴퓨터 시뮬레이션 세상에 살고 있으면 이 세상은 진짜입니까? 가짜입니까?**

바로 진짜라는 말입니다. 예전에는 가짜인 줄 알았습니다. 실제 세상이 진짜이고, 컴퓨터 시뮬레이션 안의 세상은 가짜라고 말입니다. 그러나 포스트 리얼리티 시대에는 컴퓨터 시뮬레이션 세상도 진짜가 되는 겁니다. 어떻게 그게 가능할까요? 그건 바로 기술의 발전 덕분입니다. 기술이 너무 발전하여 진짜와 똑같이 만들 수 있게 되면, 그건 더는 가짜가 아니라 진짜인 겁니다. 이건 정말 중요합니다.

장자의 호접몽(胡蝶夢)이라고 들어보신 적이 있습니까? 나비의 꿈입니다. 장자가 꿈속에서 나비로서 팔랑팔랑 춤추며 날고 있다가, 꿈에서 깨어났습니다. 장자는 생각합니다. 장자가 나비가 된 꿈을 꾸고 있었나? 아니면 지금의 장자 모습은 나비가 꾸고 있는 꿈인가? 아마도 장자는 이 세상이 환의 세계임을 깨달았을 겁니다. 『금강경』에서는 이 세상이 꿈과 같고 물거품 같고, 이슬과 같고 번개와 같다고 합니다. 이 세계가 환영의 세계라는 겁니다. 이 세상이 환영의 세계라고는 하지만, 여기는 또한 진짜 세계입니다. 그것이 장자나 부처님과 같이 세상의 큰 깨달음을 얻은 사람이라도 역시 밥 먹고, 자고, 늙고 죽는 그러한 일상을 겪을 수밖에 없는 이유이기도 합니다.

시뮬라크르는 양자역학과도 밀접한 관계가 있습니다. 양자의 이중 슬릿 실험 또한 이 세계가 시뮬레이션의 세계가 아닐까 단서를 제공하고 있기 때문입니다. 그래서 이러한 시뮬라크르에 대한 전반적 이해 없이는 현대 철학을 이해하는 것이 불가능하게 되었습니다.

## 04 인공지능과 인문학의 만남

### 인공지능으로 배우는 인문학 세계

오늘날 인문학을 공부하면서 인공지능을 배제할 수 없는 이유가 바로 여기에 있습니다. 현재 인공지능의 발전 속도만으로도, 하루가 다르게 인공지능은 감성과 창조라는 인간의 영역을 침범하고 있습니다. 이 추세로 가면 인공지능이 인문학을 맡는 시대도 곧 도래할 것으로 보입니다.

이런 점에서, 교육부에서 추진하는 인간과 인공지능을 구분하여 인간과 인공지능의 협업을 강조하는 방향은 단기적으로는 맞지만 보다 장기적으로는 재검토가 필요하지 않을까 생각합니다. 인간만의 영역이라고 생각했던 '인간 감성의 이해', '공감과 소통', '타인과의 협업' 등의 '감성적 창조' 영역은 이미 인공지능이 빠른 속도로 장악하고 있기 때문입니다.

인공지능이 초월적인 존재가 되는 기술적 특이점은 올까요? 그건 모릅니다. 다만, 그러한 초지성에 의하여 만들어진 시뮬레이션 세상에 살게 되더라도 우리의 삶이 달라질 것이 별로 없다는 점입니다.

우리가 꿈을 꿀 때, 항상 예쁘고 고운 꿈만 꿀까요? 당연히 아니죠. 가끔은 무섭고 식은땀이 나는 꿈도 꿉니다. 이 세상이 시뮬레이션 세상이든 아니든 인생은 고단합니다. 몸이 있어서 생로병사에 자유롭지 못하며, 마음이 있어 늘 욕망에 허덕입니다. 고단한 인생에서 등대가 필요합니다. 그 등대는 바로 인문학입니다.

우리는 타인의 삶을 보면서 위로를 받고, 희망과 긍정의 길로 나아갑니다. 그 타인의 삶은 문학이나 역사, 철학, 예술 등 인간이 만든 것이었습니다. 그러나 이제는 인간이 만든 것보다 더 인간적인 감성을 자극하는 인공지능이 나타났습니다. 그것이 기계라고 배격할 수도 없고 그럴 필요도 없습니다.

**인간이 곧 인공지능이고 인공지능이 곧 인간이기 때문입니다.**

우리는 앞으로 인공지능을 통하여 인문학을 배우게 될 것입니다. 그것을 너무나 당연시하는 세상에서 살아가게 될 것입니다.

*Summary of Chapter*

## XI 인공지능

기술의 발전으로 인간과 인공지능의 구별이
거의 없어지고 있고, 궁극적으로는
완전 똑같아지게 되면,
무엇이 진짜이고 무엇이 가짜일까?

현재는 진짜와 가짜를 구별하기 어려운
가상과 현실의 혼합 시대이며,
앞으로는 가상과 현실을 구별할 필요가 없는
시뮬라크르의 시대가 도래합니다.
인간이 인공지능에게서 인문학을 배우는 세상이
올 겁니다.

하지만 그런 세상에서도
우리 삶은 이어지고
삶의 고단함을 해결해야 하고
자유롭고 행복한 방법을 모색해야 합니다.
그리하여 인공지능의 세상에서도
인간에게는 여전히 인문학이 필요할 것입니다.

# 에필로그

A와 B는 같은 대학에 다니고 있는데, 둘 다 학교가 마음에 들지 않아 다른 학교로 편입할까 고민하고 있었습니다. 그러다가 그들은 아래와 같은 결정을 내렸습니다. 이런 경우 A와 B 중에서 누가 더 후회할까요?

    A : 고민하다가 그냥 다니기로 했다. 여전히 학교가 마음에 들지 않았다.
    B : 학교를 옮겼다. 그런데 막상 옮겨보니 생각과는 달리 불만스러웠다.

하노 벡(Hanno Beck)이 지은 『부자들의 생각법』에 나오는 내용입니다.[56] 책에 따르면, 대부분 사람은 처음에는 학교를 옮긴 B가 더 후회하겠지만, 인생의 말년에 가서는 학교를 옮기지 않은 A가 더 후회할 것이라고 답했다고 합니다. 그러니까, 단기적으로는 가만히 있는 것이 덜 후회한다고 합니다. 뭔가 변화를 줬는데 그게 잘 안되면 더 후회하기 때문입니다. 하지만 사람들은 시간이 지날수록, 무엇인가를 하지 않은 것에 대하여 더 후회하는 경향을 보인다고 합니다.

따라서, 지금 당장 후회하지 않으려면 아무것도 하지 않고 살던 대로 그냥 살면 되지만, 훗날 후회하지 않으려면 실패할까

봐 불안하고 행동하기 귀찮아도 용기를 갖고 과감하게 하고 싶은 일을 시도해야 하는 겁니다.

저도 젊어서 변화를 시도한 적이 있었습니다. 그 당시 살던 대로 살아도 괜찮았습니다만, 미래에 좀 더 주체적인 삶을 살고 싶어서 사다리를 걷어차고 회사를 뛰쳐나왔습니다. 모든 것이 낯설고 힘든 상황에서 처음에는 후회도 하였습니다. 그러나 지금은 후회하지 않습니다. 아마도 먼 훗날, 제 인생에서 최고 잘한 것 중의 하나로 그때 회사를 뛰쳐나온 것을 꼽지 않을까 생각합니다.

앞의 프롤로그에서 언급했던 그 휴학생과 다시 한번 상담의 기회가 주어진다면, 저는 이 이야기를 들려주고 싶습니다. 지금 기준에서 후회 없는 삶이 아니라, 인생 말년의 기준에서 후회 없는 삶을 선택하라고 말입니다. '아직은 도전할 수 있는 나이다. 더 나은 미래를 위하여 도전하라'고 말해주고 싶습니다.

- ○ -　　　　　- ○ -

두 승려가 있었습니다. 깃발이 바람에 펄럭이는 것을 보고 두 사람이 논쟁하였습니다. 한 사람은 깃발이 움직인다고 하고, 한 사람은 바람이 움직인다고 하였습니다. 그 싸움이 도무지 끝날 것 같지 않자, 육조 혜능 선사가 말하였습니다.

바람이 움직이는 것도 아니요,
깃발이 움직이는 것도 아니요,

그대들의 마음이 움직인다.

하루에도 몇 번씩 되풀이하는 이 생각은 도대체 어디서부터 와서 어디로 가는 것이기에 이토록 사람을 쉴 새 없이 흔들어 놓는 것일까요?

앞에서 두더지 잡기 게임을 말씀드렸습니다. 랜덤으로 튀어나오는 두더지는 내 의지와 관계없이 올라오는, 내 마음대로 통제되지 않는 생각들의 비유로 볼 수 있습니다.

두더지가 나온다고 때리지 마십시오. 때린다고 안 나오는 것이 아닙니다. 그냥 쳐다보면 됩니다. 그리고, 껴안습니다. 쓰다듬어 줍니다. 5살짜리 꼬마가 뭘 알겠습니까? 그냥 쳐다보는 겁니다. 예쁜 것은 예쁜 대로, 미운 것은 미운 대로 바라만 봅니다. 나올 때마다 지켜봐 주고 껴안아 주면 두더지는 점점 사라지게 됩니다.

한순간도 딴 데 보지 마십시오. 행여 나도 모르게 두더지가 튀어나오면 그 두더지 어디로 갈지 아무도 모릅니다. 내가 딛고 있는 발아래의 땅을 허물어서 나를 쓰러뜨릴지 모릅니다.

**생각이라는 두더지가 나타나면
놓치지 말고 바라보세요.
이것이 바로 인문학의 처음이고 끝입니다.**

# ■ 주석 (footnotes)

1 김지윤, 「관심, 깨달음 그리고 변화」, 『세상을 바꾸는 시간』(465회), 2014.9.8.

2 최진석, 『인간이 그리는 무늬』, 소나무, 2013, 56~58쪽.

3 「96명의 난민을 구한 영웅 캡틴 전제용」, 『인순이의 토크 드라마, 그대가 꽃』, KBS, 2015.4.20.

4 「정의란 무엇인가?」, 『유 퀴즈 온 더 블록』(63회), tvN, 2020.7.15.

5 김수영, 『김수영 전집1』, 민음사, 2005, 190쪽.

6 백성욱(김원수 엮음), 『마음을 어디로 향하고 있는가』, 김영사, 2009, 11쪽.

7 법륜, 「모든 생명이 평등한가?」, 『즉문즉설』(제1421회), 2018.8.3.

8 「버튼을 누르지 않은 이유」, 『지식채널e』, EBS, 2007.9.3.

9 「한국미디어패널조사」: 자아존중감(2021), 정보통신정책연구원, 2022.

10 「아동청소년인권실태조사」: 우울감, 자아존중감(2021), 한국청소년정책연구원, 2022.

11 「한국미디어패널조사」: 자아존중감(2021), 정보통신정책연구원, 2022

12 「한국미디어패널조사」: 자아존중감(2021), 정보통신정책연구원, 2022.

13 Steve Jobs 2005 Commencement Address at Stanford University : "Your time is limited, so don't waste it living someone else's life. Don't be trapped by dogma - which is living with the results of other people's thinking."

14 엔절라 더크워스(김미정 옮김), 『그릿』, 비즈니스북스, 2022, 203쪽.

15 「국민생활체육조사」: 성 & 연령별 행복지수(2015년 기준), 문화체육관광부, 2015.

16 「시니어-대한노인회」, 『백세시대』, 2015.4.10.

17 「세대별 직장에 대한 가치 달라졌다」, 잡코리아 취업뉴스, 2021.7.8.

18 「부장님처럼 살기 싫어요」, 『동아일보』, 2019.4.8. (원출처 : 진학사)

19 「중간으로 산다는 것」, 『조선일보』 스페셜-와이드 뉴스, 2017.9.19.

20 네빌 고다드(이상민 옮김), 『세상은 당신의 명령을 기다리고 있습니다』, 서른세개의 계단, 2008, 113~114쪽.

21 네빌 고다드(이상민 옮김), 『믿음으로 걸어라』, 서른세개의 계단, 2009, 122쪽.

22 네빌 고다드(이상민 옮김), 『네빌 고다드 5일간의 강의』, 서른세개의 계단, 2008, 160쪽.

23 롭 무어(김유미 옮김), 『레버리지: 자본주의 속에 숨겨진 부의 비밀』, 다산북스, 2017, 48~50쪽.

24 문화체육관광부 보도자료(2020.4.9.)

25 도모노 노리오(이명희 옮김), 『행동경제학: 경제를 움직이는 인간 심리의 모든 것』, 지형, 2019, 160~161쪽.

26 한스 로슬링 외(이창신 옮김), 『팩트풀니스』, 김영사, 2020, 115쪽.

27 「2021년 사회통합실태조사」, 한국행정연구원, 2022.

28 「마음은 언제나 옳다 : 거리의 치유자 정혜신의 공감 대화법」, 『어쩌다 어른 2019』, tvN, 2019.4.4.

29 「중소기업 신입사원 37.2% 조기 퇴사」, 잡코리아 취업뉴스, 2019.6.11.

30 김재웅, 『닦는 마음 밝은 마음』, 용화, 2004, 174쪽.

31 백성욱(김원수 엮음), 『마음을 어디로 향하고 있는가』, 김영사, 2009, 139~140쪽.

32 John F. Helliwell 외, 「World Happiness Report 2022」 (http://worldhapiness.report/).

33 정해식 외, 「OECD BLI 지표를 통해 본 한국의 삶과 질」, 『보건복지포럼』 227호, 2016.

34 김미곤 외, 「행복 지수 개발에 관한 연구」, 한국보건사회연구원, 2021.

35 Jennifer Robison, 「Happiness is Love — and $75,000」: Business Journal, 『Gallup』, 2011.11.17.

36 강은택 외, 「지역의 소득과 주관적 삶의 만족도 관계 분석」, 『대한부동산학회지』 33(2), 대한부동산학회, 2015.

37 애덤 스미스(김수행 옮김), 『국부론 (상)』, 비봉, 2009, 19쪽.

38 유시민씨가 2008년 9월 5일 경북대학교에서 경제학 강의 첫 시간에 '경제학은 선택의 학문이며, 인간의 무한한 욕망과 희소한 자원 사이에서 행복이 결정된다'라고 하면서 H=f(R,D) 또는 H=aR/D로 표시한 바 있다.(H : happiness, R : resources, D : desire)

39 Gallup, 「Gallup Global Emotions 2022」, compressed. (https://www.gallup.com/analytics/349280/gallup-global-emotions-report.aspx)

40 「국민 삶의 질 2022)」, 통계청 통계개발원, 2023, 31쪽.

41 롤프 메르클레, 도리스 볼프(유영미 옮김), 『감정 사용 설명서』, 생각의 날개, 2012, 26~28쪽.

42 김상운, 『왓칭-신이 부리는 요술』, 정신세계사, 2011, 172쪽.

43 효문화연구사업단, 「사회계층별 효인식 조사 결과 보고서」, 한국효문화진흥원, 2018, 10~11쪽.

44 숭산(현각 엮음/허문명 옮김), 『선의 나침반 1』, 열림원, 2001, 12~14쪽.

45 마광수, 『가자, 장미여관으로』, 책읽는 귀족, 2013.

46 법륜, 「아버지가 돌아가신 후 후회할까봐 두려워요」, 『온라인 즉문즉설』, 정토회, 2020.8.26.
(https://www.jungto.org/pomnyun/view/82799)

47 김유경, 「중장년층의 이중부양 부담과 정책 과제」, 『보건복지포럼(2019.05)』, 한국보건사회연구원, 2019.
「2020 사회조사 보고서」, 통계청, 2020.

48 오쇼 라즈니쉬(손민규 옮김), 『십우도』, 태일, 1999, 317~319쪽.

49 「세상에 나쁜 개는 없다」 공식 홈페이지 '기획 의도' 참조
(https://home.ebs.co.kr/baddog/etc/1/htmlMenu)

50 「직장인 '캥거루족'에 부모 의존하는 이유 물어보니…」, 『그린포스트 뉴스』, 2018.3.2. (원출처 : 사람인)

51 「불경기에 부모 의존 청장년층 늘어…」, 『매일경제』, 2020.7.26. (원출처 : 벼룩시장 구인구직)

52 「세계 최초 서사 갖춘 AI 장편소설 나왔다」, 『한겨레』, 2021.8.26.

53 챗GPT(AI 파파고 옮김), 『삶의 목적을 찾는 45가지 방법』, 스노우폭스북스, 2023.

54 「엘론 머스크 "미래 인류, 가상 아닌 현실에 살 확률 10억분의 1"」, 『동아사이언스』, 2016.6.3.

55 「사실은 우리는 가상세계에 살고 있다…미국 메릴린치 보고서」, 중앙일보, 2016.9.16.

56 하노 벡(배명자 옮김), 『부자들의 생각법』, 웅진씽크빅, 2013, 209~210쪽.

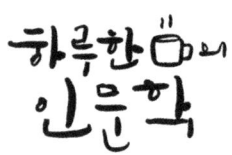

| | |
|---|---|
| **발행일** | 2023년 7월 4일 초판 2쇄 |
| **지은이** | 여상운  yourskys@naver.com |
| **펴낸이** | 이금희 |
| **펴낸곳** | 도서출판 화서나무 |
| **표지그림** | 이분필 |
| **편집** | (주)케이비팩토리 |
| **주소** | 대구시 수성구 청호로 88안길 33-7 |
| **전화** | 053-753-3906 |
| **팩스** | 0504-282-3906 |
| **메일** | hwaseonamoo@naver.com |

ISBN    979-11-980620-2-4 (03120)

저작권법에 의해 보호를 받는 저작물이므로 무단전재와 복제를 금합니다.
이 책의 전체 또는 일부를 재사용하려면 저작권자와 화서나무의 동의를 받아야 합니다.